November '18

Über das Buch

1789 leitete die Französische Revolution die Ära des bürgerlichen Staates ein, 1917 gelang in Russland die Überwindung des imperialistischen Systems. Die Deutschen hingegen galten als zu zaghaft für »echte« Revolutionen, auch die linksradikalen Aktionen 1918 seien bestenfalls ein Strohfeuer gewesen, so die gängige Lesart – der Weg in die deutsche Demokratie führte über den Reformkurs der Sozialdemokraten! Oder doch nicht? Und wie ist es zu werten, dass die erste deutsche Republik in Nazi-Herrschaft und Zweitem Weltkrieg endete? Stefan Bollinger untersucht in diesem Buch, welche Rolle die verschiedenen Akteure in der Novemberrevolution spielten, welche Stimmung im Land herrschte, wie tief der revolutionäre Elan tatsächlich ging, an welchen Wegmarken die entscheidenden Weichen gestellt wurden – und was stattdessen möglich gewesen wäre. Seine aufschlussreiche Darstellung der Ereignisse bietet neue Impulse, wie die Lehren aus der Novemberrevolution uns *heute* voranbringen können.

Über den Autor

Stefan Bollinger, geboren 1954, studierte Philosophie, Politikwissenschaften und Geschichte an der Humboldt-Universität zu Berlin. Er ist als Hochschuldozent und seit 1990 in der Erwachsenenbildung tätig, Lehrbeauftragter am Otto-Suhr-Institut der Freien Universität Berlin, Mitglied der Leibniz-Sozietät und der Historischen Kommission beim Parteivorstand der Partei Die Linke sowie ehrenamtlicher Stellvertretender Vorsitzender des Helle Panke e.V. und der Rosa-Luxemburg-Stiftung Berlin. Dr. sc. Stefan Bollinger arbeitet zur Geschichte der DDR und der BRD, zur osteuropäischen Geschichte und zu den Zusammenhängen von Ideologie- und Politikgeschichte. In der edition ost erschienen von ihm zuletzt »Meinst du, die Russen wollen Krieg? Über deutsche Hysterie und deren Ursachen« (2016) und »Oktoberrevolution. Aufstand gegen den Krieg« (2017).

Stefan Bollinger

NOVEMBER '18

Als die Revolution nach Deutschland kam

edition ost

Inhalt

Prolog: Wer wird führen?

Zwei richtungsweisende Szenen markieren den Beginn der Revolution 1918 und nehmen für die nächsten gut zwei Jahrzehnte den Streit um die Inhalte dieser Revolution vorweg. Die Deutschen machen Revolution gegen den Krieg, gegen die verhasste Obrigkeit, und doch ist vielen nicht klar, was sie eigentlich wollen.

Kaum hat der alte Kanzler eigenmächtig den Thronverzicht des Kaisers erklärt, kaum sind die Amtsgeschäfte an Friedrich Ebert übergeben, drängt sich Philipp Scheidemann, der redegewandte, erfahrene Kämpe der SPD, pflichtschuldig ans offene Fenster. Er erinnert sich später an seine zentrale Sorge: »Zwischen dem Schloss und dem Reichstag, so wurde versichert, bewegten sich ungeheure Menschenmassen hin und her. ›Liebknecht will die Sowjetrepublik ausrufen!‹ Nun sah ich die Situation klar vor Augen. Ich kannte seine Forderung: ›Alle Macht den Arbeiter- und Soldatenräten!‹ Deutschland also eine russische Provinz, eine Sowjet-Filiale? Nein! Tausendmal nein! Kein Zweifel: Wer jetzt die Massen vom Schloss her ›bolschewistisch‹ oder vom Reichstag zum Schloss hin ›sozialdemokratisch‹ in Bewegung bringt, der hat gesiegt.«[1]

Scheidemann ist an jenem Tag der Erste, der diese Menschenmassen mit der Proklamation einer demokratischen Republik und dem Versprechen, dass das Alte zerbrochen sei, gewinnen will.

Nur kurze Zeit später folgt die befürchtete Szene vor dem Berliner Schloss. Tausende sind versammelt. Karl Liebknecht fährt mit einem Auto vor und ist überzeugt, dass mit seiner Fahrt durchs Schlosstor die »neue sozialistische Freiheit der Arbeiter und Soldaten« in die Gemäuer einziehen werde. »Die Soldaten der Schlosswache, die auf dem Dache sichtbar waren, schwenkten die Helme und grüßten zur Menge herab, die an das Tor drängte«, berichtet am Folgetag die *Vossische Zeitung*. Vom Balkon des Schlosses, der bis heute erhalten ist, verkündet Liebknecht die »freie sozialistische Republik«. Das heißt: Alle Macht den Arbeitern und Soldaten, den Räten im engen Bündnis mit Sowjetrussland. Im Unterschied zu seinem früheren sozialdemokratischen Genossen sieht er aber die Revolution nicht an ihrem Ende, sondern erst am Anfang. »›Wenn auch das Alte niedergerissen ist‹, fuhr Liebknecht fort, ›dürfen wir doch nicht glauben, dass unsere Aufgabe getan sei. Wir müssen alle Kräfte anspannen, um die Regierung der Arbeiter und Soldaten aufzubauen und eine neue staatliche Ordnung des Proletariats, eine Ordnung des Friedens, des Glücks und der Freiheit unserer deutschen Brüder und der Brüder in der ganzen Welt.‹ [...] Bald darauf wurde an dem Mast der Kaiserstandarte die rote Fahne gehisst.«[2]

Die deutsche Revolution steht wie jede moderne Revolution oder auch nur reformerische Umwälzung vor einem doppelten Problem: Sie muss mit der alten Ordnung, also hier der Macht der Großbourgeoisie, des Adels und der von ihr dominierten repressiven wie ideologischen Staatsapparate, fertig werden. Das schließt auch das Gewinnen oder Verlieren breiter Teile der Bevölkerung mit ein, die den bisherigen Machthabern vertrauen. Noch schwieriger zu handhaben aber ist der Konflikt zwischen den verschiedenen Akteuren, welche die neue Ordnung wollen. Die sich darüber streiten, wie die neue Gesellschaft, der Sozialismus, beschaffen sein müsste. Ob dieser Kampf mit allen Mitteln zu führen sei, ob Gewalt mit Gewalt beantwortet werden dürfe, oder ob ein langsames Vorgehen zweckdienlicher wäre, das für die bislang Benachteiligten, Unterdrückten, Ausgebeuteten peu à peu die neue, sozialistische Welt aufbaut.

Die geschichtlichen Erfahrungen zeigen, dass dieser innere Kampf oft viel härter und unerbittlicher geführt wird als der mit dem Klassengegner, der sich oft ins Fäustchen lachen kann, wie seine Feinde sich gegenseitig aufreiben.

Die Erfahrung von Novemberrevolution und Weimarer Republik lehrt zudem, dass das Scheitern dieser Republik wohl nur bedingt damit zusammenhing, dass es sich um eine »Demokratie ohne Demokraten« handelte, was einst wie heute gern kolportiert wird. Es gab diese Demokraten im bürgerlichen Lager und noch mehr unter den Arbeitern, Soldaten, auch Bauern. Viele waren in den kritischen Tagen bereit, die Demokratie in die eigene Hand zu nehmen, in die Hand ihrer basisdemokratischen Räte zu legen. Viele waren aber auch bereit, sich diese Selbstermächtigung im Namen einer parlamentarischen, also stellvertretenden Demokratie wieder nehmen zu lassen. Die anderthalb Jahrzehnte der Weimarer Republik zeigen, was passiert, wenn eine Revolution »vergisst«, mit ihren Feinden abzurechnen, wenn sie Militär, Justiz, Staatsapparat und kapitalistisches wie agrarisches Großeigentum in den Händen der bisher und nun weiterhin Mächtigen belässt. Die hofften seit 1918 auf Revanche und bereiteten sie tatkräftig vor. Dass Sozialdemokraten sich zur Sicherung ihrer frisch errungenen Macht – genauer: der ihnen dank der revolutionären Matrosen, Soldaten und Arbeiter zugefallenen Macht – des Militärs und frühfaschistischer Freikorps bedienten, wurde nicht nur der radikalen Linken, sondern der Demokratie insgesamt und den Sozialdemokraten selbst zum Verhängnis. Nicht wenige verloren ihr Leben, viele haben erst in KZ und Zuchthaus begriffen, wie wichtig das Bündnis aller Linken ist; die Bereitschaft, die Demokratie zu verteidigen, die Abscheu vor reaktionären Machthabern.

In diesem Buch soll nicht akribisch der Verlauf der Revolution und der weiteren Auseinandersetzungen nachgezeichnet, kein neuer Bilderbogen der Ereignisse entfaltet werden.[3] Vielmehr sollen einige Zäsuren und entscheidende Daten herangezogen werden, die den Verlauf und die Eskalation der Entwicklung, ihr Umschlagen illustrieren, um die zentralen Fragen der damaligen Zeit und ihrer heutigen Reflexion zu verstehen. Denn diese historischen Scheidepunkte hatten eine immense Langzeitwirkung. Natürlich ist kaum eine Auseinandersetzung mit den damaligen Ereignissen positivistisch, d. h. an den reinen Fakten und Abläufen orientiert. Sie ist immer gebunden an die politische und ideologische Positionierung des Betrachters, gebunden an die jeweiligen Fragen, mit denen er an eine bestimmte historische

Situation, an historische Ereignisse und Personen, an ihre Chronisten herantritt. Das war übrigens auch schon den damaligen Akteuren klar, wie eine Woche nach dem Ende des Kaiserreichs die folgende amtliche Weisung der ersten republikanischen, sozialdemokratisch geführten Reichsregierung zeigt.

Umstellung der Geschichtswissenschaft.
Amtliche Mitteilung vom 15. November 1918

Das Ministerium für Wissenschaft, Kunst und Volksbildung hat folgenden Erlass an die Provinzialschulkollegien und Regierungen gerichtet:

1. Wo bisher der Geschichtsunterricht mit anderen Lehrfächern dazu missbraucht wurde, Volksverhetzung zu betreiben, hat solches in Zukunft unbedingt zu unterbleiben, vielmehr einer sachgemäßen kulturhistorischen Belehrung Platz zu machen. Alle tendenziösen und falschen Belehrungen über den Weltkrieg und dessen Ursachen sind zu vermeiden.

2. Aus den Schulbibliotheken sind alle Bücher zu entfernen, welche den Krieg an sich verherrlichen.

3. In keinem Unterrichtsfache sind seitens der Lehrkräfte abfällige oder entstellende Bemerkungen über die Ursachen und Folgen der Revolution sowie der gegenwärtigen Regierung zu äußern, welche geeignet sind, bei der Schuljugend das Ansehen und die Errungenschaften dieser Volksbefreiung herabzuwürdigen.

4. Es hat seitens der Schulleiter und Lehrer im Verkehr mit der Jugend alles zu unterbleiben, was geeignet ist, die Stimmung zu einer Gegenrevolution (besonders auf dem flachen Lande) zu schüren, da solches Vorgehen im jetzigen Augenblick die größte Gefahr eines Bürgerkrieges für unser Volk in sich birgt.

5. Bis zum Erlass über Trennung von Schule und Kirche sind Kinder von Dissidenten und solchen Andersgläubigen, für die ein Religionsunterricht im jetzigen Schulplan nicht vorgesehen ist, auf Antrag der Erziehungsberechtigten ohne jeden weiteren Nachweis vom Religionsunterricht zu befreien.[4]

»Die Führung hat versagt. Aber die Führung kann und muss von den Massen und aus den Massen heraus neu geschaffen werden. Die Massen sind das Entscheidende, sie sind der Fels, auf dem der Endsieg der Revolution errichtet wird. Die Massen waren auf der Höhe, sie haben diese ›Niederlage‹ zu einem Glied jener historischen Niederlagen gestaltet, die der Stolz und die Kraft des internationalen Sozialismus sind. Und darum wird aus dieser ›Niederlage‹ der künftige Sieg erblühen.

›Ordnung herrscht in Berlin!‹ Ihr stumpfen Schergen! Eure ›Ordnung‹ ist auf Sand gebaut. Die Revolution wird sich morgen schon ›rasselnd wieder in die Höh' richten‹ und zu eurem Schrecken mit Posaunenklang verkünden:

Ich war, ich bin, ich werde sein!«

Rosa Luxemburg am 14. Januar 1919, dem Tag vor ihrer Ermordung[5]

I.
Die Revolution
gegen Krieg und Kaiser

Die Flotte unter der roten Fahne –
der Sieg der Freiheit![6]

Im Spätherbst 1918 brodelt es im Deutschen Reich. Das Kriegsende ist nah, die Arbeiter hungern, an der Front sind Matrosen und Soldaten in einer zunehmend aussichtslosen Situation vom Tode bedroht. An der Küste, in Kiel, spitzt sich die Lage zu.

Die Ostseestadt hat von der wirtschaftlichen Entwicklung des aufstrebenden deutschen Imperialismus besonders profitiert. Als Hafen- und Werftstadt ist sie damit auch ein Ballungsraum der Arbeiterklasse geworden. Zugleich waren ihre wirtschaftlichen Vorzüge eine gute Voraussetzung, hier mit der Marinestation Kiel ein Zentrum der deutschen Kriegsmarine einzurichten. Dass es gerade die Matrosen sind, unter denen der revolutionäre Geist sich zuerst Bahn bricht, wundert die Zeitgenossen nicht: »Die Mannschaften der Kriegsmarine rekrutieren sich im Wesentlichen aus seebefahrenen Leuten, die in der Welt herumgekommen und geistig über die politische Enge des deutschen Obrigkeitsstaates hinausgewachsen sind. Die Vertrautheit mit dem Meere und seinen Gefahren entwickelt die Persönlichkeit zu einer mutigen Selbstständigkeit, sie stellt ihre Leute fast täglich vor schwere Entschlüsse, die unverzüglich gefasst werden müssen, und macht sie gleichgültig gegen das Opfer ihres Lebens«, befand ein zeitgenössischer Betrachter.[7] Gerade deshalb sind die Matrosen für sozialistisches Gedankengut, für Gerechtigkeit und Selbstbestimmung zu gewinnen.

Ende Oktober 1918 stehen Entscheidungen großer Tragweite an. Noch wird nur diskutiert, gehen Flugblätter und Zeitungen von Hand zu Hand. Sichere Informationen und Gerüchte fliegen wild durcheinander – für die meisten bleibt unklar, was stimmt, was erdacht oder erlogen ist.

Auch in Berlin tut sich etwas, die Zeit der Erfolgsmeldungen und Durchhalteparolen ist vorbei. Dass der Reichskanzler bei den Alliierten um einen Waffenstillstand ersucht hat, ist bekannt, aber noch steht die Antwort aus. Doch am 28. Oktober meldet das Wolff'sche Telegraphen-Bureau aus dem Großen Hauptquartier: »Amerikanische Angriffe an der Maas abgewiesen«, »Sonderfriedensbereitschaft Oesterreich-Ungarns«; »Sonderfriedensverhandlungen der Türkei«; »Heftige Teilangriffe an der Westfront gescheitert«.[8] Was soll der einfache Arbeiter, der Soldat oder der Matrose davon halten?

In Wilhelmshaven, dem wichtigsten Marinestützpunkt an der Nordsee, wo ein Großteil der Flotte konzentriert ist, laufen am gleichen Tag die Vorbereitungen für eine beispiellose und aussichtslose Marineoperation. Die Matrosen sind aufgeschreckt, fürchten, dass sie für ihre Vorgesetzten und die ominöse deutsche Ehre kurz vor Ende dieses Krieges noch in einen sinnlosen Opfertod geschickt werden. Sie sind zum Widerstand bereit.

**Brief eines Matrosen an seinen Vater,
2. November 1918**

An Bord, 2. 11. 18

Mein lieber Vater,
am Montagnachmittag ging die gesamte Hochseeflotte aus dem Hafen, alles, was dazu gehört, wie Torpedoboote, kleine Kreuzer, große Kreuzer und sämtliche Linienschiffe. Obwohl S. M. S. Kaiser, Pillau und Königsberg Maschinen-Havarie hatten, sind

die Schiffe doch mitgefahren. Das war kein gutes Zeichen […] Es wurde uns nun am Montagabend bekannt, dass ein großer Vorstoß geplant war, der, falls er zur Ausführung gelangt wäre, uns alle das Leben gekostet hätte. Aber es kam anders. Wir erfuhren, dass andere Schiffe bei Helgoland die Feuer herausreißen wollten. Unsere Besatzung hat sich dem einmütig und solidarisch angeschlossen. Wir zum Beispiel und noch andere Schiffe mehr wären überhaupt nicht von der Stelle gefahren. Nachts 3 Uhr sollte die gesamte Flotte auslaufen, aber die einzelnen Schiffskommandanten meldeten ihrem Geschwaderchef und dieser dem Flottenchef Admiral von Hipper, dass die Besatzungen gemeinschaftlich den Gehorsam zum Ausfahren verweigern wollten […]

Lieber Vater! Es bedarf gar keiner Beweise weiter; wir haben es alle gefühlt, dass es unsere letzte Fahrt gewesen wäre, daher die instinktive Gehorsamverweigerung. Auf einzelnen Schiffen sind nun daraufhin noch kleinere und größere Ausschreitungen vorgekommen; bis jetzt sind über 1000 Mann verhaftet und nach Bremerhaven transportiert worden. Ich will Dir noch mitteilen, dass, wenn nicht bald der Waffenstillstand kommt, hier die schönste Militärrevolte ausbricht und man gezwungen ist, den Weg nach der Heimat mit dem Gewehr zu ebnen. Lieber Vater, wundere Dich nicht, wenn ich eines schönen Tages bei Dir erscheine, denn bei mir läuft das Maß schon lange über. Es ist schade um jeden Blutstropfen, der noch für diese Lumpen vergossen wird. Auf jeden Fall: Die Flotte, auf die sie ihre letzte Hoffnung gesetzt hatten, versagt jetzt für alle Zeiten.

Dein Sohn Otto[9]

Um dieses Aufstands Herr zu werden, entschließt sich die Marineleitung – zusätzlich zu den Verhaftungen und dem gewaltsamen Vorgehen gegen Demonstrationszüge, teilweise mit tödlichen Folgen –, einen großen Teil der betroffenen Einheiten von Wilhelmshaven in andere Marinestützpunkte, insbesondere nach Kiel, zu verlegen. Ein verhängnisvoller Fehler, denn nun breitet sich der Aufruhr an der ganzen Waterkant aus.

»Da kam die Ernüchterung durch das Waffenstillstandsangebot und die Bildung der Regierung mit Max v[on] Baden an der
Spitze. Nun fiel der Nebel, und das ganze Volk erkannte, dass der
Krieg verloren, verloren durch die Schuld einer verbrecherischen,
unfähigen Regierung und ihrer getreuen Helfer. In dieser Stimmung bedurfte es nur eines Anstoßes, um das ganze System über
den Haufen zu rennen.« So berichtet einer der Führer des Kieler
Matrosenaufstandes und Mitglied des Obersten Soldatenrates
Lothar Popp wenige Wochen nach den Ereignissen. »Hier spielen nun zwei voneinander unabhängige Ereignisse zusammen,
die planmäßige Vorbereitung der Revolution durch die revolutionäre Arbeiterschaft und die Matrosenerhebung. Durch ganz
bestimmte Maßnahmen waren die Marineangehörigen zu der
Überzeugung gelangt, dass die Führer der deutschen Flotte beab-
sichtigten, eine Verzweiflungsschlacht zu liefern, was die nutzlose
Opferung der ganzen Besatzung bedeutet hätte. Am 28.10. sollte
die Flotte auslaufen, angeblich zu einem Manöver. Die Heizer
rissen jedoch die Feuer heraus und verhinderten so das Auslaufen
der Flotte.«[10]

Die Marineführung reagiert, setzt zahlreiche Meuterer fest.
Durch die Verlegung von als unzuverlässig erachteten Schiffen nach Kiel will sie möglichen Widerstand isolieren und be-
kämpfbar machen. Doch es ist längst zu spät. Die drohende
letzte Schlacht erzürnt die Mannschaften, schlägt »dem Fass den
Boden aus«[11]. Die nächsten Stunden und Tage sind durch Diskussionen, Versammlungen und Forderungskataloge geprägt. Es
kommt zu tödlichen Zusammenstößen. Die Matrosen fordern
die Freilassung ihrer Kameraden. Unter allen Umständen sollen
die Verhafteten befreit werden, denn noch sind die Erfahrungen
des Flottenaufstandes von 1917 allzu gegenwärtig. Auch damals
hatte alles so hoffnungsvoll angefangen, doch schließlich gab es
Todesurteile und zwei ihrer Kameraden, Albin Köbis und Max
Reichpietsch, wurden erschossen.[12]

Die Auseinandersetzungen gehen auch am Folgetag weiter.
Karl Artelt, die zweite zentrale Figur der zum Aufstand Entschlossenen, berichtet später:

»Vor dem Kaiser-Café empfing uns plötzlich Maschinengewehrfeuer. Unser Demonstrationszug stoppte. Als wir feststellten, dass niemand getroffen worden war, gingen wir weiter. Daraufhin schossen die Maschinengewehrschützen direkt in unseren Zug hinein. Vierzig bis fünfzig Demonstranten, darunter auch Frauen und Kinder, brachen unter den Kugeln zusammen. Acht von ihnen wurden getötet und neunundzwanzig schwer verletzt.

Durch die Massen ging ein Schrei der Entrüstung und des Protestes. Nachdem die Mörder, die unter dem Kommando des Leutnants Steinhäuser standen, [...] nicht bereit waren, das Feuer einzustellen, sprang ein Matrose [...] vor und schlug den Leutnant Steinhäuser mit dem Gewehrkolben nieder. Dem Mörder war die gerechte Strafe zuteil geworden. Die Niederschlagung des Leutnants war für uns das Signal zum Angriff. Junge Matrosen und Arbeiter stürmten die Stellung der Maschinengewehrschützen und schlugen sie in die Flucht [...]

Am anderen Morgen mussten alle Truppenteile in Kiel zum Appell antreten [...] Nach den üblichen Meldungen bestieg der Divisionskommandeur [...] einen bereitgestellten Tisch und hielt eine Ansprache [...] Er schilderte die gestrigen Vorkommnisse, sagte auch, dass die Luft mit Hochspannung geladen sei, dass aber ein Soldat sich nicht mit Politik zu befassen habe, da er von Politik nichts verstünde. Nachdem er den Tisch verlassen hatte [...] Kurz entschlossen sprang ich hinauf, hielt ebenfalls eine kurze Ansprache und forderte die Matrosen zur Wahl von Soldatenräten auf. Offiziere, die mich vom Tisch herunterzuschießen versuchten, wurden von Matrosenfäusten rücksichtslos entwaffnet. Anschließend stürmten wir unsere Waffenkammern und wählten in allen Kompanien Soldatenräte. Ich wurde zum Vorsitzenden des Soldatenrates gewählt.«[13]

Es sind die einfachen Arbeiter und Soldaten, die die Sache in die Hand nehmen, nicht unbedingt die großen Partei- und Gewerkschaftsfunktionäre, deren Namen heute mit dem Jahr 1918 verbunden werden.

Lothar Popp wurde schon vor dem Krieg SPD-Mitglied. Nach Kriegsbeginn und dem Kurswechsel seiner Parteiführung organisierte er sich friedenspolitisch. 1915 als Soldat zwangsverpflichtet und 1917 nach Kiel entlassen, engagiert er sich zunehmend radikaler. Wie nicht wenige Aktivisten der Revolution – das wird für deren weitere Entwicklung wichtig werden – gehört er zum örtlichen Vorstand der Unabhängigen Sozialdemokraten (USPD), die sich angesichts des kriegstreibenden Kurses der SPD von dieser abgespalten haben.[14] Seine politische Feuertaufe erlebt er im Januar 1918, als er während des großen Streiks den ersten Kieler Arbeiterrat organisiert. Verhaftung, Haft, Zwangsverpflichtung folgen, aber auch sein Untertauchen und politische Arbeit. Entscheidend ist, dass er das Vertrauen der Arbeiter genießt.

Karl Artelt ist ebenfalls seit langem SPD-Mitglied, fuhr zur See. Zur Flotte eingezogen, will auch er mit dem Krieg und der Politik seiner Partei nichts mehr zu tun haben, wird USPD-Mitglied und gehört fortan zu deren radikalstem Teil, der Spartakusgruppe. Sein aufmüpfiges Verhalten bringt ihm Scherereien, Arrest und Kommandierungen in Strafeinheiten ein. Im Oktober ist er als Spezialist in Kiel.

Es sind also politisch erfahrene, engagierte Arbeiter und Matrosen, die das Heft des Handelns ergreifen. Bezeichnend ist die Schilderung der Situation unmittelbar vor den Wahlen für Arbeiter- und Soldatenräte durch Popp und Artelt. Während die Lage noch unentschieden ist, tritt die Truppe befehlsgemäß an. Der Divisionskommandeur will beruhigen: »Wir Soldaten haben keine Ahnung von Politik, also haben wir uns auch nicht mit Politik zu befassen. Er schloss mit den Worten: ›*Soldat soll gehorchen, Soldat muss gehorchen und Soldat gehorcht.*‹ Die Menge wurde ziemlich erregt, fing an zu pfeifen und zu rufen.« Die Truppe löst sich auf, es wird über das weitere Vorgehen diskutiert. Die Militärangehörigen ziehen durch die Kasernen.

»Die Menge wurde immer größer und hin und her schoben sich die Massen [...] wir versammelten uns vor dem Stabsgebäude der 1. Torpedo-Division. Kamerad *Artelt* wurde gleich vom Divisionskommandeur [...] nach unseren Wünschen gefragt und im Verein mit noch zwei weiteren Kameraden legte ihm Kamerad *Artelt* die Forderungen der Mannschaften vor:

1. Abdankung des Hohenzollernhauses.
2. Die Aufhebung des Belagerungszustandes.
3. Freilassung unserer gemaßregelten Kameraden [...]
4. Freilassung aller im Zuchthaus zu Zelle sitzenden Kameraden von der Matrosenerhebung im Jahre 1917.
5. Freilassung sämtlicher politischer Gefangenen.
6. Einführung des allgemeinen gleichen und geheimen Wahlrechts für beide Geschlechter.[15]

Bei Bekanntgabe der Forderungen erklärte der Divisionskommandeur: ›Ja, meine Herren, das ist ja ein politisches Programm.‹ Ja, erwiderte Kamerad *Artelt,* vorhin hatten Sie gesagt, *Soldaten hätten keine Ahnung von Politik, und darum haben wir das politische Programm an erster Stelle gesetzt.*«[16]

In diesen Forderungen, die in der weiteren Arbeit der Arbeiter- und Soldatenräte in Kiel noch klarer ausformuliert werden, offenbart sich bereits der komplexe Charakter des Aufstandes, der zum Initialzünder der deutschen Revolution werden sollte. Der Krieg ist unzweifelhaft verloren, das Deutsche Reich sucht nach Partnern für einen Waffenstillstand. Der Kieler Aufstand richtet sich gegen den verzweifelten Versuch eigentlich putschender Marineführer, die Flotte und damit die Matrosen in einem sinnlosen Vorstoß zu verheizen.

Nebenbei bemerkt ist diese Feindfahrt – mit Billigung durch den starken Mann der Obersten Heeresleitung (OHL), General der Infanterie Erich Ludendorff, durch die Marineführung vorbereitet – vor allem ein Sabotageakt gegen das mühsame Ringen um einen Waffenstillstand, das sich schon seit Wochen hinzieht. Die Admirale und Offiziere, aber auch der in die »Todesfahrt« offenbar gar nicht eingeweihte und hintergangene Reichskanzler Max von Baden, träumen von einem Thermopylen-Erlebnis.[17] Künftigen Generationen soll die Niederlage durch die vermeintlich heroische Selbstaufopferung der deutschen Matrosen schmackhafter und erträglicher gemacht werden. Ihren Schiller haben sie wohl alle gelesen, der die Nachwehen der verlorenen Schlacht der Griechen gegen die Perser vor zweieinhalbtausend Jahren beschwor:

»Wanderer, kommst du nach Sparta, verkündige dorten, du habest
Uns hier liegen gesehn, wie das Gesetz es befahl.«[18]

Nach vier Jahren blutigem, menschenfressendem Krieg, nach
den Schlachten vor Verdun und im Skagerrak steht den Soldaten
und Matrosen aber kaum noch der Sinn nach Heldentod. Sie
wollen überleben, wollen zurück zu ihren in der Heimat darben-
den Familien. Deshalb ist der avisierte Flottenvorstoß für sie der
Tropfen, der das Fass zum Überlaufen bringt. Die alten Mächte
empfinden diese Entwicklung verständlicherweise als tödliche
Drohung – und sie begreifen den Widerstand gegen die selbst-
mörderische Fortsetzung des Krieges als ideale Rechtfertigung für
ihr eigenes Versagen. Der damalige Chef der OHL, Generalfeldmarschall Paul von Hindenburg, schreibt beispielsweise in seinen
Erinnerungen:

Paul von Hindenburg über die Lage Anfang November 1918

Die befürchtete Erschütterung kündigt sich an. In der Heimat
regt es sich mit Gewalt. Der Umsturz beginnt […]
Ein Fieber beginnt nunmehr, den ganzen Volkskörper zu schüt-
teln. Ruhiges Überlegen schwindet. Man denkt nicht mehr an
die Folgen für das Ganze, sondern nur noch an das Durchsetzen eigener Leidenschaften. Diese machen nicht mehr Halt vor
den wahnwitzigsten Plänen. Denn gibt es einen wahnwitzigeren
als den, dem Heere das weitere Leben unmöglich zu machen?
War je ein größeres Verbrechen menschlichem Denken und
menschlichem Hasse entsprungen? Der Körper wird nach außen machtlos; zwar schlägt er noch um sich, aber er stirbt. Ist es
überraschend, dass der Gegner mit solch einem Körper macht,
was er will, dass er seine harten Bedingungen noch härter aus-
legt, als er sie geschrieben hat?[19]

Gerade weil die Kieler den Wahnwitz der Situation begreifen, fällt
es ihnen so leicht, sich für das Leben, gegen den Krieg und seine
Verantwortlichen zu entscheiden. Nun geht es um zweierlei: Zum
einen soll verhindert werden, dass die Aufständischen von den

Militär- und Staatsinstanzen verfolgt oder gar als Meuterer zum Tode verurteilt werden – die Matrosen haben das Schicksal ihrer Vorkämpfer im Flottenaufstand von 1917 stets vor Augen. Zum anderen wollen sie die politischen Grundlagen der derzeitigen Herrschaft verändern. Das heißt, sie wollen letztlich die Republik, indem sie das Kaiserhaus insgesamt zur Disposition stellen, und sie wollen demokratische Verhältnisse durch freie, gleiche und geheime Wahlen, die endlich auch das Dreiklassenwahlrecht beenden, das zumindest für das Preußische Herrenhaus noch gilt. Bemerkenswert auch: Die Männer setzen sich für das Frauenwahlrecht ein.

In Kiel scheinen die Verhältnisse klar und unumkehrbar. Aber die Kieler bewegt die Frage, wie sie diese Verhältnisse auf das Reich übertragen können. Sie wissen, es geht um mehr als um die Flotte und ihren überschaubaren Einflussbereich. Sie wenden sich an die Parteien in Berlin. In Kiel soll einer der profiliertesten Sozialdemokraten, Gustav Noske, sein Bubenstück abliefern. Der Experte der MSPD für Wehr- und Kolonialfragen wird vom Reichskanzler und mit Rückendeckung seines Parteivorstandes an die Ostseeküste entsandt.[20]

Allerdings will die SPD-Führung, genauso wie die Reichsleitung, unter allen Umständen Ruhe im Land. Revolutionäre Kampfaktionen können aus ihrer Sicht die Abdankung des Kaisers und die Schaffung eines neuen Staatswesens, in dem auch die Sozialdemokratie eine wichtige Rolle spielen soll, nur stören.

Am 4. November erfolgt ein Aufruf des Parteivorstandes, die Verhandlungen über die Abdankung nicht durch Kampfaktionen zu stören:

Aufruf des MSPD-Vorstandes

Arbeiter! Parteigenossen!
Durch unterschriftslose Flugblätter und durch Agitation von Mund zu Mund ist an euch die Aufforderung ergangen, in den nächsten Tagen die Betriebe zu verlassen und auf die Straße zu gehen. Wir raten euch dringend, dieser Aufforderung nicht zu folgen […]

Wie ihr alle aus den Zeitungen wisst, hat Genosse Scheidemann im Einvernehmen mit der Partei dem Reichskanzler empfohlen, er möge dem Kaiser raten zurückzutreten. Über diese Frage schweben in diesem Augenblick noch wichtige Verhandlungen.

Arbeiter, Parteigenossen!

Wir fordern euch auf, diese Verhandlungen nicht durch unbesonnenes Dazwischentreten zu durchkreuzen.[21]

Gustav Noske gilt als volkstümlich, er kann aber auch mit den Militärs und den anderen Honoratioren. Und die Arbeiter, Soldaten, Matrosen und ihre Räte vertrauen der Sozialdemokratie, trotz aller Querelen, die sie mit dieser Partei seit 1914 in der Kriegsfrage haben. Sie begrüßen den Parteiführer herzlich, machen ihn anstandslos zum Vorsitzenden des Arbeiter- und Soldatenrates. Gleichzeitig wird er nach kurzer Verhandlung in Rücksprache mit Berlin neuer Gouverneur in Kiel, anstelle eines kaiserlichen Admirals.

Aber Noske will die Macht nicht aus den Händen der Meuterer, sondern aus den Händen der Staatsgewalt. Sein Ziel ist klar: den Aufstand schnell beenden, seine Ausdehnung auf das Reich verhindern. In seinen Erinnerungen schreibt er, dass er »so bald wie möglich wieder zu einem ordnungsmäßigen Zustand« zurück wolle. »Dafür galt es, die Stimmung vorzubereiten. Ich schilderte den Leuten die Sachlage, so wie sie mir erschien, und besprach die Situation im ganzen Reich und den entsetzlichen Zustand, in dem sich unser Volk infolge der Kriegsniederlage befinde, und leitete dann die Gedanken dazu über, unter welchen etwaigen Voraussetzungen der Kieler Meuterei, die ich persönlich auf das Schärfste verurteile, ein Ende zu machen sei. Dass politische Reformen, für die man sich erhoben habe, erfüllt würden, sei selbstverständlich. Über eine Amnestie werde die Regierung mit sich reden lassen.«[22]

Die Forderungen der Kieler Matrosen und Arbeiter wandeln sich unter dieser Einflussnahme. Die noch am Vortag verlangte umfassende politische Demokratisierung, der Weg in eine demokratisch verfasste Gesellschaft, in eine Republik, wird faktisch dem Parteigenossen Noske und seinem Begleiter, dem Staatssekretär Conrad Haußmann von der Deutschen Volkspartei (DVP), als Aufgabe übertragen. Es bleiben die Forderungen nach einer Verbesserung der Lage der Matrosen als Militärangehörige und nach Verzicht auf Repression für ihren Aufstand.

Die Kieler 14 Punkte, am 4. November 1918
vom Kieler Soldatenrat beschlossen

Kameraden!
Der gestrige Tag wird in der Geschichte Deutschlands ewig denkwürdig sein. Zum ersten Male ist die politische Macht in die Hände der Soldaten gelangt.
Ein Zurück gibt es nicht mehr!
Große Aufgaben liegen vor uns. Aber damit sie erfüllt werden können, ist Einigkeit und Geschlossenheit der Bewegung notwendig.
Ihr habt einen Soldatenrat eingesetzt, der einmütig mit dem Arbeiterrat handelt.
Folgt seinen Anweisungen und Beschlüssen, sorgt für Ruhe und Ordnung, damit sich nichts ereignet, was gegen uns ausgenutzt werden kann. Denkt auch an die Aufrechterhaltung der Ordnung in den Kasernen.
Die gestern in später Abendstunde beim Generalgouvernement unter Beisein des sozialdemokratischen Abgeordneten Noske und des Staatssekretärs Haußmann erreichten Erfolge sind:
1. Haußmann nimmt unsere Forderungen an und verspricht beschleunigte Durchsetzung bei der Regierung.
2. Sofortiges Abbrechen sämtlicher gegen unsere Bewegung gerichteten militärischen Maßnahmen.
3. Hinwirken zum Einlaufen der Flotte.
4. Unter Mitwirkung des Arbeiterrates werden dem Soldatenrat die Akten der noch in Haft Befindlichen vorgelegt, um über deren Freilassung, mit Ausnahme der wegen unehrenhafter Handlungen Verurteilten, zu entscheiden […]

Die von dem Soldatenrat gestellten und vom Gouverneur angenommenen 14 Punkte lauten:

1. Freilassung sämtlicher Inhaftierten und politisch Gefangenen.
2. Vollständige Rede- und Pressefreiheit.
3. Unterlassung der Briefzensur.
4. Sachgemäße Behandlung der Mannschaften durch Vorgesetzte.
5. Straffreie Rückkehr sämtlicher Kameraden an Bord und in die Kasernen.
6. Die Ausfahrt der Flotte hat unter allen Umständen zu unterbleiben.
7. Jegliche Schutzmaßnahmen durch Blutvergießen haben zu unterbleiben.
8. Zurückziehung sämtlicher nicht zur Garnison gehöriger Truppen.
9. Alle Maßnahmen zum Schutze des Privateigentums werden sofort vom Soldatenrat festgesetzt.
10. Es gibt außer Dienst keine Vorgesetzten mehr.
11. Unbeschränkte persönliche Freiheit jeden Mannes von Beendigung des Dienstes bis zu Beginn des nächsten Dienstes.
12. Offiziere, die sich mit den Maßnahmen des jetzt bestehenden Soldatenrates einverstanden erklären, begrüßen wir in unserer Mitte. Alles Übrige hat ohne Anspruch auf Versorgung den Dienst zu quittieren.
13. Jeder Angehörige des Soldatenrates ist von jeglichem Dienste zu befreien.
14. Sämtliche in Zukunft zu treffenden Maßnahmen sind nur mit Zustimmung des Soldatenrates zu treffen.

Diese Forderungen sind für jede Militärperson Befehle des Soldatenrates.[23]

Noske gelingt es, in Kiel zumindest oberflächlich wieder Ruhe und Ordnung herzustellen. Am 6. November kann das Wolff'sche Telegraphen-Bureau Optimismus verbreiten. Es muss nicht über die Schießereien um das Hissen der roten Fahne auf den Kriegsschiffen und den Tod von Offizieren berichten, die sich dem verweigern. »Der militärische Schutz der Ostsee durch die Marine ist lückenlos hergestellt. Alle auslaufenden Kriegsschiffe führen die Kriegsflagge. Die Bewegung unter den Matrosen und Arbeitern ist in ruhigere Bahnen zurückgekehrt [...] Die Betriebe sind noch im Ausstand. Die Bevölkerung ist ruhig. In Hamburg sind die Betriebe ausständig. Es ist zu Disziplinlosigkeiten und gewaltsamen Übergriffen gekommen. Gleiches wird aus Lübeck gemeldet. Abgesehen von Ausschreitungen in einigen Werken ist Privateigentum nicht beschädigt oder angetastet worden. Die Bevölkerung ist nicht gefährdet.«[24]

Der Eindruck aber täuscht. Noske ist letztlich nicht erfolgreich. Der revolutionäre Geist der Nachrichten, Flugblätter, Matrosen und Soldaten mit roten Armbinden durchdringt längst das ganze Reich. Reichskanzler Max von Baden hat mit seiner Einschätzung recht: »Ohne Kiel keine Revolution, ohne Revolution keine Kapitulation am 11. November.«[25]

Noch etwas hat Noske nicht geschafft: Die revolutionären Arbeiter und Soldaten lassen sich keinesfalls überall von Forderungen abbringen, die über allgemeindemokratische Verhältnisse und einen menschenwürdigen Umgang in den Streitkräften hinausgehen. Sie erinnern sich, so wie der Arbeiter- und Soldatenrat in Stuttgart, an jene revolutionären, antikapitalistischen Ziele, wie sie Sozialdemokraten seit Jahrzehnten propagiert haben.

Forderungen des Arbeiter- und Soldatenrates Stuttgart vom 5. November 1918

1. Sofortiger Waffenstillstand und Abschluss des Friedens durch den Arbeiter- und Soldatenrat.
2. Abdanken aller Dynastien, einschließlich Wilhelm II. von Württemberg.
3. Auflösung des Landtags und des Reichstags. Die Regierung übernehmen sofort zu wählende Delegierte der Arbeiter, Soldaten, Kleinbauern und der Landarbeiter.
4. Sofortige und vollständige Aufhebung des Belagerungszustandes; Aufhebung jeder Zensur, volle Pressfreiheit; Aufhebung des Hilfsdienstgesetzes.

5. Sofortige Freilassung aller politisch Inhaftierten und aller Militärgefangenen ohne Ausnahme in Württemberg und im Reich.

6. Banken und Industrien sind zugunsten des Proletariats zu enteignen.

7. Annullierung der Kriegsanleihen von 1000 Mark aufwärts.

8. Siebenstündige Arbeitszeit; Festsetzung von Mindestlöhnen durch die Arbeiterausschüsse. Gleiche Löhne für männliche und weibliche Arbeiter.

9. Streiktage sind voll zu bezahlen.

10. Durchgreifende Umgestaltung des Heerwesens, nämlich

a) Verleihung des Vereins- und Versammlungsrechts an die Soldaten in dienstlichen und außerdienstlichen Angelegenheiten;

b) Aufhebung des Disziplinarstrafrechts der Vorgesetzten; die Disziplin wird durch Soldatendelegierte aufrechterhalten;

c) Abschaffung der Kriegsgerichte;

d) Entfernung von Vorgesetzten auf Mehrheitsbeschluss der ihnen Untergebenen hin.

12. Abschaffung der Todesstrafe und der Zuchthausstrafe für politische und militärische Vergehen.

13. Übergabe der Lebensmittelverteilung an Vertrauensleute der Arbeiter.[26]

Eine Ordnung aus den Fugen: Kiel – München – Berlin

Die Nachrichten über die Kieler Ereignisse durcheilen das Land. In Berlin versucht Karl Liebknecht, das Heft des Handelns in die Hand zu nehmen. Der linksrevolutionäre Politiker hat bis 1916 für die SPD im Reichstag gesessen, lehnte aber die Kriegsbefürwortung seiner Partei ab, wurde aus der Fraktion ausgeschlossen und wegen »Kriegsverrats« inhaftiert. Im Zuge einer Amnestie ist er am 23. Oktober 1918 gerade erst aus dem Zuchthaus in Luckau entlassen worden. Jetzt formiert er den Spartakusbund als neue Organisationsform der Sozialisten. Noch sitzt seine Weggefährtin Rosa Luxemburg in Haft (sie kommt am 8. November frei), andere Mitstreiter ebenfalls, manche sind bei der Truppe oder –

wie Karl Artelt – längst in revolutionäre Aktivitäten verstrickt. Ein Flugblatt, das Liebknecht verfasst, soll der revolutionären Bewegung eine Richtung geben, auch wenn er weiß, dass die Mehrheitssozialdemokraten längst daran arbeiten, ihre »Ruhe und Ordnung« wiederherzustellen:

Karl Liebknecht: Die nächsten Ziele eures Kampfes

Arbeiter und Soldaten! Jetzt, da die Stunde des Handelns gekommen ist, darf es kein Zurück mehr geben. Die gleichen »Sozialisten«, die vier Jahre lang der Regierung Zuhälterdienste geleistet haben, die in den vergangenen Wochen von Tag zu Tag euch vertröstet haben mit der »Volksregierung«, mit Parlamentarisierung und anderem Plunder, sie setzen jetzt alles daran, um euren Kampf zu schwächen, um die Bewegung abzuwiegeln.

Arbeiter und Soldaten! Was euren Genossen und Kameraden in Kiel, Hamburg, Bremen, Lübeck, Rostock, Flensburg, Hannover, Magdeburg, Braunschweig, München und Stuttgart gelungen ist, das muss auch euch gelingen. Denn von dem, was ihr erringt, von der Zähigkeit und dem Erfolge eures Kampfes hängt auch der Sieg eurer dortigen Brüder ab, hängt der Erfolg des Proletariats der ganzen Welt ab.[27]

Die Waterkant ist innerhalb weniger Tage in der Hand der Arbeiter- und Soldatenräte, auch wenn die Mehrheitssozialdemokraten schnell versuchen, sich an die Spitze zu stellen. Die radikalen Forderungen der Matrosen und Arbeiter in Kiel, Hamburg, Lübeck oder Bremen inspirieren das Land. Im ganzen Reich sehen Arbeiter und Soldaten, oft auch Bauern, dass es anders geht, dass es einen Ausweg aus der verfahrenen und für viele elenden Situation gibt.

Noch ist die Lage in der Reichshauptstadt unentschieden, noch können die Minister unter Reichskanzler Max von Baden taktieren und versuchen, alles unter Kontrolle zu halten. Die Entente hält die Deutschen hin, zögert die Zusage zum Waffenstillstand hinaus. Sie ist eigentlich auf eine völlig neue Regierung aus, Kaiser Wilhelm II. soll weichen. Denn der soll als Sündenbock herhalten, als Alleinverantwortlicher für das Elend dieses Krieges. Das lässt sich leicht behaupten, seit die militärische Lage zuungunsten des Deutschen Reiches gekippt ist.

Derweil debattieren die Arbeiter, die wichtigsten politischen Gruppierungen der Linken suchen nach Strategien – seien es die Mehrheitssozialdemokraten, die inzwischen mit Philipp Scheidemann als Staatssekretär in der Regierung sitzen, seien es die Unabhängigen Sozialdemokraten oder die Mitglieder des Spartakusbundes. Die Revolutionären Obleute[28], von den Arbeitern gewählte Vertrauensleute außerhalb der Gewerkschaftsstrukturen, schmieden Aufstandspläne, haben ihr Netz kampfbereiter Aktivisten in vielen Betrieben des Reiches etabliert. Sie sind entstanden, um sich für die Belange der Beschäftigten einzusetzen, wirken aber auch zunehmend politisch. Sie sind gegen den Krieg, setzen auf die Rätebewegung und verfolgen sozialistische Ziele. Ihr Kopf ist Richard Müller, der nicht zuletzt durch seine »Geschichte der Novemberrevolution«[29] wesentlich die Erinnerung an die wichtige Rolle der Revolutionären Obleute prägen wird. Sie stehen der Spartakusgruppe nahe, ohne sich dieser wirklich unterzuordnen.[30]

Nur ein Makel haftet all diesen Plänen an: Die Wirklichkeit, die Wut und die Entschlossenheit der Aufständischen in den Zentren der Revolution eilen den Organisationsgremien und der Konspiration weit voraus.

Bald laufen die Münchner den Berlinern den Rang ab.[31] Auch in Bayern ist das Grummeln des Aufstandes im Norden zu hören. Neben der MSPD ist hier die USPD stark, es gibt auch Verbindungen zur Bauernschaft. Für die Bayern kommt zur drängenden Friedenssehnsucht der Wunsch nach politischen Veränderungen hinzu, die nicht nur das Reich betreffen, sondern auch ihr bisheriges Königreich. Wenn bei dieser Gelegenheit die Eigenständigkeit der Bayern verstärkt werden könnte, gar separatistische Ideen sich Bahn brechen würden, umso besser.

Am 7. November strömen am traditionellen Münchner Kundgebungsort, der Theresienwiese, weit über hunderttausend Menschen zusammen. Sie wollen Frieden, sie wollen politische Veränderung. Kurt Eisner – Intellektueller, Journalist und Philosoph, ein Berliner und ein Jude – hat die Sympathien der Massen auf seiner Seite.[32] Zwei Jahrzehnte Sozialdemokrat, eloquenter Kopf einer antimonarchistischen, demokratischen und sozialistischen Agitation, hat er wie viele andere im Vorjahr mit seiner Partei gebrochen. Deren Burgfriedenspolitik und das Anbiedern der Mehrheitssozialdemokraten an die Staatspolitik sind ihm ein Gräuel. Für seine alte Partei hat der langjährige Redakteur des *Vorwärts* nur noch beißenden Spott übrig, wie in seinem Gefängnistagebuch vom Mai 1918 nachzulesen ist: »Es gab nur einen Ausweg: Man musste die Opposition aufgeben. So geschah es. Endlich hat man die Möglichkeit, zu schaffen. Man hatte die Freiheit, nach all Herzenslust alles zu fördern, wogegen man früher Opposition getrieben hatte. Man war dabei. Man stand drinnen. Man war nicht mehr negativ, sondern positiv. Man hatte politischen Einfluss.«[33]

Nur wenige Tage vor den Revolutionsereignissen ist Eisner aus dem Gefängnis freigekommen, wo er wegen seiner aktiven Rolle beim Organisieren des Münchner Munitionsarbeiterstreiks im Januar 1918 gelandet war. Eisner ist in Bayern der prägende und führende Kopf der USPD.

Aus der Kundgebung auf der Theresienwiese entwickelt sich ein machtvoller Demonstrationszug, der zu den Kasernen der Garnison und ins Stadtzentrum Münchens führt. Der mittlerweile in Bayern ungeliebte König Ludwig III., der wenige Tage zuvor noch einer Verfassungsreform zugunsten einer konstitutionellen Monarchie zugestimmt hat, entzieht sich den Gefahren des Aufruhrs durch Flucht.

In der Nacht zum 8. November kommt es im Landtag zur Konstituierung eines Arbeiter-, Soldaten- und Bauernrates. Eisner wird an die Spitze dieses Rates gerufen und mit der Bildung eines Kabinetts beauftragt.

Proklamation des neuen Machtorgans
»An die Bevölkerung Münchens«

Ein provisorischer Arbeiter-, Soldaten- und Bauernrat hat sich in der Nacht zum 8. November im Landtag konstituiert.
Bayern ist fortan ein Freistaat.
Eine Volksregierung, die von dem Vertrauen der Masse getragen wird, soll unverzüglich eingesetzt werden.
Eine konstituierende Nationalversammlung, zu der alle mündigen Männer und Frauen das Wahlrecht haben, wird so schnell wie möglich einberufen werden.
Eine neue Zeit hebt an!
Bayern will Deutschland für den Völkerbund rüsten.
Die demokratische und soziale Republik Bayern hat die moralische Kraft, für Deutschland einen Frieden zu erwirken, der es vor dem Schlimmsten bewahrt […]
Der Arbeiter-, Soldaten- und Bauernrat wird strengste Ordnung sichern. Ausschreitungen werden rücksichtslos unterdrückt. Die Sicherheit der Person und des Eigentums wird verbürgt.
Die Soldaten in den Kasernen werden durch Soldatenräte sich selbst regieren und Disziplin aufrechterhalten […]

Wir rechnen auf die schaffende Mithilfe der gesamten Bevölkerung. Jeder Arbeiter an der neuen Freiheit ist willkommen! Alle Beamten bleiben in ihren Stellungen. Grundlegende soziale und politische Reformen werden unverzüglich ins Werk gesetzt.
Die Bauern verbürgen sich für die Versorgung der Städte mit Lebensmitteln. Der alte Gegensatz zwischen Land und Stadt wird verschwinden. Der Austausch der Lebensmittel wird rationell organisiert werden […]
Helft alle mit, dass sich die unvermeidliche Umwandlung rasch, leicht und friedlich vollzieht.
In dieser Zeit des sinnlos wilden Mordens verabscheuen wir alles Blutvergießen. Jedes Menschenleben soll heilig sein!
Bewahrt die Ruhe und wirkt mit an dem Aufbau der neuen Welt!
Der Bruderkrieg der Sozialisten ist für Bayern beendet. Auf der

revolutionären Grundlage, die jetzt gegeben ist, werden die Arbeitermassen zur Einheit zurückgeführt.

Es lebe die bayerische Republik!

Es lebe der Frieden!

Es lebe die schaffende Arbeit aller Werktätigen!

München. Landtag, in der Nacht zum 8. November 1918
Der Rat der Arbeiter, Soldaten und Bauern
Der erste Vorsitzende: Kurt Eisner[34]

Eisner sieht sich an der Spitze einer revolutionären Regierung. Deren Aufgabe ist, so sein Verständnis, die radikale Umgestaltung der gesellschaftlichen Verhältnisse. Er ist ein großer Verfechter der Räteidee. Räte sollen entscheidend an der politischen Willensbildung und deren Umsetzung beteiligt sein. Gleichzeitig sucht er eine Verbindung mit dem parlamentarischen System, das im Endeffekt das letzte Wort haben soll. Seine Vorstellungen bezüglich einer gesellschaftlichen Kontrolle der Wirtschaft schließen Eingriffe in die Eigentumsverhältnisse weitgehend aus. Aber im Unterschied zu vielen anderen revolutionären Zeitgenossen hat er die Bauern fest im Blick. Er betrachtet sie als wichtige Verbündete und hat in der Tat mit Ludwig Gandorfer (und nach seinem frühen Tod mit dessen Bruder Karl Gandorfer) einen wichtigen Koalitionspartner. Der USPD-Mann Gandorfer führt in diesen Revolutionszeiten den Bayerischen Bauernbund und wird die wichtigste Figur im zentralen Bauernrat Bayerns. Die Gandorfers sichern anfangs ein enges Bündnis mit der neuen Regierung, die, auch dies ist zunächst eine Besonderheit, auf ein enges Zusammenwirken der beiden Arbeiterparteien MSDP und USPD setzt. Schließlich engagiert sich Eisner – sicher in Verkennung der bayerischen Möglichkeiten – für einen Friedensschluss Deutschlands mit der Entente und schließt auch bayerische Alleingänge nicht aus.

Zweifellos ist Eisner »eine Gelehrtennatur, reich an Wissen und Ideen«, wie es ihm später ein Kampfgefährte bescheinigt.[35] Er verfügt über organisatorische Fähigkeiten, vor allem aber kann er überzeugen. In den wenigen Wochen bis zu seinem Tod – er wird am 21. Februar 1919 ermordet – packt er viel an, stößt aber bald an unüberwindbare Grenzen. Die herrschende Wittelsbacher Dynastie zu stürzen war vergleichsweise einfach, ein revolutionäres Staatswesen und eine funktionsfähige Wirtschaft zu organisieren ist hingegen schwierig. Vor allem, wenn der vermeintlich engste Verbündete, die MSPD, sich massiv gegen seine Politik stellt. Eisner wird Ziel nationalistischer, antilinker und antisemitischer Angriffe. Bei den Wahlen zum Landtag am 12. Januar erleidet seine USPD eine vernichtende Niederlage. Das sozialistische Experiment in Bayern scheint beendet.

Die Konkurrenz der Linken untereinander und die Obstruktionspolitik der MSPD sind Erfahrungen, die die ganzen Ereignisse von 1918/19 und danach durchziehen.

Die Entscheidung über das Schicksal der Revolution muss so oder so in der Reichshauptstadt fallen. Hier ist es bislang vergleichsweise ruhig geblieben. Die Reichsleitung unter Kanzler Max von Baden sucht die Lage zu beherrschen, sie arbeitet eng und vertrauensvoll mit dem Regierungspartner MSPD zusammen. Nach den Oktoberreformen geht es nun darum, das Kaiserhaus zu retten, aber den regierenden Wilhelm II. aus der politischen Schusslinie zu nehmen. Hier sind die alten Eliten, so sie nicht generell eine sofortige Konterrevolution wollen, mit der MSPD völlig einig. Von Badens Hoffnungen ruhen auf den Sozialdemokraten und deren Vorsitzendem Friedrich Ebert. Ihm soll das gelingen, »was Noske in Kiel vollbracht hatte. Das Schicksal Deutschlands hing daran, dass Ebert die Leistung seines Parteigenossen im Großen wiederholte, d. h. die Bewegung im ganzen Lande ›zurückrollte‹. Nach unserer Unterredung […] zweifelte ich nicht an seinem guten Willen – und auch nicht an seiner Macht, sobald die klare Parole gegeben wäre, um den Trennungsstrich nach links erneut zu ziehen.«[36]

Es ist also notwendig, möglichst schnell zu handeln, nach außen hin den Revoltierenden Erfolge zu suggerieren und die Sozialdemokraten massiv in die Verantwortung zu nehmen. Nur so scheint es möglich, ein Zusammengehen von MSPD und USPD zu verhindern. Denn das würde die radikalen Forderungen nach gesellschaftlichen Veränderungen, nach Republik, demokratischen Rechten, Beseitigung des Militarismus oder gar Veränderungen im Eigentum nur befördern.

Trotz der selektiven Informationspolitik der Regierung und der Zeitungen wird für die Arbeiter ebenso wie für die Soldaten der Berliner Garnison immer augenfälliger, was im Land vor sich geht. Sie konferieren und streiten in den Werkhallen. Parteien und Diskussionsgruppen treffen sich in verrauchten Hinterzimmern von Lokalen und in Privatwohnungen. Sie diskutieren die Lage, bereiten Demonstrationen und Kundgebungen vor, schreiben Flugblätter und Artikel. Sie wissen um das Risiko. In den stellvertretenden Generalkommandos des Heeres liegen die Einsatzpläne, zuletzt 1916 überarbeitet, für militärisches Eingreifen bei inneren Unruhen griffbereit.

»Alles, was vom militärischen Standpunkt aus wichtig erschien, war dort vorgesehen«, berichtet kurz nach der Revolution der sozialdemokratische Journalist Erich Kuttner. »Die Bildung besonders ›zuverlässiger‹ Kompagnien aus bürgerlichen Elementen, die Bewaffnung der Mannschaften mit Handgranaten und Gasbomben, die Verteilung der Maschinengewehre auf wichtige Punkte, die Einkreisung der Aufständischen und ihre Abschneidung von Verbindungen mit anderen Städten. Bisher waren diese Pläne nirgends zur Ausführung gelangt, in Berlin aber schien es, als ob sie doch noch ihre Probe bestehen sollten.«[37]

Noch am 7. November werden durch die Militärorgane unter Berufung auf den Belagerungszustand Kundgebungen verboten, welche die USPD anberaumt hat. Falls die aufgebrachten Massen in der Stadt noch nicht wissen, mit welchen Mitteln sie die Macht ins Wanken bringen sollen, sorgt der zuständige Militärbefehlshaber für wohlfeile Anleitung. Denn am gleichen Tag lässt er einen entsprechenden Aufruf plakatieren.

**Bekanntmachung des Gouverneurs von Berlin
Alexander von Linsingen, 7. November 1918**

In gewissen Kreisen besteht die Absicht, unter Missachtung gesetzlicher Bestimmungen Arbeiter- und Soldatenräte nach russischem Muster zu bilden.

Derartige Einrichtungen stehen mit der bestehenden Staatsordnung in Widerspruch und gefährden die öffentliche Sicherheit.

Ich verbiete aufgrund des §9b des Gesetzes über den Belagerungszustand jede Bildung solcher Vereinigungen und die Teilnahme daran.

Der Oberbefehlshaber in den Marken.

von Linsingen, Generaloberst[38]

Letztlich laufen solche Drohungen und der Versuch, regierungstreue Truppen in Stellung zu bringen, ins Leere. Längst werden auch in Berlin Arbeiter- und Soldatenräte gewählt. Sie warnen am 8. November vor einer Militärdiktatur: »Wir fordern nicht Abdankung einer Person, sondern Republik! Die sozialistische Republik mit allen ihren Konsequenzen.« In Anlehnung an die Losungen der russischen Bolschewiki 1917 formuliert der Vollzugsausschuss: »Auf zum Kampf für Friede, Freiheit und Brot!«[39]

Immer mehr Menschen gehen auf die Straße. Vor allem aber fallen in der Wilhelmstraße, in der Reichskanzlei, wichtige Entscheidungen. Max von Baden entschließt sich zu einer Finte und gibt am 9. November, während im Großen Hauptquartier im belgischen Spa noch Berliner Emissäre den Kaiser zur Abdankung zu bewegen versuchen, eine Erklärung ab, die den Rücktritt als bereits vollzogen darstellt. Gleichzeitig entschließt er sich in deutlicher Überschreitung seiner Kompetenzen – denn dazu wäre nur der Kaiser oder nach aktueller Lage der Reichstag befugt –, Friedrich Ebert als Vertreter der stärksten politischen Kraft die Reichskanzlerschaft anzutragen.

Der lässt sich darauf ein, sieht aber zunächst einen Rat der Volksbeauftragten als die der Lage angemessene Zwischenlösung, in den dann drei MSPD- und drei USPD-Politiker eintreten. Von den Mehrheitssozialdemokraten sind das Friedrich Ebert, Philipp Scheidemann, Otto Landsberg und von den Unabhängigen Hugo Haase, Wilhelm Dittmann, Emil Barth.

Aufruf Friedrich Eberts vom 9. November 1918

Mitbürger! Der bisherige Reichskanzler Prinz Max von Baden hat mir unter Zustimmung der sämtlichen Staatssekretäre die Wahrnehmung der Geschäfte des Reichskanzlers übertragen. Ich bin im Begriff, die neue Regierung im Einvernehmen mit den Parteien zu bilden, und werde über das Ergebnis der Öffentlichkeit in Kürze berichten.

Die neue Regierung wird eine Volksregierung sein. Ihr Bestreben wird sein müssen, dem deutschen Volke den Frieden schnellstens zu bringen und die Freiheit, die es errungen hat, zu befestigen.

Mitbürger! Ich bitte euch alle um eure Unterstützung bei der schweren Arbeit, die unser harrt. Ihr wisst, wie schwer der Krieg die Ernährung des Volkes, die erste Voraussetzung des politischen Lebens, bedroht.

Die politische Umwälzung darf die Ernährung der Bevölkerung nicht stören.

Es muss die erste Pflicht aller in Stadt und Land bleiben, die Produktion von Nahrungsmitteln und ihre Zufuhr in die Städte nicht zu hindern, sondern zu fördern. Nahrungsmittelnot bedeutet Plünderungen und Raub, mit Elend für alle! Die Ärmsten würden am schwersten leiden, die Industriearbeiter am bittersten getroffen werden.

Wer sich an Nahrungsmitteln oder sonstigen Bedarfsgegenständen oder an den für ihre Verteilung benötigten Verkehrsmitteln vergreift, versündigt sich aufs Schwerste an der Gesamtheit.

Mitbürger! Ich bitte euch alle dringend: Verlasst die Straßen! Sorgt für Ruhe und Ordnung![40]

Dem neuen Regierungschef ist klar: Die treibende Kraft hinter dem Aufruhr auf den Straßen, in den Fabriken und Garnisonen ist weniger die USPD in ihrer Gesamtheit, sondern vor allem deren spartakistischer Flügel. So schwer es dem Revolutionsverächter Ebert fällt, er will – auch unter Druck seiner Genossen im Rat – den überzeugten Revolutionär Karl Liebknecht in diese neue Regierung einbinden und wenn möglich disziplinieren.

Der Rechtsanwalt Liebknecht und die promovierte Staatswissenschaftlerin Rosa Luxemburg sind die exponierten Gestalten der radikalen Linken. Liebknecht ist Antimilitarist und Kriegsgegner, Opfer von Prozessen, Strafeinberufung als Armierungssoldat und Zuchthäusler, vor allem Verfechter einer sozialistischen Umgestaltung und verbunden mit den Revolutionären in Sowjetrussland. Er ahnt angesichts der Zusammensetzung des neuen Machtorgans und seiner üblen Erfahrungen mit den führenden Genossen der MSPD, was für eine Vereinnahmung ihm droht. Er stellt klare Bedingungen, die, das muss ihm bewusst gewesen sein, für Ebert und Co. inakzeptabel sind:

Karl Liebknecht: Bedingungen zum Eintritt in die Regierung, 9. November 1918

1. Deutschland soll eine sozialistische Republik sein.
2. In dieser Republik soll die gesamte exekutive, legislative, jurisdiktionelle Macht ausschließlich in den Händen von gewählten Vertrauensmännern der gesamten werktätigen Bevölkerung und der Soldaten sein.
3. Ausschluss aller bürgerlichen Mitglieder aus der Regierung.
4. Die Beteiligung der Unabhängigen gilt nur für drei Tage, als ein Provisorium, um eine für den Abschluss des Waffenstillstandes fähige Regierung zu schaffen.
5. Die Ressortminister gelten nur als technische Gehilfen des eigentlichen und entscheidenden Kabinetts.
6. Gleichberechtigung der beiden Leiter des Kabinetts.[41]

Erwartungsgemäß kommt es zu keiner Einigung. Die Unabhängigen im Rat der Volksbeauftragten möchten sich Liebknechts Forderungen nicht zu eigen machen. Liebknecht versucht hier, zwei ganz unterschiedliche Regierungskonzepte zusammenzubringen, zwei wohl unversöhnliche Vorstellungen von Sozialismus und dem Weg dorthin. Die gegensätzlichen Sozialismus-Ideen spiegeln sich auch in den beiden Republik-Proklamationen vom 9. November und werden alsbald Gegenstand eines blutigen Bürger- und Bruderkrieges.

Eine makaber-komische Anmerkung zu diesem Streit mit Liebknecht können die Bürger zwei Tage später in der Presse nachlesen: »Die Staatssekretäre und die Chefs der Reichsbehörden sind von der Reichsregierung mit der vorläufigen Weiterführung der Geschäfte beauftragt worden. Das Eindringen unbefugter Personen in die Geschäftsräume der Reichsbehörden und die Übernahme amtlicher Geschäfte durch solche Personen ist nicht gestattet.«[42] So kann das Ende der Revolution natürlich auch dekretiert werden. Aber viele Arbeiter, Soldaten, politische Aktivisten wollen keine entmannte Revolution, die sich mit Mühe mit dem Sturz der Monarchie und der Einführung freier Wahlen für Mann und Frau zufriedengibt.

Heute kann in jedem zweiten Buch und jedem zweiten Artikel über die Novemberrevolution die Eloge von Theodor Wolff auf die Revolution nachgelesen werden, verfasst am Tag nach der kaiserlichen Abdankung und der Installation einer sozialdemokratisch geführten Regierung. Gern werden die Eingangsworte zitiert, die der Chefredakteur des *Berliner Tageblatts* findet: »Die größte aller Revolutionen hat wie ein plötzlich losbrechender Sturmwind das kaiserliche Regime mit allem, was oben und unten dazu gehörte, gestürzt. Man kann sie die größte aller Revolutionen nennen, weil niemals eine so fest gebaute, mit so soliden Mauern umgebene Bastille so in einem Anlauf genommen worden ist.« Aber diese Verherrlichung des Umsturzes verzichtet auf alle Inhalte. Die neue Regierung ist hier wichtig, um Chaos und Hungersnot zu vermeiden, sie ist gut, weil sie in warmen Worten um Unterstützung wirbt, nicht zuletzt bei den Beamten. Und der Autor suggeriert:

»Ebert fühlt und weiß, dass eine Revolution, die fleckenlos dastehen will, dem besiegten Gegner mit Schonung und Menschlichkeit zu begegnen hat.«[43] Er beschreibt ein Traumbild; die Erzählung einer Revolution, die die Welt besser macht, aber nicht eingreift in die gesellschaftlichen, vor allem sozioökonomischen Verhältnisse; eine Revolution, in der auch die Unterlegenen sich widerstandslos in ihr Schicksal fügen. Die Geschichte verläuft allerdings anders, oft tödlicher.

II.
Ein notwendiger Exkurs:
Revolution im Widerstreit

Deutschland, deine Revolutionen?

Für wenige Wochen und Monate war Deutschland im Revolutionsfieber. Hoffnungen und Ängste lagen eng beieinander, Triumph und tödliche Niederlage ließen dem einfachen Soldaten, der Arbeiterin, dem Matrosen kaum Zeit zum Nach- und Durchdenken, brachten vor allem jene, die dieser Entwicklung eine Richtung geben wollten, Verdruss. Wie so oft war der Anfang berauschend:

»Die Novembertage waren überhaupt mehr ein Volksfest als eine Revolution. Man stand an einem Novembertage auf, ging auf die Straße, entdeckte rasende Autos mit roten Fahnen, dann und wann einen Soldaten, der mit fröhlicher Geste wohlversicherte Handgranaten durch die Luft schwang. Die Soldaten schrien: ›Es lebe die Republik!‹ und die Leute auf den Straßen lachten, lachten endlich nach vier schwarzen Jahren ohne Heiterkeit.« Der österreichische Schriftsteller Stefan Großmann ist fasziniert. »In diesen Novembernächten hat man in Berliner Vorort-Gasthäusern vor Freude getanzt. Nicht Herren im Smoking und nicht blendend aufgetakelte Damen, sondern Handwerker und Arbeiterinnen, Soldaten und Dienstmädchen tanzten. Zum ersten Mal war Berlin wieder fröhlich geworden. Aber die Novemberrevolution selbst ist den Berlinern geschenkt worden, sie haben sie nicht blutig erworben.« Und er ergänzt: »Erst im Dezember und in den Januartagen bekam Berlin sein Revolutionsgesicht.«[44] Da ging die Feier blutig zu Ende.

Revolutionen, geglückte wie gescheiterte, sind notwendigerweise Herausforderungen. Wenn die bestehende Ordnung nicht mehr bewahrt werden kann, wenn gar neue Machtverhältnisse und radikale soziale Veränderungen, andere Eigentumsverhältnisse und ein Bruch mit jahrhundertealten Privilegien der Besitzenden gefordert werden, dann stehen Akteure, aber auch passive Zeitgenossen und die nachfolgenden Generationen vor Entscheidungsfragen. Ihr sozialer Platz in der Gesellschaft, ihre politischen und ideologischen Überzeugungen drängen zur Parteinahme, zu einem Pro oder Contra. Das Heraushalten ist immer dann leicht möglich, wenn man sich nicht betroffen wähnt. Aber der Sog dieser Ereignisse bleibt unwiderstehlich, auch wenn der Einzelne glaubt, sich ihm entziehen zu können. Des sozialistischen Dichters Karl Bröger zeitgenössisches Revolutionsgedicht hatte das pathetisch vorweggenommen: »Ich bin ein Scheit im Brand, die Flamme wird mich fassen und eher nicht aus ihrer Qual entlassen bis neu und rein der stumpfe Geist geglüht. / Aufschlägt die Glut, Millionen Funken stieben, von Sturm und Braus durch Rauch und Qualm getrieben, bis aus dem Irren, Wirren, Hassen, Lieben dein morgenhelles Antlitz, Mensch, erblüht. / Brenn zu! Brenn zu!«[45]

Die deutsche Revolution von 1918/19 war immer Zankapfel im politischen Tagesgeschäft wie in der Geschichtsschreibung. Lange verdrängt, »vergessen« im Westen Deutschlands und auch noch im vereinigten Land. Daran ändert auch die gegenwärtig wohlwollende Betrachtung dieser Revolution als »Geburtsstunde der deutschen Demokratie« wenig. Denn die offiziellen Geburtshelfer der deutschen Republik hatten wenig mit den Intentionen, den Idealen der aufbegehrenden Soldaten, Matrosen und Arbeiter zu tun. Sie wollten unter neuem Label den Fortbestand des kapitalistischen Deutschland, auch wenn seine imperialistischen Ambitionen mit dem Sieg der Entente-Mächte zurücktreten mussten.

Die heute bei Teilen der deutschen Eliten, aber auch manchen Linken vorherrschende optimistische Lesart der Revolution und der Weimarer Republik als Vorläufer einer demokratischen Bundesrepublik verdrängt jene Ansätze, welche die deutsche Revolution kritischer interpretierten.

Dass die Reaktion von den Monarchisten bis zu den Faschisten das Weimarer »System« verabscheute, ist verständlich. Zu sehr erschütterte der Aufstand der Massen die gottgewollte Ordnung des Oben und Unten, zu sehr bedrohte die mit der Revolution aktiver werdende und sich organisierende radikale Linke nicht nur die Monarchie, sondern den Kapitalismus insgesamt. Selbst die demokratischen und sozialen Reformen wurden bereits als bedrohlich eingestuft. Das derzeitige Beschwören der neuen demokratischen Kontinuität 1918–1933 verdrängt aber vor allem die langjährige linke und linksliberale Kritik an der Novemberrevolution. Denn der Kaiser musste gehen, aber seine Generäle, Juristen, Bürokraten, Wirtschaftsbosse und selbst der Adel blieben. Sie arbeiteten mehrheitlich schon vor dem ersten Tag der Revolution an einem Rollback. Sie wollten statt einer demokratischen und sozialen Republik eine neue Diktatur, egal ob unter einem Kaiser, einem Ersatzkaiser in der Generalfeldmarschall-Uniform oder einem Führer. Hauptsache die Bedrohung von Kapital und Großgrundbesitz durch eine starke, an die Macht drängende Arbeiterklasse und ihre Parteien wurde abgewendet. Faschismus, Unterdrückung von Linken und Demokraten, Revanchekrieg waren die Folge.

Das zu begreifen erfordert aber, nach den Interessenlagen der Akteure zu fragen.

Da ist zunächst der Wille der Arbeiter im Blaumann oder im Uniformrock, am Fließband oder in der Schlange vorm Brotladen, den Krieg zu beenden, die Verantwortlichen dafür zur Rechenschaft zu ziehen und die Kriegsgewinnler mit Kapital oder Großgrundbesitz zur Kasse zu bitten. Die alten Eliten mit den Militärs an der Spitze hingegen wollten nur schnell heraus aus dem aussichtslosen Krieg und suchten jemanden, dem die Schuld an der Niederlage und den Kosten zugeschoben werden konnte.

In Deutschland dämmerte aber eine radikale sozioökonomische Umwälzung herauf. Das Modell der Großgrundbesitzer hatte sich überlebt, sie hätten zugunsten der Bauern und Landarbeiter enteignet werden müssen. Die Privilegien des alten Adels und der »neuen« Kapitalistenklasse passten nicht in eine bürgerlich-demokratische Revolution, die in Deutschland 70 Jahre zuvor, 1848/49, niedergeschlagen und zwei Jahrzehnte später als Reichseinigung mit minimalen demokratischen Zugeständnissen und sozialen Beruhigungspillen umgesetzt wurde.

Der zu großen Teilen von Deutschland ausgehende Erste Weltkrieg hatte den deutschen Imperialismus und Militarismus zu voller Blüte gebracht und gleichzeitig die Überheblichkeit seiner Zielsetzungen wie das Abenteurertum seiner politischen und militärischen Eliten, aber auch die unersättliche Gier seiner Großkapitalisten und Großagrarier demonstriert. Mit dem Anspruch angetreten, die Karte Europas und idealerweise der Welt für den »Weltkaiser« Wilhelm II. neu zu zeichnen, endete das Unternehmen in einem militärischen und wirtschaftlichen Desaster. Zwar widerstanden die meist gut geführten, motivierten deutschen Soldaten trotz erheblicher Blutopfer bis zum August 1918 dem Druck der zahlen- und ressourcenmäßig weit überlegenen Entente-Truppen, lange konnte der Krieg außerhalb der deutschen Landesgrenzen geführt werden. Aber mit dem Scheitern der Sommeroffensive 1918 und angesichts des deutschen Expansionsabenteuers in den Überresten des russischen Imperiums nach dem Raubfrieden von Brest-Litowsk war die militärische Niederlage abzusehen. Dies begriff endlich auch die diktatorisch handelnde militärische Führung, die OHL unter Erich Ludendorff und Paul von Hindenburg. Zudem war die Versorgungslage im Reich weitgehend zusammengebrochen. Die Kohl- oder Steckrübe war zum Symbol der Mangelversorgung geworden. Schon während der vermeintlichen Siege an der Front und trotz der Annexionen im Osten nagten die deutschen Durchschnittsbürger am Hungertuch.

Spätestens seit 1916 brach der Patriotismus der Anfangsjahre zusammen. Passiver und zunehmend aktiver Widerstand gegen die Fortsetzung des Krieges griff um sich. Die beiden russischen

Revolutionen von 1917 sorgten als Initialzünder dafür, dass aus Unmut aktives Handeln, Streiks und schließlich der große Munitionsarbeiterstreik im Januar 1918 wurden. Bereits im Sommer 1917 hatten Flotteneinheiten einen Aufstandsversuch gegen den Krieg gewagt. Der Widerspruch gegen die Herrschenden, die Kriegsgewinner und Nutznießer des Krieges, denen dieser Krieg wie eine Badekur bekam, verschärfte sich. Es blieb die Frage, wie sich dies im politischen Machtgefüge widerspiegeln konnte.

Die Schlüsselrolle in diesem Drama spielte die deutsche Sozialdemokratie, die im August 1914 staatstragend geworden war. Das Deutsche Reich war im Angesicht der militärischen Niederlage, der Not im Lande und der sozialen Konflikte im November 1918 überreif für einen grundlegenden Wandel seiner Macht- und wohl auch Eigentumsverhältnisse. Die Mehrheitssozialdemokratie musste sich wie im August 1914 entscheiden: Will sie sich staatstragend und konservativ geben, sich den bislang politisch Mächtigen und unverändert wirtschaftlich Besitzenden anbiedern, um als Anerkennung ihr Konzept einer schrittweisen Reformierung der bestehenden Ordnung durchsetzen zu können? Dafür musste sie 1914 den Kriegskrediten und dem Krieg zustimmen, dafür musste sie 1916, 1917 und im Januar 1918 den wachsenden Widerstand der Kriegsgegner unter den Soldaten und an der Heimatfront beruhigen und kanalisieren. Dazu musste die Sozialdemokratie in der Krise von 1918 bereitstehen, um die aufständischen Matrosen, Soldaten und Arbeiter von der Straße zu holen und auf einen vorsichtigen Reformkurs umzulenken. Sie musste sich gegen die Revolution, gegen die Enteignung der Kapitalisten und Großgrundbesitzer, gegen die Entmachtung der alten Funktionseliten stellen. Sie entschied sich für die parlamentarische Form der Machtausübung in Gestalt der Nationalversammlung. Vor allem entschied sie sich gegen die radikale Linke und für das Bündnis mit regulären Militärs und Freikorps, für den Mord an Arbeitern, an Liebknecht und Luxemburg.

Der radikale Antikriegsflügel um die linken Parteidissidenten Karl Liebknecht, Rosa Luxemburg, Clara Zetkin, Franz Mehring und den sich formierenden Spartakusbund sowie die

Bremer Linken, die Revolutionären Obleute, aber auch anarchistische Kriegsgegner und Pazifisten waren die treibenden Kräfte dieser politischen Polarisierung. Sie konnten zwar Massen begeistern, hatten sich aber zu spät organisiert, weil sie lange an die Revolutionierung der eigenen Partei glaubten. Als diese sich 1917 spaltete und mit der USPD ein neuer Akteur die politische Bühne betrat, waren die radikalen Kräfte auch hier in der Minderheit. Erst in den zugespitzten Auseinandersetzungen im November und Dezember 1918 fassten sie nach bolschewistischem Vorbild den Entschluss, eine eigene, kommunistische Partei zu gründen. Ihr Zuspätkommen, ihre organisatorische Schwäche, die massive Repression und der Mord an ihren Führern sorgten auf lange Zeit für einen vergleichsweise geringen Einfluss. Den suchten sie schließlich gemeinsam mit den USPD-Genossen und mit vielen spontanen Aktivitäten von der Basis her.

Die Novemberrevolution steht für einen Friedenskampf um jeden Preis, sie steht für das Handeln der Massen mit dem Ziel einer demokratischen, friedensorientierten Ordnung und radikale soziale Veränderungen. Sie offenbarte aber auch die Schwäche der Arbeiterklasse und der Linken, die sich für kleine Zugeständnisse vereinnahmen ließen und für große Brüche nicht stark und organisiert genug waren. An ihr erwies sich die Fähigkeit der Herrschenden, ihre Macht zu bewahren und dafür auch Partner im gegnerischen Lager zu finden. Diesen Aspekten wird im Weiteren nachzugehen sein.

Im Übrigen war sich in jenen Tagen in Moskau Wladimir Iljitsch Lenin seines Triumphs und der Erfüllung seiner und der Hoffnungen des russischen Proletariats ganz sicher: »Wir standen allein. Jetzt sind wir nicht mehr allein. Jetzt ist Revolution in Berlin, in Österreich, in Ungarn; selbst in der Schweiz, in Holland und in Dänemark, in diesen freien Ländern, die den Krieg nicht gekannt haben – selbst dort wächst die revolutionäre Bewegung, und die Arbeiter fordern dort bereits die Organisierung von Räten. Jetzt hat sich gezeigt, dass es keinen anderen Ausweg gibt. Die Revolution reift in der ganzen Welt heran. Wir sind darin die ersten gewesen, und unsere Aufgabe ist es, diese Revolution so lange zu verteidigen, bis unsere Verbündeten nachrücken, diese Verbündeten aber sind die Arbeiter aller Länder Europas. Diese Verbündeten werden uns um so näher sein, je maßloser sich ihre Regierungen gebärden.«[46]

Der Streit um die Deutung der Ereignisse zwischen 1918 und 1923 ist oftmals genauso spannend, emotionsgeladen und interessengeleitet wie die damaligen politischen Auseinandersetzungen. Wer es vermag, die Geschichte zu deuten, zu schreiben, meist umzuschreiben, kann davon Gebrauch machen, um aktuelle Politik zu begründen, sie historisch zu rechtfertigen. Die Novemberrevolution ist hier wahrlich kein Einzelfall.[47]

Das erste runde Jubiläum 1928/29

Seit 100 Jahren steht diese Revolution mal mehr, mal weniger im Fokus der politischen Auseinandersetzung. Die junge Republik hatte dafür noch wenig Sinn. Keine großen Feierlichkeiten begleiteten den 10. Jahrestag. Den Parteien der Weimarer Koalition war im November 1928 nicht danach zumute. Der amtierende Reichspräsident Paul von Hindenburg war eher ein Ersatzkaiser denn der Repräsentant einer parlamentarischen Demokratie. Und die erklärten Gegner der »Novemberverbrecher«, die aufstrebenden deutschen Faschisten, machten kein Hehl daraus, dass sie die Uhren nach einem Sieg deutlich zurückstellen wollten. Adolf Hitler drohte in seinem Machwerk »Mein Kampf« schon 1925, dass es »geschichtlich einfach nicht denkbar [sei], dass das deutsche Volk noch einmal seine frühere Stellung einnehmen könnte, ohne mit denen abzurechnen, die die Ursache und Veranlassung zu dem unerhörten Zusammenbruch gaben, der unseren Staat heimsuchte. Denn vor dem Richterstuhle der Nachwelt wird der November 1918 nicht als Hoch-, sondern als Landesverrat gewertet werden.«[48] Und so sollte das Naziregime nach 1933 mit jenen umgehen, die in linken wie demokratischen Parteien zu Revolution und Republik standen, unabhängig von ihrer einstigen Radikalität und ihrer

Stellung zu einem wie auch immer gearteten Sozialismus oder auch nur einem demokratischen Staatswesen.

Selbst der 10. Jahrestag des Zusammentritts der Nationalversammlung in Weimar veranlasste den sozialdemokratischen Reichstagspräsidenten nur zu einer kurzen, zwar von einigen Zurufen, aber nicht von einer Aussprache begleiteten Stellungnahme vor dem Parlament. Allerdings bringt diese Szene sehr kurz und treffend die Konfrontationslinien in der deutschen Gesellschaft sowohl 1918/19 als auch 1928/29 zum Ausdruck.

Ansprache des Reichstagspräsidenten Paul Löbe
zum 10. Jahrestag des Zusammentritts
der Weimarer Nationalversammlung,
6. Februar 1929

Meine Damen und Herren! Heute vor 10 Jahren ist die Verfassunggebende Deutsche Nationalversammlung in Weimar zusammengetreten.

(Bravo-Rufe.)

Durch ihre Einberufung und durch ihre Zusammensetzung hat sie dem Deutschen Reich die neue staatsrechtliche Gestaltung, die demokratische und republikanische Staatsform gegeben.

(Zurufe von den Kommunisten.)

Die Frauen und Männer, die damals in Weimar versammelt waren, haben gewusst, dass die Folgen des Kriegs, der Niederlage, des Zusammenbruchs sowie die bevorstehenden Friedensverträge die Existenz unseres Volkes aufs Schwerste gefährden würden. Trotzdem haben sie sich sofort an die Arbeit gemacht, um den Wiederaufbau des Landes zu beginnen. Sie haben die Einheit des Reichs gerettet, die damals stark gefährdet war. Sie haben dem Staat die neue freiheitliche Verfassung gegeben.

(Zurufe von den Kommunisten: Welche Freiheit!)

Sie haben nach Überwindung der Blockade und anderer Schwierigkeiten die mühselige Arbeit der Konsolidation der Wirtschaft begonnen.

(Ironische Zurufe von den Kommunisten.)

Wir wissen, dass die schweren Schläge, die unser Land und Volk erlitt, noch nicht verwunden sind, aber wir setzen die Arbeit fort in der Zuversicht, dass das deutsche Volk, politisch gereift, befähigt sein wird, sein Schicksal mit eigenen Händen zu gestalten und unser Land der vollen Freiheit und sozialen Gerechtigkeit zuzuführen.

(Lebhafte Zustimmung. – Widerspruch bei den Kommunisten.)

Ich weiß ja, dass in diesem Hause Damen und Herren vorhanden sind, die andere Gefühle haben als die Mehrheit dieses Reichstags. Ich kann in meiner kurzen Ansprache jedoch in keine Polemik darüber eintreten, darf aber daran erinnern: Wenn der staatliche Wille der rechtsstehenden Gruppen zum Durchbruch gelangt wäre, dann war Ihnen (zu den Kommunisten) das An-die-Wand-Stellen in Aussicht gestellt worden.

(Sehr gut!)

Und wenn Ihr staatlicher Wille sich durchgesetzt hätte, dann sollten die anderen an den Galgen gebracht werden. Wir haben Ihnen und den anderen erst die staatsbürgerlichen Rechte gegeben.

(Erneute lebhafte Zustimmung.)[49]

Immerhin fand sich 1928 in der sozialdemokratischen Theoriezeitschrift *Die Gesellschaft* der Aufsatz eines deutsch-österreichischen Parteiführers, Karl Renner, zur Thematik. Anlässlich eines Kongresses der Sozialistischen Arbeiterinternationale und des 110. Geburtstages von Karl Marx beschwört er den historischen Wandel, der mit dem Weltkrieg und seinen Folgen welt- und gesellschaftspolitisch eingetreten sei: »Die Wucht dieses geschichtlichen Wandels – auch sie war mir bei einer besonderen Gelegenheit zum persönlichen politischen Erlebnis geworden. Wie viele Sozialdemokraten vermögen heute noch die lähmende Angst nachzufühlen, die uns in Wien während der Wintermonate 1914 beinahe leiblich erstarren machte, als die Heersäulen des Zaren bis vor Krakau vorgestoßen waren und in acht Tagen in Wien sein konnten. Man muss sie mitgefühlt haben, um zu verstehen: Unmöglich war ein Zweifel, dass ein solcher militärischer Triumph des Zaren auf Jahrzehnte das Ende der Demokratie und des Sozialismus bei uns in Österreich und in Mitteleuropa gewesen wäre.«[50]

Renner rechtfertigt die auch in seinem Land damals bestimmende »Burgfriedenspolitik«, das Bündnis der Sozialdemokratie mit den adligen wie kapitalistischen Eliten. »Der Kampf gegen den Zaren war uns nicht etwa eine österreichische, sondern eine Weltfrage, zugleich die aktuelle Frage der Demokratie und des Sozialismus überhaupt. Man wird zugleich begreifen, welche Erlösung für mich und für uns alle in Wien die Gewissheit des Sieges der russischen Revolution war und wie sie unser Denken und Wollen völlig umstellte. Damals empfand ich zum ersten Male, dass die Nachkriegswelt eine fundamental andere sein wird, dass alles Schlimme, das sie uns im Lande bringen konnte, dennoch besser würde als das Gewesene! Für einen Verruchten oder einen Narren hätte ich denjenigen gehalten, der 1914 dasselbe von mir verlangt hätte, was ich 1918 gerne und willig getan habe – abrüsten, sich nicht mehr verteidigen, sich revolutionär neu einrichten! Ich führe dieses seelische Erlebnis an, um anschaulich zu machen, wie gewaltige Umwälzungen die Staatenwelt vor unseren Augen vollzogen hat und wie sehr unser Verhalten durch die Tatsachen bestimmt ist und bestimmt sein muss, durch wechselnde Tatsachen und nicht bloß durch ewig gleiche Grundsätze.«[51]

Aus genau diesem Rechtsfertigungsgestus und dem mangelnden Willen heraus, die Verhältnisse radikal zu ändern, allerdings auch aus dem Wissen um den Widerstand der Gegner des Sozialismus, so kann hineingelesen werden, bleibt der sozialdemokratische Ausweg vage, auf lange Sicht angelegt. Die Sozialdemokratie setzt auf den Staat und seine gestalterische Kraft. Zehn Jahre nach den Revolutionen in Deutschland und Österreich-Ungarn kommt der einstige Revolutionsministerpräsident aus Wien zu der Erkenntnis: »Nur ein recht bescheidener Teil bleibt der unmittelbaren Verwirklichung durch die Genossenschaften und Gewerkschaften der Arbeiter vorbehalten, nur ein bescheidener Teil bleibt als heute unerfüllbar der künftigen sozialistischen Gesellschaft vorbehalten, der größte Teil des Geforderten soll durch die politischen Parteien der Sozialdemokratie, durch das Mittel der

Beherrschung des Staates sogleich in Angriff genommen werden. Allgemein gesagt: Der Staat, wie er ist, der Staat, der noch immer auf dem Gegensatz der Klassen beruht, ist als vorzüglichstes und nächstliegendes Mittel der Sozialisierung angesehen, als Helfer auf dem Wege und nicht als absolutes Hindernis, das erst beseitigt werden muss, bevor soziale Arbeit geleistet werden kann.«[52]

In dem anderen wichtigen sozialdemokratischen Theorieorgan, den *Sozialistischen Monatsheften*, finden die Ereignisse noch weniger Niederschlag. Allerdings schreibt ein umtriebiger Verwaltungsjurist und zeitweiliger Landrat, vermeintlich der Partei nahestehend, im Rahmen einer breiteren Diskussion zu den Potenzen von Föderalismus oder Einheitsstaat mit Erinnerung an 1918/19: »Als im November 1918 das alte Regierungssystem zusammenbrach, die deutschen Könige, Großherzöge und Fürsten auf ihre Kronen verzichteten, glaubten viele, jetzt sei der Zeitpunkt gekommen, um neben anderen Neuerungen auch den deutschen Einheitsstaat zu errichten. Manche bezeichnen es heute als das größte Versäumnis der Revolution, dass sie mit den deutschen Ländern nicht sofort vollständig aufgeräumt hat […] heute müssen wir uns mit der Tatsache abfinden, dass die ersehnte Staatseinheit nicht mehr durch einen revolutionären Akt geschaffen werden kann, sondern nur noch auf dem Weg der Gesetzgebung.« Der Autor streitet im Weiteren nachdrücklich für den Einheitsstaat, nicht ohne manche Vorzüge des Bundesstaates zu verkennen. Aber für die außenpolitische Stärke Deutschlands sei dieser Weg unverzichtbar. »Eines aber zeigt die Geschichte Deutschlands deutlich: dass der Einheitsstaat dem deutschen Volk niemals den Schaden bringen kann, den ihm seine Zerrissenheit so oft gebracht hat. In dem Gefühl, dass wir nationalpolitisch, wirtschaftlich und kulturell für eine gute Sache kämpfen, wollen wir in das 2. Jahrzehnt deutschen demokratischen Staatslebens eintreten, in der Hoffnung, dass in ihm die Frucht ausreift, die wir im 1. Jahrzehnt noch nicht sehen konnten.«[53] Kurze Zeit nach diesem Aufsatz findet der Autor seine wahre Berufung als Nationalist und Antisemit. Er rückt in die Nähe der NSDAP, wird 1933 Mitglied, arbeitet erfolgreich im besetzten Polen an der Unterdrückung der

Einheimischen mit, bleibt aber nach 1945 ungeschoren. Auch diese verqueren Wege gehören zur jüngsten deutschen Geschichte.

Trotz all dieser Einschränkungen und der verbreiteten Skepsis gegenüber der jungen deutschen Republik gab es immer noch Anhänger. In Anwesenheit der Staatsspitze, also auch des Reichspräsidenten, wurde am 11. August 1929 in den Straßen Berlins der »Tag der Verfassung« gefeiert: »Ein bunter, ungeheurer Wirbel von Farben und von Klängen hat sie gefüllt«, schwelgt der Berichterstatter in der *Vossischen Zeitung*. »Und doch, die dankbare Besinnung kommt immer wieder auf das eine Wort zurück: hier war ein *Volksfest* – ein Fest, das nicht geschaffen wurde, sondern ganz spontan aus seinen eigenen Vorbedingungen erwuchs, das Menschen jäh in seinen Bann zog, sie zur Begeisterung erhob und ihnen das lebendige Gefühl vermittelte, ›wir sind ein Volk; wir sind nicht Einzelne; wir sind hier Eingegliederte; wir werden hier in diesen Stunden unserer eigenen Kraft bewusst!‹« Dazu gehörte auch ein großer Aufmarsch. Das Reichsbanner Schwarz-Rot-Gold, der SPD nahestehend, schaffte es, anlässlich der Verkündung der Weimarer Reichsverfassung 140 000 Anhänger zu mobilisieren. Aber wie schon die Worte des Reporters vermuten lassen: vom Geist der Revolution war hier nichts mehr zu spüren. Es ging den Menschen um ein abstraktes Verfassungsgebilde und der Nationalismus schien ungebrochen.[54] »Die SPD wollte nach 1918/19 statt Revolutions- lieber Republikpartei sein«,[55] stellte dazu der Historiker Alexander Gallus vor einigen Jahren fest und benannte dies auch als bleibenden Anspruch für den ersten Reichspräsidenten Friedrich Ebert.

Eine bemerkenswerte Publikation zum Jubiläum der Revolution und der Weimarer Republik erscheint aber doch. Der Historiker Arthur Rosenberg legt ein Grundlagenwerk zur »Entstehung der deutschen Republik 1871–1918«[56] vor. Das ist umso bemerkenswerter, da der Intellektuelle Rosenberg[57] nach anfänglicher Kriegsbegeisterung und Einsatz an der kaiserlichen Propagandafront über die USPD zur jungen KPD stieß und sich dort maßgeblich engagierte. In der frühen Weimarer Republik gehörte er zum linksradikalen Führungskreis der KPD und war nach der Niederlage von 1923 tonangebend an neuen Versuchen des Forttreibens der Revolution beteiligt. Angesichts der Niederlagen und der späten Einsicht, dass linksradikale Parforceritte gegen die Stimmung und Überzeugungen der Masse nichts bringen, hatte Rosenberg mit seiner Partei gebrochen, allerdings nicht mit dem Sozialismus als Ziel. Akribisch untersucht er nun die Vorgeschichte und den Verlauf der Revolution. In der bereits erwähnten sozialdemokratischen Zeitschrift *Die Gesellschaft* findet sein Buch die Aufmerksamkeit eines Berufskollegen, Hermann Wendel. Der ist begeistert, denn es sei »ein Werk aus einem Guss, treffsicher und einschlagend wie ein großkalibriges Sprenggeschoss. Nicht jeder seiner Schlüsse, nicht jedes seiner Urteile weckt Zustimmung; die Objektivität etwa gegen die durch die Revolution entthronte Herrenkaste, gegen Ludendorff und die Admirale vom Oktober 1918 geht manchmal erstaunlich weit, aber was verschlägt das neben der Tatsache, dass hier endlich einmal wieder ein überlegener, geschichtsphilosophischer Kopf die deutsche Entwicklung von 1871 bis 1918 als Einheit fasst und die logische Verknüpfung der Geschehnisse von innen heraus deutlich macht.« Vor allem sieht der Rezensent die zentrale Rolle des antidemokratischen kaiserlichen Staates als Feind der Arbeiterbewegung ähnlich wie Rosenberg. So kann er diesem nur zustimmen, »dass im November 1918 eine bürgerliche Revolution von der Arbeiterschaft gegen den Feudalismus erkämpft wurde und dass, dank der Lagerung der Kräfteverhältnisse, eine bürgerliche Republik zurückblieb«.[58]

Rosenberg weist in seiner Argumentation auf die seltsame Konstellation hin, die durch die Inszenierung des Machtwechsels der alten Eliten um Ludendorff hin zu einer konstitutionellen Monarchie und einer demokratischen Regierungsbildung zustande kam. Dabei ging es darum, die Verantwortung für den Waffenstillstand und die Friedensverhandlungen, also für die Niederlage, jemand anderem aufzubürden als den hochrangigen Militärs. Das war, so die Überzeugung Rosenbergs, spätestens mit den Oktoberreformen erledigt. Die Reichstagsmehrheit, hier vor allem MSPD und Zentrum sowie Liberale, besetzte bereits die entscheidenden Machtpositionen. »In Opposition gegen die neuen Machthaber standen nur Minderheiten des Volkes: auf der rechten Seite die altkonservativen Kreise und links die Anhänger der USPD und des Spartakusbundes, die mit der bürgerlichen Regierung nicht zufrieden waren und einen sozialistischen Staat anstrebten.«

Nur diese Kräfte hätten jetzt noch Revolution machen können. Aber, so Rosenberg, »eine jede dieser Aktionen von rechts wie von links war zum Scheitern verurteilt. Denn sie musste auf den Widerstand der großen Massen des Mittelstandes und der Arbeiter in Volk und Heer treffen. Das waren die Massen, die damals den Frieden und die bürgerliche Demokratie wollten, aber weitergehende Wünsche nicht hatten [...] Sie hatten die Macht und hatten erreicht, was sie wünschten. Wie sollte also eine neue deutsche Revolution möglich sein, der die Regierung Max von Baden, das heißt in Wirklichkeit die Regierung Erzberger-Scheidemann, unterlag? Trotzdem ist es zu der wunderlichsten aller Revolutionen im November 1918 gekommen. Die Massen, die hinter der Reichstagsmehrheit standen, rebellierten gegen die Regierung Max von Baden, das heißt eigentlich gegen sich selbst.«[59]

Dies wollte Wendel so nicht gelten lassen. Er sucht eine Rechtfertigung der sozialdemokratischen Politik in dieser 1918 errungenen Ordnung, ohne sich auf Rosenbergs entscheidende Einschränkung einzulassen. Denn »das richtige Verhältnis zum November 1918 gewinnen die sozialistisch gesinnten Arbeiter doch erst, wenn sie sich des Wortes von Marx erinnern, dass die Republik ›die Umwälzungsform der bürgerlichen Gesellschaft‹[60] ist. Diese Umwälzungsform errungen zu haben, ist ein geschichtlich bedeutsamer, verteidigungswürdiger Fortschritt.«[61] Offen bleibt auch ein Jahrzehnt nach dem Eintritt in diese »Umwälzungsform«, ob die Arbeiterbewegung, ob die Linke diesen Weg tatsächlich weitergehen konnte und wollte.

Rosenbergs Fazit ist da ehrlicher: »In Wirklichkeit war die Regierung des 10. November eine etwas sozialistisch verschleierte Herrschaft der alten Reichstagsmehrheit, ergänzt durch den rechten Flügel der USPD. Das war die Regierung, wie sie dem Verlauf der Bewegung und dem damaligen politischen Kräfteverhältnis in Deutschland entsprach.«[62]

Zehn Jahre nach der Novemberrevolution haben die Kommunisten wieder radikale Ziele auf ihrem Panier, allerdings weniger eine differenzierte Auseinandersetzung mit den damaligen Ereignissen, den Erfolgen und vor allem den nachwirkenden Niederlagen. Zunächst einmal sorgte 1929 die im Medien»konzern« Willi Münzenbergs, hier im Internationalen Arbeiter-Verlag, erschienene umfängliche und großformatige »Illustrierte Geschichte der deutschen Revolution«[63] für einen im doppelten Sinne wichtigen Durchbruch in der Geschichtsschreibung zur 1918er Revolution. In einem typografisch herausragenden, für die damalige Zeit genial illustrierten Werk wurden die Ereignisse im wahrsten Sinne anschaulich. Das Buch griff die inzwischen mit der *Arbeiter Illustrierten Zeitung* aus dem gleichen medialen Umfeld gewachsenen neuen Sehgewohnheiten einer vornehmlich proletarischen Leserschaft mit vielen Fotos und Bildcollagen für ein politisch brisantes Geschichtsthema auf. Gleichzeitig eröffneten die Autoren einen umfassenden Blick auf eine breite Volksbewegung für gesellschaftliche Veränderung, aber auch auf die Härte der Konterrevolution.

Politisch entscheidend waren für die Kommunisten und ihre Sympathisanten die von der Parteiführung getroffenen Einschätzungen. Zu den Hochzeiten der Auseinandersetzung mit der Sozialdemokratie wie mit dem bürgerlichen Staat wurde die Begeisterung für und das Hoffen auf die Entwicklungsfähigkeit des Staatswesens – wie es die Sozialdemokraten vertraten – nicht geteilt. Ernst Thälmann stellte folgerichtig die proletarischen Massenkämpfe und das aus kommunistischer Sicht entscheidende Defizit, das zu späte Entstehen einer revolutionären Partei, in den Mittelpunkt der Erinnerung. »Die Niederlage war unvermeidlich. Denn die junge, soeben im revolutionären Kampfe geborene Kommunistische Partei vermochte noch nicht die Führung der proletarischen Massen an sich zu reißen. Die schwankenden und feigen Führer der USPD verhinderten mit allen Mitteln eine zielbewusste Organisierung des proletarischen Aufstandes, so sehr die Arbeitermassen der USPD zum revolutionären Kampf entschlossen waren. Und auch der Spartakusbund selber war in jener Zeit

noch belastet mit allen Schwächen und ideologischen Unklarhei-
ten, die dem Mangel an revolutionären Erfahrungen der gesamten
deutschen Arbeiterklasse entsprachen.«[64]

Aus dieser vernichtenden Kritik, aber auch Selbstkritik leitete
der Vorsitzende der KPD die damals dank der wachsenden Stärke
der Kommunisten nicht abwegige Folgerung ab, dass »das Blut
der besten Führer des deutschen Proletariats und der mit ihnen
auf dem Schlachtfeld der Freiheit Gefallenen nicht umsonst vergossen. Die furchtbare Lehre jener Januarkämpfe und der bes-
tialischen Verbrechen der Noske, Ebert, Wels und Scheidemann
legte den Grund für den Aufstieg der revolutionären Partei der
deutschen Arbeiterklasse, der KPD! Die Rolle der Partei als der
einzigen Führerin der proletarischen Massen in der Organisierung
der Revolution – das war es, was die besten und revolutionärsten
Elemente der deutschen Arbeiterklasse aus der Niederlage zu lernen begannen.«[65]

Deutsch-deutscher Erinnerungskampf

Es ist wenig überraschend, dass nach 1949 in den beiden deutschen
Staaten in sehr unterschiedlicher Weise Rückschau auf die Ereignisse der Jahre 1918/19, aber auch der Zeit bis 1923 gehalten wurde.

Die alte Bundesrepublik hatte kein besonderes Interesse an
dieser Zeit. Sie war nur relevant, weil sich damals Kaiser und
Monarchie erledigt hatten, weil der für Deutschland erfolglose
Erste Weltkrieg beendet wurde und ein Staat entstand, dem sich
die BRD am ehesten historisch verpflichtet fühlen konnte: die
Weimarer Republik. Dieser Staat, seine Verfassung, seine wohl
überforderten demokratischen Politiker konnten die nationalso-
zialistische Diktatur nicht verhindern – weil sie durch die Extremisten, auf der linken Seite die Kommunisten und auf der rechten
Seite die Nazis, bedroht und schließlich unterminiert wurden.
Revolutionserinnerungen hatten in diesem Kontext kaum Platz,
gemahnten viel zu sehr an die Angst, die dieser Staat vor jeder
Revolution hatte – und die konnte nur eine von Moskau (und

Ostberlin) gelenkte kommunistische sein. Aus bundesdeutscher Sicht sollte eine solche Konstellation unter allen Umständen verhindert werden.

Auch einige konservative Kreise waren anfangs – wie im Ahlener Programm der CDU[66] nachzulesen – nicht abgeneigt, den alten Kapitalismus mit seinen Eigentumsstrukturen infrage zu stellen. Doch nun war es ihnen vor allem wichtig, die politische Stabilität der Bundesrepublik zu gewährleisten. Das hieß Kampf gegen die radikale, die kommunistische Linke (und was dafür gehalten wurde) und, wenn es sich nicht vermeiden ließ und diese Kräfte nicht ihre Heimat in den etablierten Parteien finden wollten, auch gegen Rechts. Die Verfassungsväter und -mütter der Bundesrepublik analysierten deshalb sehr genau die Weimarer Verfassung und erkannten schnell die Schwachstellen der Gründungsurkunde der ersten deutschen Republik.[67]

Diese Schwachstellen sollten behoben, die Gefahr politischer Bewegungen wie denen zwischen 1919 und 1933 und infolge der Weltwirtschaftskrise 1929 vermieden werden. Das betraf alle Formen der direkten, plebiszitären Demokratie, die das Volk unmittelbar in die politische Entscheidungsfindung einbeziehen könnten und nicht durch den Filter eines – wie sie hofften – ausgewogenen Parlamentarismus hindurch mussten. Und das betraf die überragende Rolle eines parlamentarisch nicht kontrollierbaren, direkt vom Volk gewählten und mittels Notverordnungen regierenden Reichspräsidenten. Die demokratischen Spielräume und die sozialen Selbstverpflichtungen der Weimarer Verfassung sollten auf ein Maß eingegrenzt werden, das den neuen Staat vor zusätzlichen Konflikten schützte und verhinderte, dass die internationalen und innerbundesdeutschen Klassenkämpfe die politische Stabilität – und damit die kapitalistische Ordnung – gefährdeten.

Darum lesen sich damalige Standardwerke der Geschichtswissenschaft wie die große »Propyläen Weltgeschichte« aus den frühen 1960er Jahren in Bezug auf Deutschland nicht als Revolutionsgeschichten.[68] Letztlich wird hier der US-Präsident Woodrow Wilson mit seinem zögerlichen Eingehen auf das deutsche

Waffenstillstandsangebot für die Ereignisse im Oktober verantwortlich gemacht. Schließlich wollte er nur mit einer demokratisch legitimierten Reichsführung verhandeln. Diese Haltung »trieb Regierung und Reichstag zur Reform, die als Revolution von oben der Bismarckschen Verfassung schon vor dem Ausbruch der Revolution von unten ein Ende bereitete: jetzt endlich wurde das Reich parlamentarisiert und das allgemeine, gleiche und geheime Wahlrecht in Preußen eingeführt«[69]. Trotz aller Kompromissbereitschaft der Mehrheitssozialdemokraten habe die unentschlossene Haltung der Offizierskorps die Entwicklung verzögert. »Da regte sich die Friedenssehnsucht der Massen. Die Revolution begann mit der Meuterei der Marine, die sich nicht in letzter Stunde zu einem Entlastungsvorstoß für das Heer einsetzen lassen wollte, den die Matrosen als ›Todesfahrt‹ ansahen. In Kiel durch die Entsendung Gustav Noskes noch einmal notdürftig aufgefangen, sprang sie doch wie ein Wildfeuer von Ort zu Ort, von Land zu Land weiter und beherrschte seit der Nacht vom 7. zum 8. November bereits die Rheinlinie, so dass die Versorgung des Feldheeres bedroht war, und München, wo die alte Dynastie der Wittelsbacher den Platz kampflos räumte [...] Am 9. November 1918 fand das alte System keine Verteidiger mehr, und Prinz Max von Baden sah sich gezwungen, in Berlin vorgreifend die Abdankung des Kaisers bekanntzugeben und Ebert seine Nachfolge als Reichskanzler anzutragen, während Scheidemann um die Mittagsstunde bereits vom Balkon des Reichstages aus eigenmächtig die Republik ausrief [...] Die Flucht des Kaisers nach Holland war die unvermeidliche Folge seiner verzögerten Abdankung.«[70] So kurz und knapp kann ein tiefer Bruch in der deutschen und europäischen Geschichte beschrieben sein.

Wichtigstes Anliegen dieser Mainstream-Geschichtsschreibung ist es offensichtlich, den Deutschen jede Revolution zu vergraulen. Schlimm genug, dass es eine in Russland gab, die Erfolg hatte und die Weltgeschichte über sieben Jahrzehnte prägte. Und die sich auch in den deutschen Klassenkämpfen und vor allem in der deutschen Zweistaatlichkeit in einer sich in feindlichen Blöcken gegenüberstehenden Welt niederschlug.

Trotz mancher tieferer Einsichten in der west- und gesamtdeutschen Geschichtsschreibung in den letzten beiden Jahrzehnten haben sich für den breiten Nutzerkreis kaum differenziertere Darstellungen des eigentlichen revolutionären Aktes durchsetzen können. Ein Blick in ein typisches Unterrichtswerk für Gymnasiasten, im Jahre 2013 erschienen, lässt bekanntes konservatives Denken erkennen. Die Autoren referieren: »Problematisch war, dass im November 1918 eine Staatsform, die konstitutionelle Monarchie, praktisch von einer konträren, der parlamentarischen Republik, abgelöst wurde. Die neue Staatsform und die neue Regierungsform waren deshalb vielen suspekt und wurden von weiten Kreisen der Bevölkerung als ›undeutsch‹ abgelehnt.« Und man bleibt nicht bei einer Beschreibung damaliger Stimmungslagen stehen. Die »Bewertung« lässt keinen Zweifel: so gut und wichtig die Weimarer Republik auf dem Weg zur Demokratie war, ihr Geburtshelfer sollte bloß nicht überbewertet werden. »Obwohl sich die Bezeichnung ›Novemberrevolution‹ eingebürgert hat, können die Ereignisse des Novembers 1918 nicht als Revolution bezeichnet werden.« Genüsslich werden die Grenzen der damaligen Vorgänge und ihrer Akteure aufgezeigt und zugleich das durchaus revolutionäre, selbstbestimmte Handeln von Arbeitern, Soldaten, aber auch von Bürgerlichen wie Bauern für eine andere Ordnung – was auch immer das heißen sollte – geleugnet. Denn im Unterschied zu Frankreich 1789 und Russland 1917 gab es »keine konkurrierende Ideologie als geistig-politisches Ziel, die ›Revolution‹ ging nicht vom Volk aus; soziale und politische Spannungen spielten als Auslöser keine Rolle; die ›Revolution‹ war ein Zufallsprodukt; eine tiefgreifende Veränderung des gesellschaftspolitischen Systems wurde nur von einer kleinen Gruppe Linksradikaler gefordert; die Säulen der Monarchie (Militär, Verwaltung, Justiz) konnten ihre wichtige Funktion auch in der Weimarer Republik erhalten; die Inhaber der politischen Macht in der Anfangszeit der Weimarer Republik, vor allem die SPD, waren an einer wirklichen Revolution nicht interessiert.«[71]

Entsprechend rigoros fällt dann auch das Urteil über die Widerstandsversuche der radikalen Linken, ihre »putschistische«

Politik aus. »Aufstände und Räterepubliken gingen ausnahmslos im Feuer des Militärs unter. Dadurch verstärkte sich die Erregung der Arbeiterschaft, die die Schuld an diesem Blutbad der SPD zuschob.«[72] Die Armee »säuberte« und stellte die Ordnung wieder her. Obwohl der »Rätegedanke« zeitweilig größere Zustimmung fand, konnte sich mit der Wahl zur Nationalversammlung diese parlamentarische Neuordnung etablieren.

Im Osten Deutschlands das Kontrastprogramm: Mit der Kapitulation der faschistischen Wehrmacht und dem Sieg der Alliierten der Anti-Hitler-Koalition endeten nicht nur zwölf Jahre Diktatur und Kriegspolitik. Knapp drei Jahrzehnte nach 1918 ergab sich wieder die Chance auf eine demokratische, möglicherweise auch sozialistische Perspektive in ganz Deutschland. Bekanntlich gelang dies unter der Schirmherrschaft und tatkräftigen Mithilfe der sowjetischen Besatzungsmacht nur im Ostteil Deutschlands, da das Land im Kalten Krieg gespalten wurde. Doch in den ersten Bemühungen der Antifaschisten, zuallererst der Kommunisten und Sozialdemokraten, unmittelbar nach Kriegsende war diese Erinnerung und die Erwartung, es diesmal besser zu machen und gemeinsam zu schaffen, in allen Besatzungszonen lebendig.

Kommunisten und Sozialdemokraten hofften auf den Anschluss an die internationalen Bewegungen der Vergangenheit, nicht zuletzt an die Novemberrevolution mit ihren demokratischen, aber auch sozialistischen Zügen. Das war sichtlich kein ganz einfacher Schritt für die Mitglieder beider Arbeiterparteien, die von der Niederlage der sozialistischen Kräfte 1918 bis 1923 und vor allem von den Bruderkämpfen der beiden Flügel der Arbeiterbewegung geprägt waren. Nicht vergessen waren die blutige Repressionspolitik der sozialdemokratisch geführten jungen Republik gegen die radikale Linke, die Morde an Liebknecht und Luxemburg, die Tausenden Gefallenen, Ermordeten, Eingekerkerten in den Kämpfen der Jahre 1919 bis 1923 gegen Freikorps und Reichswehr unter sozialdemokratischem Oberbefehl. Dahinter verblassten die positiven Erfahrungen gemeinsamen Kampfes gegen den Kapp-Putsch und die kurzlebigen, weil schnell unterdrückten gemeinschaftlichen Arbeiterregierungen in Thüringen und Sachsen 1923. Stärker in Erinnerung blieben die gegenseitigen Schuldzuweisungen, die Verachtung für die »Sozialfaschisten« oder »rot lackierten Nazis«. Allein das gemeinsame Leiden in den faschistischen Konzentrationslagern und Gefängnissen, die gemeinsamen Widerstandshandlungen hielten die Erinnerung wach, dass die Einheit der Arbeiterklasse das höchste Gut für ein Ringen um eine sozialistische Ordnung sein konnte.

In der KPD und den SPD-Teilen im Osten Deutschlands, die sich nach 1945 trotz der schon wieder aufflammenden Spannungen auf eine gemeinsame Partei einlassen wollten, war deshalb das Jahr 1918 ein zentraler Bezugspunkt. Schon im Gründungsaufruf der KPD wurde eindringlich gefordert: »Keine Wiederholung der Fehler von 1918! Schluss mit der Spaltung des schaffenden Volkes!«[73]

Nicht zufällig hob Wilhelm Pieck vor seinen Genossen unmittelbar vor Vollzug der Gründung der Sozialistischen Einheitspartei im April 1946 hervor, welche Ansprüche die radikale Linke hatte und welche Opfer sie brachte. »[I]m Jahre 1919, als die Partei kaum entstanden war, wurden wir von der damaligen Reichsregierung verboten. Auch der Hitler-Terror hat uns nicht daran hindern können, unermüdlich den Kampf fortzusetzen. Wir haben gekämpft trotz der Opfer, die wir getragen haben, wie keine andere Partei. Wir haben viele der Besten unserer Partei in diesem Kampfe verloren. Wenn wir heute beschließen, die selbstständige Existenz unserer Partei aufzugeben und uns mit der Sozialdemokratischen Partei Deutschlands zu dem mächtigen Strom der Sozialistischen Einheitspartei zu vereinigen, so handeln wir damit im Sinne des Vermächtnisses unserer Toten. (Lebhafter Beifall.)« Pieck bekräftigte die kommunistische Position, die er im Einklang mit den besten Traditionen der Arbeiterbewegung auch der früheren Jahrzehnte sah. Die KPD »entstand am 30. Dezember 1918 aus dem Spartakusbund, und ihr Wesen und Ziel war der Kampf gegen Reaktion, Militarismus und Imperialismus. Sie wollte die Arbeiterklasse unter einer revolutionären Führung vereinigen und ihr die Macht im Staate verschaffen, um die kapitalistische Ausbeutung und Knechtung zu beseitigen und den Sozialismus zu verwirklichen.«[74]

Pieck ging aber auch auf die Fehler und Versäumnisse des kommunistischen Flügels der Arbeiterbewegung ein, etwa auf die Vorstellung, das russische Oktoberrevolutionsmodell relativ einfach übernehmen zu können, die Überschätzung der eigenen Kräfte und die fehlende Einsicht in den Bewusstseinsstand der Massen, die die Kommunisten führen wollten. Dem erfahrenen Politiker dürfte die Kritik an den eigenen Reihen nicht leicht von den Lippen gegangen sein, die sich offiziell auf die zweite Hälfte der 1920er und die beginnenden 1930er Jahre bezog, aber auch auf die Auseinandersetzungen der Zeit von 1918 bis 1923 passt: »Einen weiteren grundlegenden Fehler begingen wir in der Einschätzung der Sozialdemokratischen Partei, in der wir jahrelang unseren Hauptfeind sahen und gegen den wir das Hauptfeuer unseres Kampfes auch dann noch richteten, als bereits die Faschisten ihre Mordbanden gegen die Arbeiterklasse führten. Unsere Genossen sahen wohl, dass von den in den Regierungen sitzenden sozialdemokratischen Führern die schärfsten Maßnahmen der Polizei- und Staatsgewalt gegen die Kommunisten angewandt wurden, gegen die sie sich mit aller Schärfe wandten, übersahen aber dabei die Notwendigkeit, eine enge Gemeinschaft mit den sozialdemokratischen Massen herbeizuführen. Ja, sie machten sogar den Fehler, die sozialdemokratischen Massen für die reaktionäre Politik ihrer Führer verantwortlich zu machen.«[75]

Genau um diese Fragen wird sich in den folgenden vier Jahrzehnten Realsozialismus in der DDR der Streit der Historiker über die Bewertung der Novemberrevolution und ihrer Nachwehen drehen. Sie hier nachzuzeichnen wäre spannend, weil sie Mechanismen realsozialistischer Politik- und Theoriebildung verdeutlichen. Das würde allerdings das Anliegen des vorliegenden Bandes deutlich sprengen. Erinnert sei immerhin an die Spezifik gesellschaftswissenschaftlicher, also auch und erst recht historischer Forschung und Lehre unter den Bedingungen dieses Gesellschaftssystems und des Systemkonflikts. Hier ging es nicht um reine Wissenschaft, vielmehr waren sich die führende Partei und ihre Politiker immer darüber im Klaren, dass die Geschichte der politischen Kämpfe für ein sozialistisches Ziel die entscheidende

Legitimationsgrundlage ihrer Macht darstellte. Die aktuelle Politik, das Handeln der Partei, ja die Personalentscheidungen wurzelten in dieser noch gar nicht weit zurückliegenden Geschichte. Sie war Grundlage konkreter Entscheidungen. Dazu kam, dass es in der kommunistischen Bewegung (neben den Konflikten mit den Sozialdemokraten) immer wieder Auseinandersetzungen um die »richtige« Parteilinie gegeben hatte. Die Verlierer dieser Auseinandersetzung – mochten sie in bestimmten Situationen im Recht oder im Unrecht gewesen sein, das spielte keine Rolle – wurden zu Unpersonen der historischen Darstellung und erst recht der theoretischen Unterfütterung politischer Positionen.

Für die Ereignisse nach 1918 galt das im Besonderen. Selbst die ermordeten Führer, Liebknecht und vor allem Luxemburg, standen nicht außerhalb der Kritik. Von Moskau aus gegebene Einschätzungen Lenins und vor allem Stalins[76] ließen Luxemburg bei allen Verdiensten doch vor allem im Lichte ihrer lange Zeit von Lenin abweichenden Positionen zur Rolle einer Partei und ihrer Organisation, vor allem ihrer Betonung der Spontanität der Massen suspekt erscheinen.

Schon zum 30. Jahrestag entwickelte die SED eine angesichts ihrer kommunistischen Wurzeln durchaus differenzierte Interpretation. Sie betrachtete die großen Ziele der Revolution in Bezug auf die Zeit und die Möglichkeiten des Kaiserreichs mit seinen feudalen und ökonomisch starken, wenn auch politisch gegängelten kapitalistischen, großbourgeoisen Eliten und würdigte die Revolution für ihre trotz der Niederlage gestaltende Wirkung. Wie später immer wieder üblich, wurde das Resultat der politischen und wissenschaftlichen Klärung dieser Fragen – in dieser Reihenfolge und letztlich immer bei Dominanz des Politischen – in Beschlüsse der Parteiführung gegossen, die den Parteimitgliedern und Bürgern meist in Thesenform als Lese- und Studienstoff nahegebracht wurden. »Infolge der konterrevolutionären Rolle der rechten sozialdemokratischen Führer und des Fehlens einer revolutionären Partei der Arbeiterklasse blieb die Novemberrevolution von 1918 eine unvollendete bürgerliche Revolution. Es wäre jedoch falsch, ihr jede Bedeutung abzusprechen und ihre fortschrittlichen

Errungenschaften zu verkennen.« Zu diesen Errungenschaften zählten: Sturz der »halbabsolutistischen Monarchien« und Übergang zu einem »parlamentarisch-demokratische[n] Regime, d.h. eine[r] bürgerliche[n] Demokratie«, soziale Errungenschaften wie der Achtstundentag, demokratische Rechte und Freiheiten und die Beseitigung der »Ausnahmegesetze gegen die Landarbeiter, sowie die halbfeudale Gesindeordnung«.[77]

Auch der Charakter der Revolution sollte genau herausgearbeitet werden. Ging es »nur« um die Vollendung der bürgerlich-demokratischen Revolution von 1848/49? Belegte nicht die aktive Rolle der Arbeiterklasse, die Bildung von Räten der Arbeiter und Soldaten den sozialistischen Charakter der Revolution? Welches Verhältnis bestand zwischen den Parteiführern und der Parteibasis, überhaupt der als entscheidend angesehenen Arbeiterklasse? Wie erklärte sich das Scheitern der Revolution – oder genauer: was war gescheitert? Das zwang zur Bewertung der Weimarer Republik, die den Kommunisten seinerzeit keineswegs als Erfolg erschien und für deren Verteidigung sie kaum bereit waren einzustehen, weil für sie die sozialistische Revolution anstand. Nicht zuletzt musste die Bewertung der Rolle der SPD, ihrer, wie es gerne hieß, »rechten« Führer und ihres Verrats an den Idealen der Revolution immer wieder einer Prüfung unterzogen werden, auch angesichts des sich über die Jahrzehnte wandelnden, zunehmend entspannteren, ja positiven Verhältnisses zur westdeutschen SPD. Schließlich spielte auch das Verhältnis der deutschen zur vorhergehenden Russischen Revolution eine Rolle.

Vorstöße zu einer sehr kritischen Sicht auf die Ereignisse und Positionen der SPD unternahm 1957 Jürgen Kuczynski mit seiner Untersuchung zur Rolle der Sozialdemokratie im Ersten Weltkrieg.[78] Er rückte das Einschwenken der Mehrheit der Parteiführung und der Abgeordneten auf die »Burgfriedenspolitik« in den Zusammenhang eines Wandels auch der Parteimitgliedschaft, ihrer Einbindung in den deutschen Staat trotz seines reaktionären Charakters. Unmut löste auch der Ansatz Albert Schreiners aus, sich auf einen sozialistischen Charakter der Revolution von 1918 festzulegen.[79]

Nach längeren Debatten[80] und einer sichtlich vom »obersten Historiker« der DDR, dem Ersten Sekretär der Partei, Walter Ulbricht[81], bestimmten Entscheidung fand sich eine Lösung, die in der Kontinuität bisheriger Interpretation und dem partiellen Aufgreifen neuer Einsichten gipfelte. Die neue Charakterisierung als unvollendete bürgerlich-demokratische Revolution, die mit proletarischen Kampfmitteln geführt wurde, wurde kanonisch und sollte die Forschung über Jahrzehnte in ein enges Korsett pressen.

Der Charakter der Novemberrevolution und ihre Ergebnisse

Die Novemberrevolution hatte ihre historische Aufgabe nicht gelöst. Selbst die bürgerlich-demokratische Revolution war infolge der konterrevolutionären Rolle der SPD-Führer nicht zu Ende geführt worden [...] Der junkerlich-bürgerliche Imperialismus verwandelte sich in einen bürgerlich-junkerlichen Imperialismus. Trotzdem dürfen die Ergebnisse der Revolution, die die weitere Entwicklung Deutschlands entscheidend bestimmten, nicht unterschätzt werden. Die Arbeiterklasse hatte die halbabsolutistische Monarchie gestürzt und eine bürgerlich-demokratische Republik erkämpft. Sie hatte demokratische Rechte und Freiheiten, wie die Rechte der Betriebsräte, das allgemeine Wahlrecht – auch für Frauen –, Koalitions-, Versammlungs- und Pressefreiheit errungen. Auf sozialem Gebiet wurde die alte Forderung der Arbeiterbewegung, der Achtstundentag, gesetzlich festgelegt. Auf dem Lande wurden die Ausnahmegesetze gegen die Landarbeiter und die halbfeudale Gesindeordnung beseitigt.

Die Novemberrevolution war die erste Revolution der deutschen Arbeiterklasse gegen den deutschen Imperialismus und Militarismus. Die Erfahrungen der Novemberrevolution trugen entscheidend zur Entwicklung des Klassenbewusstseins der Arbeiterklasse bei. *In der Novemberrevolution entstand die Kommunistische Partei Deutschlands, die sich zu einer marxistisch-leninistischen Partei entwickelte.*

Die Novemberrevolution in Deutschland hatte eine große internationale Bedeutung [...] *Vor allem aber war sie eine wesentliche Hilfe für die junge Sowjetmacht, der sie die Liquidierung des Brester Raubfriedens ermöglichte.* Sie verhinderte, dass sich der deutsche Imperialismus weiter an der Intervention gegen Sowjetrussland beteiligen konnte.

Bei der Bestimmung des Charakters der Novemberrevolution muss man von der klassenmäßigen Einschätzung der grundlegenden Fragen der Revolution ausgehen. In Deutschland waren im Verlaufe der imperialistischen Entwicklung die sozialökonomischen Voraussetzungen für die sozialistische Revolution herangereift. Als historische Aufgabe stand daher der Kampf um den Sozialismus auf der Tagesordnung. Die konkreten Bedingungen des Klassenkampfes, vor allem der ungenügende Reifegrad des subjektiven Faktors – es bestand noch keine revolutionäre proletarische Kampfpartei, und die Mehrheit der Arbeiterklasse stand noch unter dem Einfluss des Opportunismus –, machten es jedoch erforderlich, dass der Kampf zunächst um die konsequente Zuendeführung der bürgerlich-demokratischen Revolution geführt werden musste. Aber die Arbeiterklasse konnte ihre Hegemonie selbst in der bürgerlich-demokratischen Revolution nicht voll verwirklichen, weil der Spartakusbund die marxistisch-leninistische Partei nicht ersetzen konnte und das Bündnis mit der werktätigen Bauernschaft nicht zustande kam. Die Grundfrage der Revolution, die Frage der Macht, blieb infolge des Verrats der rechten sozialdemokratischen Führer zugunsten der Bourgeoisie entschieden. Die Ergebnisse der Revolution gingen nicht über den Rahmen bürgerlich-parlamentarischer Reformen hinaus.

Infolgedessen blieb die Novemberrevolution von 1918 ihrem Charakter nach eine bürgerlich-demokratische Revolution, die in gewissem Umfange mit proletarischen Mitteln und Methoden durchgeführt wurde.[82]

Lässt man die fragwürdigen politischen Begleitumstände einer solchen Geschichtsschreibung und Geschichtspolitik außer Acht, hatte die damalige Charakterisierung doch wesentliche Vorzüge in Bezug auf eine emanzipatorische Absicht. Konsequent bekannten sich die deutschen Kommunisten zu dieser Revolution, zu den Massenkämpfen für Frieden, für eine Republik, für demokratische Rechte. Sie sahen sich in der Tradition dieser Revolution, so gut oder so schlecht sie war.

Bemerkenswerterweise war es ein sowjetischer Historiker, Jakov Drabkin, seit den späten 1950er Jahren in die Diskussionen und Richtungsentscheidungen eingebunden, dessen grundlegende, quellengesättigte Arbeiten zur Novemberrevolution und später der frühen Weimarer Republik Standardwerke in der DDR wurden.[83] An den Diskussionen und Richtungsvorgaben konnten aber auch die DDR-eigenen Historiker nicht vorbeigehen, die selbst, wie Wolfgang Ruge[84], gründlich zum Thema forschten.

In den nächsten zwei Jahrzehnten blieb diese Interpretation weitgehend verbindlich. Mit dem Ausscheiden Ulbrichts aus der Politik und seinem Tod trat die Ausrichtung auf seine Person und seine Vorgaben aber in den Hintergrund. Einschlägige Werke fanden eine entsprechende Anpassung und kamen nun weitgehend ohne Ulbricht-Zitate aus.[85] Zudem gab es inhaltliche Modifikationen, etwa eine stärkere Betonung des antiimperialistischen Charakters der Revolution in den späten Jahren der DDR, was Spielraum für eine positivere Bewertung auch nichtlinker Akteure eröffnete.

Die Auffassung von der DDR als legitimer Erbin der Revolutionäre von 1918/19 schien den politisch Verantwortlichen, aber auch vielen DDR-Bürgern in den 1960er und 1970er Jahren durchaus einleuchtend. Sie konnten auf den tiefen gesellschaftlichen Bruch 1918/19 verweisen und daran erinnern, dass es die radikale Linke war, die wiederholt – so im Ringen um die Fürstenabfindung 1926 – versucht hatte, die bürgerlich-demokratische Revolution zumindest partiell zu vollenden. Vor allem aber konnten sie herausstellen, dass sie als Einheitspartei, die die verhängnisvolle Spaltung der Arbeiterbewegung überwinden wollte, nach 1945 zumindest im Ostteil des Landes die Ziele der breiten aufständischen Massen wie der vorwärtstreibenden radikalen Linken verwirklicht hatten.

Zudem wurden mit der Bodenreform von 1945 auch auf dem Lande die Ansprüche einer demokratischen Revolution einschließlich Ausschaltung von Adel und Großgrundbesitz verwirklicht, wenn auch radikal und nicht immer treffsicher. Mit der Überführung eines Großteils der Industrie, der Banken, des Handels in sozialistisches Eigentum wurde, so die Überzeugung, endlich die 1918/19 versprochene und damals letztlich vorenthaltene Sozialisierung umgesetzt. Ein genauerer Blick auf die Grenzen dieser als Verstaatlichung daherkommenden Umverteilung, auf die Tatsache, dass eine wirkliche Vergesellschaftung nicht erreicht worden war, blieb in der offiziellen Politik außen vor, passte nicht zum vorherrschenden Verständnis von Sozialismus.

Bei allen Rechten der Arbeiter, bei allen Freiräumen und allem Eigen-Sinn der Werktätigen gelang es in der DDR zu keinem Zeitpunkt, in den Betrieben wie in der Gesellschaft tatsächlich basisdemokratische Strukturen zu etablieren, in denen die Arbeiter selbst als Subjekte handeln konnten. So hoch der Rätegedanke der Revolution gehalten wurde, so wenig war er in der Praxis präsent. Sicherheitshalber suchte die führende und regierende Partei in gut paternalistischer Art stellvertretend für die Klasse die Macht im Großen und oft im Kleinen auszuführen. Zwar gab es erhebliche Spielräume in den Arbeitskollektiven, konnten engagierte Parteimitglieder und Basisorganisationen, konnten Gewerkschaftsorganisationen aktiv mitgestalten. Wenn sie allerdings zu viel und zu radikal forderten, stießen sie leicht an Grenzen, die von der Partei, den übergeordneten Leitungen und Apparaten gezogen wurden.

Selbst die Betriebsräte, eine Errungenschaft der Novemberrevolution, erschienen der SED bald als zu selbstständig, zu schwer zu lenken – obwohl ihre Einflussmöglichkeiten ohnehin eng begrenzt waren. Sie wurden bis 1948 durch die besser in den »demokratischen Zentralismus« eingepassten Betriebsgewerkschaftsleitungen ersetzt, die leichter durch die Genossen zu lenken waren.

Interessanterweise verengte sich der Fokus der offiziellen Geschichtsbetrachtung und -politik in der Schlussphase wieder auf jene Grundkonstellation, die schon auf dem Weg zur Vereinigung von KPD und SPD und beim 1948er Jahrestag der Revolution dominiert hatte: die zentrale Rolle der Formierung einer marxistisch-leninistischen Partei, also der KPD respektive nun der SED, als Dreh- und Angelpunkt jeder Revolution und jeder sozialistischen Entwicklung. 1988 war folgerichtig der 70. Jahrestag der Parteigründung der theoretische und politische Fixpunkt, auf den sich alle Aufmerksamkeit richtete. In Zeiten, da der Realsozialismus bereits in einer Krise steckte und der sowjetische »große Bruder« in seiner Perestroika- und Glasnost-Politik nach Verbesserungsmöglichkeiten für den Sozialismus suchte, agierte die SED-Führung unbeirrt von solchen Anmutungen. In der DDR werde erfolgreich das Programm der Parteigründer von 1918 verwirklicht, hieß es. »Die KPD entstand im Feuer der deutschen Novemberrevolution. Mit der Ausrufung der freien sozialistischen Republik Deutschland am 9. November verwies Karl Liebknecht auf die historische Aufgabe dieser Revolution.«[86] Und weiter hieß es: »Die Gründung der KPD war ein Wendepunkt in der Geschichte der deutschen Arbeiterbewegung und für unser Volk. Die deutsche Arbeiterklasse besaß weder eine revolutionäre Vorhut mit einer klaren, marxistischen Grundorientierung noch eine Partei, die an die Traditionen des Bundes der Kommunisten und der revolutionären Sozialdemokratie August Bebels und Wilhelm Liebknechts anknüpfte, sie bewahrte und unter neuen Bedingungen weiterführte. Das Entstehen der KPD widerspiegelte, dass sich in der Epoche des Übergangs vom Kapitalismus zum Sozialismus revolutionäre Arbeiterparteien gesetzmäßig herausbilden, Parteien eines neuen Typs, deren erste die Partei der Bolschewiki war.«[87]

Die Wiederentdeckung der Revolution

Eine heutige kritische Aneignung der Revolution 1918/19 kann sich neben einer sachlichen Auseinandersetzung mit den Einsichten der DDR-Geschichtsarbeit zu diesem Thema auch auf die Wiederentdeckung der Revolution in der bundesdeutschen Studentenbewegung der 1960er Jahre stützen.[88] Unter dem Eindruck der Bürgerrechts- und Antikriegsbewegung in dem bis dahin im Westen vergötterten »Amerika«, in den USA, begriffen die Studenten, dass politische Kämpfe notwendig waren, dass es – wie sich bald zeigen sollte – Klassenkämpfe in den westlichen Demokratien gab. Es waren also nicht nur die sowjetischen oder ostdeutschen Einflüsterungen, sondern die Realitäten, die zum Lernen zwangen. Die Studenten erwiesen sich hier als besonders sensibel, erkannten in ihrer eigenen sozialen Lage als gar nicht mehr so exklusive Intellektuelle und in der sich herausbildenden Massenproduktion gesellschaftliche Veränderung.[89] Sie spürten, sicher zunächst vor allem instinktiv, dass ihre Unzufriedenheit und ihr Veränderungswille etwas mit der Geschichte sozialer und politischer Kämpfe zu tun haben mussten. Gespräche darüber waren in der Bundesrepublik eigentlich tabu oder direkt dem Zutun Moskaus oder Ostberlins zu verdanken.

Allerdings war auch in den Sozialwissenschaften die Aufmerksamkeit für die Ereignisse im untergehenden Kaiserreich und der frühen Weimarer Republik gewachsen. Und siehe da, dort gab es Revolution, dort bildeten sich in Deutschland Arbeiter- und Soldatenräte, ging es um Machtpositionen für eine sozial gerechte, friedliche Gesellschaft. Insbesondere die Arbeiten des Sozialdemokraten Peter von Oertzen[90], Politiker und Politologe, aber auch von Eberhard Kolb[91], Historiker und einer der gründlichsten Kenner der Geschichte der Weimarer Republik, und von dem sozialdemokratischen Historiker Peter Lösche[92] sorgten für Furore. Mit historischen Fakten abgesichert, offeriert etwa von Oertzen eine Alternative zu dem sich zunehmend als verknöchert erweisenden politischen System. So fasst er beispielsweise seine Forschungen zusammen: »Die neue Form der Herrschaftsausübung, welche die Rätebewegung an die Stelle der alten setzen will, ist die unmittelbare Demokratie.«[93] Er bietet ein Programm einer auf der Basis der Räte möglichen Gesellschaftstransformation an, allerdings mit dem Verweis auf die Risiken eines nur unvollkommen erreichten Wandels: »Räte als Kampforgane wären dann vorübergehende Instrumente des akuten Kampfes der Beherrschten gegen die Herrschenden. Räte als Interessenvertretungen wären eine Form der Selbstorganisation der Beherrschten gegenüber den Herrschenden, ohne dass sich an ihrer Position grundsätzlich etwas geändert hätte. Räte als Staatsorgane schließlich würden die Überwindung der bisherigen Klassenherrschaft bezeichnen. Die drei Ausprägungen der Räteform können demgemäß als Stadien in der Ablösung von Klassenherrschaft begriffen werden.«[94]

Die Studenten erlebten in den USA, in der BRD, in Westeuropa und in Lateinamerika den von ihren Kommilitonen ausgehenden Aufbruch, aber auch die rabiate, oft gewalttätige Reaktion der herrschenden Eliten. Auf einmal konnten sie in der Geschichte Vorgänge ausmachen, die ihren Kämpfen und Hoffnungen, aber auch ihren Niederlagen so fern nicht waren. Auf ihren Transparenten prangten Mao und Lenin, Rosa und Karl. Das waren nicht nur Ikonen ihres politischen Kampfes, sondern Zeugen und Akteure früherer Kämpfe, von Siegen und Niederlagen. Die interessierten Studenten nahmen auf einmal die politischen Kämpfe der Vergangenheit zur Kenntnis, die Revolution in der deutschen Geschichte, ihre Akteure, auch die Konterrevolutionäre des Adels, des Kapitals, der Generalität, der Justiz. Sie durchschauten die lavierenden und sich den alten Mächten verkaufenden, trotzdem aber revolutionäre Phrasen im Munde führenden Sozialdemokraten. Auch die radikale Linke geriet in ihr Blickfeld. Da waren die Unabhängigen, da gab es aber auch die Spartakisten. Auch die Morde an Liebknecht und Luxemburg wurden nun hinterfragt, die Verantwortlichen hinter den Kulissen, in der Reichskanzlei und im Kriegsministerium gesucht. Es gab Anarchisten und radikale Gegner des bestehenden wie jeden Staates. Die Studenten entdeckten die Schriften von Marx und Engels, aber eben auch von Lenin, Luxemburg und Liebknecht. Sie fanden auf einmal auch jene Linken lesenswert, die ob ihres Bruchs mit Sozialdemokraten wie Kommunisten in Vergessenheit geraten waren. Paul Levi oder Karl Korsch schienen der Wiederentdeckung wert und anregend. Die späten 1960er und die beginnenden 1970er Jahre waren eine Zeit umfangreicher Publikationstätigkeiten, die manchem Verlag gute Gewinne brachten, aber auch in Raubdrucken einstige Schätze wieder zugänglich machten.

Rudi Dutschke, theoretischer und politischer Kopf der westdeutschen Studentenbewegung, hatte eine klare Haltung zu jenen ein halbes Jahrhundert zurückliegenden Ereignissen und studierte wie empfahl seinen Kampfgenossen früh entsprechende Literatur.[95] Er frohlockte: »Mit dem Krieg von 1914/18 wurde die Epoche der ›transitorischen Notwendigkeit‹ des Kapitalismus beendet und die Epoche des Niedergangs und der Möglichkeit der Revolution eingeleitet.«[96] Dementsprechend bewertete er die im Zusammenhang mit dem Weltkrieg entstandene Weltkrise als große Chance für eine soziale Befreiung. Seine Bilanz für Deutschland fiel allerdings ernüchternd aus: »Zwar kam es in Deutschland zum Beispiel – wie auch in anderen Ländern – zur Bildung von spontanen Organisationsformen des arbeitenden und bewaffneten Volkes, zu Arbeiter- und Soldatenräten, kam es im Januar 1919 in Berlin zu Massendemonstrationen von Hunderttausenden von Arbeitern, dennoch ging diese revolutionäre Welle sehr schnell vorüber, und die Arbeiter- und Soldatenräte verschwanden sehr schnell, ohne auch nur bleibende Spuren in den Massen zurückzulassen.«[97]

Das machte Dutschke an den Versäumnissen dieser neuen Machtorgane fest, die sich von der sozialdemokratischen Regierung hatten entmachten lassen. Denn »sie enteigneten nicht die geflohenen Herrschaftshäuser, beseitigten nicht die nach ihrem Abgang absurd gewordene Kleinstaaterei, ließen die Grundbesitzer und die diskriminierenden lokalen Privilegien der Junker unberührt, zerschlugen nicht die ›Kontinuität der militärischen Führung‹, haben weder die für den Krieg wesenhaft mitverantwortliche Schwerindustrie sozialisiert noch eine Armee des Volkes zur Sicherung und Fortführung der Revolution geschaffen«[98].

Ausschlaggebend war, dass es der Arbeiterbewegung nicht gelang, den Machtapparat der herrschenden Klasse zu übernehmen und zu demokratisieren. »So fehlte die politisch-organisatorische Kraft, die die bewusste Kontrolle über Staat und Wirtschaft hätte übernehmen können, kam es nicht zur Entfaltung der Selbsttätigkeit der Massen gegen die sich temporär zurückziehenden Kräfte des Kapitals und Großgrundbesitzes, konnte die mögliche

Umwälzung der gesellschaftlichen Grundlagen nicht in Angriff genommen werden.«[99]

Dutschke lässt keinen Zweifel daran, wen er für dieses Versagen verantwortlich macht, und sieht hier offenkundig eine wichtige Parallele zu den politischen Auseinandersetzungen seiner Gegenwart. »Die sozialdemokratische und die gewerkschaftliche Bewegung war 1918 schon nicht mehr als revolutionäre Gegenbewegung zum Kapitalismus vorhanden. Die reformistische Sozialpolitik, die in der Periode des raschen Aufschwungs des deutschen Kapitalismus richtige Momente hatte, wurde zur politischen Gefahr der gesamten Arbeiterbewegung dadurch, dass sie der Illusion Vorschub leistete, diese ›Politik der Sozialreformen‹ könne in allen Phasen des Kapitalismus durchgehalten werden, ohne bewusstseinsmäßig und organisatorisch revolutionäre Sicherungen zur Erhaltung der eroberten ›Reform-Positionen‹ zu schaffen. Der Traum vom ›Hineinwachsen‹ in den Sozialismus endete mit der Realität des Sieges der Konterrevolution.«[100]

Besonders ein linksliberaler Publizist hat mit einer seit 1969 immer wieder aufgelegten Schrift über die Studentenbewegung hinaus mit den Mythen und Herabsetzungen der deutschen Revolution von 1918/19 publikumswirksam aufgeräumt.[101] Gleichzeitig hat er die deutsche Mehrheitssozialdemokratie, die sich zumindest der Urheberschaft für die erste deutsche Republik so sicher schien, vom Sockel gestoßen. Bei den Fachhistorikern wegen seiner klaren Parteinahme nicht beliebt, hat Sebastian Haffner, wie er später anmerkte, mit »Entrüstung«[102] über diese versäumte Chance von 1918/19 geschrieben und die SPD in die Pflicht genommen. Denn sie habe dadurch, dass sie »die Revolution, statt sie zu nutzen, unterdrückte – ›verriet‹, wie ich es in meinem Text bitter nenne«, die Folgen zu verantworten. »Denn diese Chance ist nun wirklich nicht wiedergekommen – niemals. Stattdessen kam Hitler, der Zweite Weltkrieg, die zweite Niederlage, die Teilung. Das ist es ja, was die Geschichte der deutschen Revolution von 1918 und ihrer Niederschlagung durch ihre berufenen Führer immer noch so bitter aktuell macht: dass sie die beste und, im historischen Rückblick, wohl die einzige Möglichkeit bot, das alles zu verhindern. Vergessen wir auch dies nicht: Diese Geschichte hat die Kluft aufgerissen, die heute, von allen äußeren Machtverhältnissen einmal abgesehen, die beiden deutschen Staaten und ihre Regierungen – wenn auch nicht ihre Bevölkerungen – innerlich voneinander trennt.«[103]

Sebastian Haffner zur »verratenen Revolution«

Im Angesicht der äußeren Niederlage öffneten 1918 die Türhüter des Kaiserreichs den sozialdemokratischen Führern selbst das lange versperrte Außentor und ließen sie, nicht ohne Hintergedanken, freiwillig in den Vorhof der Macht; und nun sprengten die sozialdemokratischen Massen, von draußen hereinstürmend und ihre Führer überrennend und mit sich reißend, die letzten Tore zum Machtinneren. Nach einem halben Jahrhundert des Wartens schien die deutsche Sozialdemokratie im November 1918 endlich am Ziel.

Und dann geschah das Unglaubliche. Die sozialdemokratischen Führer, widerwillig von den sozialdemokratischen Massen auf den leeren Thron gehoben, mobilisierten unverzüglich die alten, herrenlos gewordenen Palastwachen und ließen ihre eigenen Anhänger wieder hinaustreiben. Ein Jahr später saßen sie selber wieder draußen vor der Tür – für immer.

Die deutsche Revolution von 1918 war eine sozialdemokratische Revolution, die von den sozialdemokratischen Führern niedergeschlagen wurde: ein Vorgang, der in der Weltgeschichte kaum seinesgleichen hat.[104]

Immer wieder schlägt Haffner auf die SPD und ihre Politik ein. »Wie jede Kindesmörderin sich auf eine Totgeburt oder Fehlgeburt herauszureden versucht, so auch die SPD.« Sie behaupte, dass diese Revolution »eine bolschewistische Revolution, ein russischer Importartikel« gewesen sei »und dass die SPD Deutschland vor dem ›bolschewistischen Chaos‹ bewahrt und gerettet habe (nebenbei: der Ausdruck ›bolschewistisches Chaos‹ ist in sich selbst eine terminologische Lüge; Bolschewismus, was immer gegen ihn einzuwenden ist, ist das Gegenteil von Chaos, nämlich straffste, diktatorische, wenn man will: tyrannische Ordnung). Diese Legende, von den Sozialdemokraten erfunden, wird von den Kommunisten, gewollt oder ungewollt, gestützt: Denn sie nehmen das ganze Verdienst an der Revolution für die KPD oder ihre Vorgängerin, die Spartakusgruppe, in Anspruch und bestätigen also ruhmredig, was die Sozialdemokraten als Rechtfertigung für sich selbst und Anklage gegen die Revolution vorbringen: dass die Revolution des November 1918 eine kommunistische (oder ›bolschewistische‹) Revolution gewesen sei.«[105]

Die Inanspruchnahmen beider, der Sozialdemokraten wie der Kommunisten, weist Haffner zurück, denn »die Revolution von 1918 war kein russischer Importartikel, sie war deutsches Eigengewächs; und sie war keine kommunistische, sie war eine sozialdemokratische Revolution – genau die Revolution, die die SPD fünfzig Jahre lang vorausgesagt und gefordert, auf die sie ihre Millionen Anhänger vorbereitet und als deren Organ sie sich ihnen ihr Leben lang angeboten hatte […] Nicht die zahlenmäßig und organisatorisch ganz unzulängliche Spartakusgruppe machte die Revolution, sondern Millionen sozialdemokratisch wählende Arbeiter und Soldaten.«[106]

Die 1960er und 1970er Jahre sind allerdings auch gekennzeichnet durch den Versuch sozialdemokratisch gestimmter Historiker, die SPD von den Verratsvorwürfen reinzuwaschen und die Leistung der MSPD unter Friedrich Ebert und Philipp Scheidemann gebührend zu würdigen, oft – wie Haffner es beobachtet hat – in scharfer Abgrenzung gegen die »linksradikalen«, »bolschewistischen« Angriffe von Spartakus und Co.

Insbesondere der Historiker Heinrich August Winkler, ein sehr guter Kenner der deutschen Geschichte des 20. Jahrhunderts, engagierte sich dafür. Bei durchaus abwägender Kritik an zu großen Zugeständnissen der damaligen Reichsregierung hinsichtlich der Rolle der Armee, an den Schwächen bei der Ausschaltung der alten Eliten im Staatsapparat oder dem Verzicht auf ein Vorgehen gegen den Adel, hält er den Sozialdemokraten zugute, dass ein Basiskompromiss für das Schicksal des deutschen Staates unverzichtbar war. Sein Resümee: »Der Regierung der Volksbeauftragten mussten sich im November 1918 zwei Aufgaben stellen: *Erstens* galt es, die unmittelbaren Nöte des Tages zu bewältigen, und *zweitens* ging es um die vorsorgliche Sicherung der erstrebten parlamentarischen Demokratie. Die deutsche Revolutionsregierung hat bekanntlich nur die erste Aufgabe angepackt und gelöst. Sie hat den Zusammenbruch des Wirtschaftslebens und der Verwaltung verhindert, die Demobilmachung zügig vorangetrieben und die Einheit des Reiches bewahrt. All das wäre ohne ein Zusammenwirken mit den alten Funktionsträgern in Militär, Bürokratie und Wirtschaft nicht möglich gewesen. Dieser Kooperation aber fiel die Lösung der zweiten Aufgabe zum Opfer.«[107]

Wer die Ziele niedrig ansetzt, der kann so zufrieden sein. Er übersieht allerdings, dass eben jene zweite Aufgabe hätte gelöst werden müssen, um den Weg in den deutschen Faschismus zu versperren. Hier hätte es radikalere Lösungen gebraucht, als die sozialdemokratische Regierung anstrebte und der alte, nun mit ihr »verbündete« Machtklüngel es zugelassen hätte.

Winkler deutet allerdings auch das Dilemma an, das sich die sozialdemokratische Revolutionsregierung und ihr Mann fürs Grobe, Gustav Noske, eingebrockt hatten. Angesichts der blutigen Niederschlagung der Bremer Räterepublik, die für Winkler zwingend war – wenn sie auch weniger martialisch hätte ausfallen sollen –, beklagt der Historiker: »Noske hatte sich die militärstrategischen Denkkategorien ›seiner‹ Generäle inzwischen so weit angeeignet, dass für ihn die Innenpolitik zur Fortsetzung des Krieges mit kriegerischen Mitteln geworden war. Dadurch brachte er den gescheiterten Versuch der Bremer Radikalen, eine Diktatur des Proletariats zu errichten, um seinen *politisch* abschreckenden Lehrstückcharakter: Als Ergebnis dieser Episode blieb nicht die Einsicht zurück, dass das reine Rätesystem wirtschaftliches und politisches Chaos bedeutete, sondern Hass auf den ›weißen Terror‹ und seine Urheber. Da einstweilen im Rat der Volksbeauftragten und im Parteivorstand der SPD niemand Noske widersprach, fiel die Verantwortung für die Folgen seiner Politik auf die sozialdemokratische Führung insgesamt.«[108]

Revolutionserinnerung nach der Wende

Angesichts solcher Rechtfertigungsversuche stimmt es wohl, wenn Haffner diagnostiziert: »Deutschland krankt an der verratenen Revolution von 1918 noch heute.«[109] Diese Diagnose von 1969 verweist auf eine chronische Krankheit, die auch mit dem Zusammenbruch des Realsozialismus keine Heilung fand. Die Geschichte von Revolutionen oder solchen, die es sein wollen, kann sich wiederholen. Unter diesen Vorzeichen ist das Schicksal der »friedlichen Revolution« in der DDR von 1989/90 vielleicht gar nicht so weit entfernt von dem des November 1918. Was als antistalinistische Revolution von Bürgerbewegten und SED-Reformern begann, endete in einer nicht selbstbestimmten deutschen Einheit unter kapitalistischen Vorzeichen. Verständlich, dass in Zeiten, in denen im Geiste von Francis Fukuyama vom »Ende der Geschichte« in einer US-dominierten, neoliberalen und bürgerlich-parlamentarischen Ordnung fabuliert wurde, Revolutionen unter linken, auch nur demokratisch-sozialistischen Vorzeichen einen schlechten Stand hatten.

Nun treiben es nicht alle so wild wie der einst als linksliberal eingestufte, mittlerweile verstorbene Sozialhistoriker Hans-Ulrich Wehler, der immerhin noch 2009, als auch im Mainstream schon differenzierter gedacht werden durfte, aburteilt: »Wer den Bürgerkrieg entfesselt, lebt immer im Angesicht des Todes, wenn er von der Gegenseite erwischt wird, wird er an die Wand gestellt. Wenn Rosa Luxemburg und Karl Liebknecht korrekt überstellt worden wären, wären sie abends vor ein Standgericht gekommen und erschossen worden. So sind sie gräulich erschlagen worden, aber wer sozusagen den Bürgerkrieg provoziert, muss mit dem Tod rechnen.«[110]

Mit dem Auflösen des Pulverdampfes über den meist unblutigen Schlachtfeldern des Epochenumbruchs von 1989/90 und dem Zusammenbruch des Realsozialismus wurde sichtbar, dass auch der obsiegende Kapitalismus nicht die perfekte Gesellschaft ist. Soziale Ungleichheiten, Ungerechtigkeiten, Demokratiekrisen und (wenn auch nicht so titulierte) Klassenkämpfe zwangen und zwingen die übrig gebliebenen Linken, sich neu zu orientieren. In Deutschland ist es für die aus der SED hervorgegangene PDS, später Die Linke relativ unproblematisch, sich wenigstens der Ereignisse im Umfeld der Novemberrevolution 1918 positiv zu erinnern, obgleich sie schon dabei nicht frei von Selbstkritik und Kritik bleibt.

Auch wenn die Partei Die Linke heute weitgehend geschichtslos daherkommt, sich von großen Teilen der linken und linksradikalen Geschichte distanziert, sich mit KPD und DDR schwertut und die Oktoberrevolution lieber in einem Konvolut von Revolutionen und Revolutionären verschwinden lassen möchte, die nicht so radikal wie Lenin und die Bolschewiki agierten, bleibt die Verehrung und Inanspruchnahme der Novemberrevolution und vor allem Rosa Luxemburgs. In ihrem »Erfurter Programm« von 2011 finden sich kaum historische Bezüge. Aber der Umbruch von 1914 bis 1923 scheint weiter identitätsstiftend, während die russischen Revolutionen und erst recht der Rote Oktober von 1917 entsorgt wurden. Im Programm wird herausgestellt, dass »1914 [...] die Haltung zum Krieg die deutsche Sozialdemokratie [spaltete]. Die SPD-Führung befürwortete die Politik der nationalistischen Abgrenzung und stimmte schließlich für den Krieg. Der europäische Zusammenhalt der Arbeiterschaft für den Frieden wurde aufgegeben. Gegen diese verheerende Entwicklung der deutschen Sozialdemokratie leisteten neben vielen anderen Karl Liebknecht und Rosa Luxemburg Widerstand, den sie mit ihrem Leben bezahlten.«[111]

Das Programm verweist dann darauf, dass »die Revolution 1918/1919 in Deutschland [...] sich ein[reihte] in die revolutionären Bewegungen und Erhebungen nach dem Ersten Weltkrieg, sowohl innerhalb als auch außerhalb Europas«. Gleichzeitig wird auf die Gründe des Scheiterns verwiesen, denn die Revolution »wurde mit Hilfe der sozialdemokratischen Führung niedergeschlagen. Gegensätzliche Haltungen zur Revolution in Deutschland und später auch zur Sowjetunion vertieften die Spaltung der Arbeiterbewegung.« Die Programmautoren erinnern etwas inkonsequent und zumindest die Jahre 1920 bis 1923 auslassend daran, dass »sich

Deutschland bis Sommer 1919 in einem blutigen Bürgerkrieg [befand], der Tausende von Opfern forderte und große Bitterkeit hinterließ. Die Konsequenzen waren dramatisch. Denn die Spaltung der Arbeiterbewegung erleichterte den Aufstieg der deutschen Faschisten und verhinderte gemeinsamen Widerstand gegen ihre Machtübernahme.«[112]

Aus dieser Erkenntnis gewinnt die Partei Die Linke – hervorgegangen aus der sich erneuernden SED und dann PDS sowie abgespaltenen Teilen der SPD und zahlreichen nicht parteigebundenen Linken – eine neue Sicht auf ihr Vorleben. Denn: »Die USPD, die KPD und linkssozialistische Bewegungen gehören heute ebenso zum historischen Erbe der LINKEN wie die Geschichte der Sozialdemokratie.«[113]

Diese veränderte Sicht resultiert auch aus einer Zuwendung zu linkssozialistischen Akteuren und Bewegungen jenseits von KPD und SPD. Die Partei und die ihr nahestehende Rosa-Luxemburg-Stiftung haben sich, nicht zuletzt über ihre Stipendiaten, in großem Umfang diesen Kräften geöffnet und gleichzeitig eine sehr kritische Auseinandersetzung mit der KPD geführt.[114] Hervorzuheben sind die umfangreichen biografischen Studien, mit denen zahlreiche – lange als Unpersonen behandelte oder schlicht vergessene – Linke wieder in ihrer historischen Rolle anerkannt wurden und ihre persönliche Integrität für eine breite Öffentlichkeit wiederhergestellt wurde.[115] Gleichzeitig wird aus diesem Umfeld unmittelbar in die wissenschaftliche und politische Auseinandersetzung um das Schicksal der Novemberrevolution eingegriffen.[116]

Im sozialdemokratischen Milieu ist in den letzten beiden Jahrzehnten ein wichtiger Wandel eingetreten. Hier spürt man, dass die strikte Einigelungstaktik gegen das lange vorherrschende »Wer hat uns verraten – Sozialdemokraten« nicht mehr angezeigt ist. Angesichts des Abflauens der politischen Konkurrenz mit den Kräften links von ihnen und vor allem des wachsenden zeitlichen Abstands zu den historischen Ereignissen, aber auch der heute breit vorgetragenen Kritik an der kommunistischen Politik – selbst von Seiten der Nachfolgepartei –, sind ein lockerer Umgang und selbstkritische Positionen möglich geworden.

Zum 80. Jahrestag beklagt der Historiker Dieter Langewiesche in einem Vortrag vor dem historischen Arbeitskreis der SPD-nahen Friedrich-Ebert-Stiftung das Fehlen einer positiven Erinnerung und Erinnerungskultur zur Revolution von 1918, besonders verglichen mit der anderen deutschen demokratischen Revolution, der von 1848. »Die Revolution in eine Verfassungsreform überführen und damit die Möglichkeit zur Reform dauerhaft institutionalisieren, um künftig Revolutionen unnötig zu machen – dieser Gleichklang des politischen Handlungsmusters ermöglichte es 1919 Linksliberalen und Sozialdemokraten in der Weimarer Nationalversammlung, sich auf die achtundvierziger Revolution als historisches Vorbild zu berufen. Das war zugleich ein Versuch, die Revolution von 1848/49 im Geschichtsbild der Deutschen positiv zu verankern. Das gegenwärtige Jubiläumsjahr nimmt diesen Versuch einer demokratischen Traditionsstiftung wieder auf und verstärkt ihn noch. Die zweite deutsche Revolution hat solche Fürsprecher, ihr einen prominenten Ort im deutschen Geschichtsbild zu sichern, noch nicht gefunden. Auch dies lehrt das gegenwärtige Jubiläum.«[117] Sein Fazit trifft allerdings generell den heutigen Umgang mit Revolutionen: Sie sollen am liebsten fern sein – in der Zeit ihres Geschehens, im Ort ihres Erfolges, in der Zielsetzung im Vergleich zur wohlgeordneten, nicht revolutionsbedürftigen Gegenwart. Nochmals Langewiesche: »Festredner und Politiker feiern gerne die ferne Revolution als frühen – wenn auch gescheiterten – Versuch, Deutschland in eine Demokratie zu verwandeln, doch die nicht so ferne Revolution, der es gelang, die erste deutsche Demokratie zu schaffen, wird von den derzeitigen Erinnerungsveranstaltungen nicht in die deutsche Demokratietradition eingeholt.«[118]

Ein Jahrzehnt später kann sich die SPD-nahe Geschichtsschreibung erkennbar bewusster dieses Themas annehmen, nicht zuletzt, weil es durchaus konstruktive Arbeiten von Historikern aus ihrem Umfeld zum Thema gab und gibt, keineswegs nur Rechtfertigungen. Es zeigt sich, dass auch sozialdemokratische Historiker und Politikwissenschaftler einen wichtigen Beitrag zur Revolutionsgeschichtsschreibung geleistet haben.[119]

Die mittlerweile verstorbene Historikerin Helga Grebing, Mitglied der Historischen Kommission beim SPD-Parteivorstand, hat in diesem Kontext Fragen aufgeworfen, die trotz mancher Einsichten und Kritik an den problematischen Seiten der sozialdemokratischen Regierungsverantwortung Pflöcke einschlagen sollten. Sie will den Platz wissen, den die Novemberrevolution in der Geschichte einnimmt: »War sie nun fehlgeschlagen, steckengeblieben, unvollendet, gescheitert gar oder nicht doch wenigstens teilweise erfolgreich? Welche Kennzeichnung man wählt, hängt von den Erfolgsvorstellungen ab, die man mit der Revolution verbindet, zeitgleich oder im Blick zurück zumeist im Zorn. Hätte sie vielleicht eine Revolution nach dem Modell der Oktoberrevolution der Bolschewiki werden sollen, oder sollte sie eine mit imperativem Mandat ausgestattete Räteherrschaft hervorbringen oder eine soziale Republik begründen, die die Formen der repräsentativen Demokratie verknüpfte mit sozialstaatlichen Elementen und erweiterten politischen Beteiligungsrechten der aktiven Bürger an der politischen Willensbildung, oder hätte sie besser gar nicht stattfinden sollen; denn hätte es nicht einen sanften Übergang von der Monarchie in ein parlamentarisch-repräsentatives Regierungsmodell geben können, in dem auch ein Kaiser Platz gehabt hätte?«[120]

Grebing findet schnell Antworten: Die Revolution wäre von einer Mehrheit der Gesellschaft abgelehnt worden, die putschistische Politik der radikalen Linken drohte das Land ins Chaos zu stürzen. Den Sozialdemokraten sei deshalb anzurechnen, dass sie die Einheit des Reiches gewährleisteten, Bürgerkrieg und rechte Diktatur verhinderten. Sie schufen eine demokratische Republik mit einer demokratischen Verfassung, einen modernen Sozialstaat.

Auch Grebing sieht das Ende dieses Weges 1933. Das dürfe »selbstverständlich nicht verschwiegen werden; aber zwischen der Geburt der Republik und diesem Ende geschah so manches, an das wir nach 1945 wieder anknüpfen konnten: an die Tradition des sozialen Rechtsstaates sozialdemokratischer Prägung. Und ohne die revolutionären Akte der demokratischen Arbeiterbewegung am 9. November 1918 und in den folgenden Wochen und Monaten hätte es den epochalen Wechsel von der autoritären Monarchie zur demokratischen Republik nicht gegeben und die Anfänge des modernen sozialen Rechtsstaates auch nicht.«[121]

Im Nachgang zum 90. Jahrestag haben Historiker um Alexander Gallus allerdings erneut beklagt, dass es letztlich um eine »vergessene Revolution« gehen würde.[122] Das beträfe die Geschichtswissenschaft ebenso wie die Erinnerungskultur. Für die »geglückte Demokratie« der Berliner Republik, so Gallus, ist Weimar scheinbar »als Negativfolie [...] kaum mehr nötig, zur Feier von Erfolgsgeschichten gänzlich ungeeignet [...] Das gilt zumal für die revolutionären Umbrüche von 1918/19, an die sich niemand mehr so recht erinnern mag. Der zwanzig Jahre nach der ›friedlichen Revolution‹ von 1989 zu erlebende Erinnerungsboom belegt indes, wie sehr in Deutschland eruptive Systemwechsel hin zu Freiheit und Demokratie gefeiert werden können.«[123] Ausgeblendet wird in dieser von sozioökonomischen Zusammenhängen entleerten Sicht auf Demokratie versus Diktatur (von Kaiser oder Politbüro) die politische Funktion solcher Erinnerungspolitik. Die ist für die radikale Abschaffung des Realsozialismus auf deutschem Boden immer noch leichter begründbar als für einen Systemwechsel, der auch anders, der auch »bolschewistisch« hätte ausgehen können.

Die politische Brisanz ist Gallus sehr wohl klar und er baut gegen die bis heute anhaltenden linken Angriffe Brandschutzmauern auf. »An der Person Eberts und seiner Rolle während der Revolution 1918/19 erhitzten sich wiederholt die Gemüter. Aus dem weit linken politischen Spektrum schlägt ihm bis zum heutigen Tage scharfe Kritik entgegen, die in einem vernichtenden Urteil mündet.«[124] Das kann und will er nicht stehen lassen. Seine Abwehrstrategie hat dabei zwei Komponenten. Bei aller »Schärfe dieser geschichtspolitischen Interventionen« kann er zu Recht einschätzen, dass sie mittlerweile »eine Brisanz vor[spiegeln], die die Debatte um die deutsche Revolution 1918/19 schon lange nicht mehr prägt«. Vor allem aber verschanzt er sich hinter dem Argument, dass die »›Verratsthese‹ [...] keineswegs dem Stand der Forschung entspricht, sondern vielmehr an ein Geschichtsbild anknüpft, wie es außer von Haffner über Jahrzehnte hinweg von der SED und später der PDS/›Linken‹ kultiviert wurde.«[125]

Die Geschichtsschreibung ist in den letzten Jahren weitergegangen. So »vergessen«, wie Gallus meint, ist das Jahr 1918/19 nicht mehr. Inzwischen liegen eine Reihe regionalgeschichtlicher Untersuchungen vor, die zeigen, wie landauf, landab die Revolutionsuhren tickten, wie breit die Rätebewegung Arbeiter, Soldaten, aber auch Bauern erfasste.[126]

Einen wichtigen Meilenstein in der zeitgenössischen Revolutionsgeschichtsschreibung legt Mark Jones, ein britischer Historiker, mit seiner Untersuchung der Gewalt in diesem Umbruch vor.[127] Er zeigt, dass nach dem vergleichsweise gewaltlosen Beginn der Revolution im Zuge der Machtsicherung und der engen Kollaboration der Reichsregierung mit dem Militär »Ruhe und Ordnung« nur gewaltsam durchgesetzt werden konnten. Unverkennbar ist das Missverhältnis zwischen den Opferzahlen durch die linksradikale Vorgehensweise der revolutionären Matrosen oder der Aufständischen im Januar bzw. März 1919 und dem Wüten der regulären wie irregulären Soldateska, formal im Auftrag einer sozialdemokratisch geführten Reichsregierung. Die Arbeit von Jones ist ein wichtiger Kontrapunkt zu den anderen hervorstechenden Studien in dieser Jubiläumssaison.

Jones scheut aber, wie auch die Autoren der beiden anderen großen Schriften zu 1918, letztlich die sozioökonomische, die klassenpolitische Fragestellung. Wenn Wolfgang Niess[128] die Bedeutung der Revolution für die Durchsetzung der Demokratie in Deutschland herausstellt oder Joachim Käppner[129] über die Gestaltungsmöglichkeiten der sozialdemokratischen Reichsregierung sinniert, bleibt offen, was 1918/19 angesichts der politischen und sozioökonomischen Konstellation überhaupt erstrebbar und durchsetzbar gewesen wäre. Dass 1918/19 die – allerdings inkonsequente – Umsetzung einer bürgerlich-demokratischen Umwälzung gelang, ist zweifellos richtig. Aber es wäre mehr möglich und – zumindest aus linker Sicht – notwendig gewesen. Wer die Vollendung des Umbruchs 1918/19 in der heutigen kapitalistischen

Bundesrepublik ausmacht, der hat von vornherein einen anderen Erwartungshorizont.

Klaus Gietinger geht in seinem »Frühlingserwachen« weiter, weil er begreift, dass selbst wohlwollende Neuinterpretationen der Novemberrevolution in der besten aller Bundesrepubliken nicht dem Umsturz der ewigen Ordnung das Wort reden dürfen. »Ursache solcher Verdammung ist die grundsätzliche Furcht der gegenwärtig als Wertegemeinschaft kaschierten neuen deutschen ›Volksgemeinschaft‹ vor Revolutionen. Missachtet wird in solcher Gesellschaft der Deutsche Bauernkrieg von 1525, und stiefmütterlich behandelt die bürgerliche Revolution von 1848. Stattdessen schreibt man sich das friedliche Hambacher Fest von 1832 aufs Panier, eine Marginalie im Vormärz dieser Revolution. Nur nicht die Barrikadenkämpfe 1848 in Berlin, Wien, Leipzig und anderswo hervorkehren, nur nicht den Kampf der Badischen Revolutionsarmee gegen die preußische Armee erwähnen. Und schon gar nicht, dass der König von Preußen, Friedrich Wilhelm IV., im März 1848 in Berlin seine Mütze vor den ›für die Sache der Freiheit Gefallenen‹ hatte ziehen müssen. Lieber das Schloss wieder aufbauen, von dessen Balkon aus er sein Volk nicht mehr beruhigen konnte und zum Angriff geblasen hatte. Aufstand – auch demokratisch motivierter – ist unpassend in Deutschland.« Das gilt umso mehr für die Aufstände zwischen 1918 und 1923. Für ihn habe man es »bei diesem verpassten Frühling […] mit zwei Bewegungen zu tun. Zum einen die der radikaldemokratischen Massenbewegung gegen den Krieg hin zur sozialistischen Massenbewegung: die Rätebewegung.«[130] Und Letztere sollte mit allen Mitteln verhindert werden, mit Noske, mit den alten Militärs, gegen die eigenen sozialdemokratisch geprägten Arbeiter.

III.
Revolution von oben?

Eine sozialistische Regierung?

Es ist seltsam, die Deutschen machen Revolution und sind sich nicht einig, was sie eigentlich bewegt haben. Vielleicht hilft die resignierende Einschätzung eines Nicht-Revolutionärs, ein wenig Licht ins Dunkel zu bringen. Walther Rathenau, Konzernmanager bei der AEG, erfolgreicher Mitorganisator der deutschen Kriegswirtschaft, nach der Revolution Wiederaufbau-, später Außenminister und von rechten Terroristen 1922 ermordet, war bekannt für seine unkonventionellen Überlegungen zu Wirtschaft, Philosophie und Politik. Im Sommer 1919 versuchte er eine Zwischenbilanz seiner eigenen Arbeit, aber auch der Lage im Deutschen Reich. Als Mitglied der Deutschen Demokratischen Partei (DDP) machte er sich seine eigenen Gedanken und war sicher weit von revolutionären Schwärmereien entfernt, warb er doch für Veränderungen und soziale Verantwortung der Unternehmen:

Walther Rathenau: Kritik der dreifachen Revolution.
Apologie

Es ist kein Zweifel mehr: Was wir deutsche Revolution nennen, ist eine Enttäuschung.
Misstrauen gebührt jedem Zufallsgeschenk und jedem Verzweiflungsprodukt.

Nicht wurde eine Kette gesprengt durch das Schwellen eines Geistes und Willens, sondern ein Schloss ist durchgerostet. Die Kette fiel ab, und die Befreiten standen verblüfft, hilflos, verlegen, und mussten sich wider Willen rühren. Am schnellsten rührten sich, die ihren Vorteil erkannten. Den Generalstreik einer besiegten Armee nennen wir deutsche Revolution. Die Arbeitsaufnahme einer neuen Versuchsarmee nennen wir deutsche Gegenrevolution.

Die Arbeiterschaft ließ sich in den Sattel setzen und reitet den alten Streiktrab. Das Volk blieb abseits und wählte ein bürgerliches Parlament. Die verbürgerlichte Sozialdemokratie ließ sich im Bürgerhause bewirten und die Führung aufnötigen, Führung ohne Macht. Die Extremisten laufen neben dem Gaul und peitschen ihn mit der Knute des Bolschewismus.

Kein Wunder, denn nichts war vorbereitet.[131]

Fehlt Rathenau hier Realitätssinn, waren nicht Massen auf der Straße, revoltierten nicht Matrosen und Soldaten? Er spricht davon, dass »die verbürgerlichte Sozialdemokratie […] sich im Bürgerhause bewirten und die Führung aufnötigen« ließ. Wir erinnern uns, ein anderer engagierter Zeitgenosse aus der radikalen Linken lieferte eine ähnlich skeptische Einschätzung, wenn er von der »wunderlichsten aller Revolutionen«[132] sprach, in der Massen gegen ihre eigene Beteiligung in der Regierung des Max von Baden rebellierten, so Rosenberg.

Angesichts der Wirkungen der Revolution vom November und der dann erfolgten Regierungsbildung auf der Basis der Wahlen zur Nationalversammlung, der Weimarer Verfassung, des Bürgerkriegs und der nicht eingetretenen Veränderungen in den Eigentumsverhältnissen in Industrie und Landwirtschaft wissen beide wie die meisten Zeitgenossen, dass zwischen den Intentionen der Revolutionäre und der Wirklichkeit eine breite Lücke klafft.

In den Revolutionstagen waren sich zumindest die politisch bewussten radikalen Kräfte sicher, dass die Arbeiter- und Soldatenräte die neue Macht repräsentierten. Die ersten Erfahrungen hatten die Deutschen mit diesem neuen, basisdemokratischen und

potenziell machtvollen Organ des Klassenkampfes in den Januarstreiks gesammelt.[133] Sie wollten auch noch zehn Monate später
Frieden und eine andere Gesellschaft, auch auf die russischen Arbeiter rekurrierend: »Die rasche und konsequente Vergesellschaftung der kapitalistischen Produktionsmittel ist nach der sozialen
Struktur Deutschlands und dem Reifegrad seiner wirtschaftlichen
und politischen Organisation ohne starke Erschütterung durch-
führbar. Sie ist notwendig, um aus den blutgetränkten Trümmern
eine neue Wirtschaftsordnung aufzubauen, um die wirtschaftliche
Versklavung der Volksmassen, den Untergang der Kultur zu ver-
hüten. Alle Arbeiter, Kopf- und Handarbeiter, welche von diesem
Ideal erfüllt sind, welche aufrichtig für seine Verwirklichung
eintreten, sind zu seiner Mitarbeit berufen. Der Arbeiter- und
Soldatenrat ist von der Überzeugung durchdrungen, dass in der
ganzen Welt sich eine Umwälzung in der gleichen Richtung vorbereitet.«[134] So die Vollversammlung der Berliner Arbeiter- und
Soldatenräte noch einen Tag nach dem Umsturz.

Alles schien möglich, auch eine neue Welt, zumindest ein neues
Deutschland.

In der Tat hatte sich aber die Revolutionsregierung, also die
»sozialistisch« geführte Regierung des Rates der Volksbeauftragten, bereits auf ein deutlich eingeschränkteres Programm festgelegt: das Erreichen eines Waffenstillstandes mit der Entente,
die Realisierung eines sozialpolitischen Programms mit der Einführung des Achtstundentages, die Umsetzung demokratischer
Reformen hinsichtlich des gleichen, geheimen, direkten und allgemeinen Wahlrechts für Männer wie für Frauen, die Aufhebung
der drangsalierenden Gesindeordnung für die Landarbeiter.

**Regierungsprogramm des Rates der Volksbeauftragten
vom 12. November 1918**

Die aus der Revolution hervorgegangene Regierung, deren politische Leitung rein sozialistisch ist, setzt sich die Aufgabe, das
sozialistische Programm zu verwirklichen. Sie verkündet schon
jetzt mit Gesetzeskraft Folgendes:

1. Der Belagerungszustand wird aufgehoben.

2. Das Vereins- und Versammlungsrecht unterliegt keiner Beschränkung, auch nicht für Beamte und Staatsarbeiter.

3. Eine Zensur findet nicht statt. Die Theaterzensur wird aufgehoben.

4. Meinungsäußerung in Wort und Schrift ist frei.

5. Die Freiheit der Religionsausübung wird gewährleistet. Niemand darf zu einer religiösen Handlung gezwungen werden.

6. Für alle politischen Straftaten wird Amnestie gewährt. Die wegen solcher Straftaten anhängigen Verfahren werden niedergeschlagen.

7. Das Gesetz über den Vaterländischen Hilfsdienst wird aufgehoben, mit Ausnahme der sich auf die Schlichtung von Streitigkeiten beziehenden Bestimmungen.

8. Die Gesindeordnungen werden außer Kraft gesetzt, ebenso die Ausnahmegesetze gegen die Landarbeiter.

9. Die bei Beginn des Krieges aufgehobenen Arbeiterschutzbestimmungen werden hiermit wieder in Kraft gesetzt.

Weitere sozialpolitische Verordnungen werden binnen kurzem veröffentlicht werden. Spätestens am 1. Januar 1919 wird der achtstündige Maximalarbeitstag in Kraft treten. Die Regierung wird alles tun, um für ausreichende Arbeitsgelegenheit zu sorgen. Eine Verordnung über die Unterstützung von Erwerbslosen ist fertiggestellt. Sie verteilt die Lasten auf Reich, Staat und Gemeinde.

Auf dem Gebiete der Krankenversicherung wird die Versicherungspflicht über die bisherige Grenze von 2500 Mark ausgedehnt werden. Die Wohnungsnot wird durch Bereitstellungen von Wohnungen bekämpft werden.

Auf die Sicherung einer geregelten Volksernährung wird hingearbeitet werden.

Die Regierung wird die geordnete Produktion aufrechterhalten, das Eigentum gegen Eingriffe Privater sowie die Freiheit und Sicherheit der Person schützen.

Alle Wahlen zu öffentlichen Körperschaften sind fortan nach dem gleichen, geheimen, direkten, allgemeinen Wahlrecht aufgrund des proportionalen Wahlsystems für alle mindestens 20 Jahre alten männlichen und weiblichen Personen zu vollziehen.[135]

Das waren zweifellos Forderungen der Stunde, waren Maßregeln, die einer linken Regierung entsprechend ihrer bisherigen Programmatik und Politik gut zu Gesicht standen. Nur, es waren eben keine Richtlinien, die dem Anspruch gerecht wurden, »das sozialistische Programm zu verwirklichen«[136], wie es einer dem Sozialismus verpflichteten Partei entsprochen hätte.

War das Ausklammern weitergehender Zielsetzungen, die in den Forderungen vieler Arbeiter- und Soldatenräte, der Spartakusgruppe und eigentlich auch der USPD aus diesen Tagen formuliert waren, ein lässliches Versäumnis in der Hektik des Umbruchs, ein taktischer Winkelzug, der später korrigiert werden sollte? Wohl mitnichten. Die dominierenden Mehrheitssozialdemokraten arbeiteten ihre Vereinbarungen mit der alten Reichsregierung Max von Badens und die im Interfraktionellen Ausschuss der Mehrheitsparteien im Reichstag MSPD, Zentrum und Fortschrittlicher Volkspartei (der späteren Deutschen Demokratischen Partei) ausgemachten Rahmenbedingungen ab.

Eine Vorgeschichte

Der Interfraktionelle Ausschuss hatte sich im Juli 1917 gebildet und war die Antwort der Parlamentarier auf den bislang glücklosen Krieg. Das war zweifellos ein Bruch mit der bisherigen absolutistischen und nur wenig durch das Parlament gestörten Politik, der eigentlich immer noch totalitären Macht. Die gemäßigten sozialdemokratischen und bürgerlich-liberalen Abgeordneten wollten ein Mitspracherecht des Souveräns, genauer des Reichstags, neben dem selbstherrlich regierenden Kaiser, seinem Reichskanzler und faktisch der Diktatur der mittlerweile dritten Obersten Heeresleitung. Vor allem wollten sie in der Frage der Kriegsziele – und dies hieß damals Siegfrieden oder Verständigungsfrieden, das

hieß Annexionen oder ausgleichender Frieden – ein Mitspracherecht und ein Ende der diktatorischen Strukturen im Reich.

Hier stimmten die Mehrheitssozialdemokraten mit den bürgerlichen Parteien (also Zentrum, Fortschrittliche Volkspartei FVP
und bis Januar 1918 auch die Nationalliberale Partei) überein. Sie
waren unter dem Eindruck der russischen Februarrevolution und
des Kriegseintritts der USA stolz, mit ihrer parlamentarischen
Mehrheit im Juli 1917 eine »Friedensresolution« verabschieden zu
können. In dieser Resolution betonten sie, dass »der Reichstag [...]
einen Frieden der Verständigung und der dauernden Versöhnung
der Völker [erstrebt]«. Mit ihm seien »erzwungene Gebietser-
werbungen und politische, wirtschaftliche oder finanzielle Ver-
gewaltigungen unvereinbar«. Gleichzeitig aber erklärten die Abgeordneten unter lebhafter Zustimmung und Bravo-Rufen aller
beteiligten Parteien: »Solange jedoch die feindlichen Regierungen
auf einen solchen Frieden nicht eingehen, solange sie Deutschland
und seine Verbündeten mit Eroberung und Vergewaltigung bedrohen, wird das deutsche Volk wie ein Mann zusammenstehen,
[...] unerschütterlich ausharren und kämpfen, bis sein und seiner
Verbündeten Recht auf Leben und Entwicklung gesichert ist.«[137]
Angesichts der bisherigen deutschen Politik war die Glaubwürdig-
keit eines solchen »Angebots« gering.

Die Entente-Mächte wie auch der kurzzeitige Reichskanzler, der Verlegenheitskandidat Georg Michaelis, waren sich im
Grunde einig: Einen solchen Frieden würde es, durfte es nicht
geben, denn jede Seite spekulierte auf den Sieg und einen Siegfrieden. Dafür sorgten sich alle um Russland, das seine Kriegsregie-
rung und seinen Zaren weggejagt hatte und bis dato dennoch als
treuer Entente-Verbündeter im Felde stand, dessen Soldaten aber
kriegsmüde waren und für die bolschewistischen Friedensargu-
mente ein offenes Ohr hatten.

Außenpolitisch, friedenspolitisch rührte sich im Deutschen
Reich also wenig. Immerhin, die Sozialdemokraten waren nun als
stärkste politische Kraft im Reichstag regulär Teil einer Mehrheit
gemeinsam mit jenen bürgerlichen Parteien, die geläuterte Sozialdemokraten als mögliche Koalitionspartner akzeptieren konnten.

Es war ein weiterer Schritt auf dem Wege zur politischen Akzeptanz, der schon vor dem Weltkriegsbeginn begann, als bürgerliche Parteien und Teile der herrschenden Machtclique in der SPD einen zumindest patriotisch eingestellten, auf Ausgleich gerichteten Teil des politischen Systems erkannten. Das galt in diesen Kreisen, die tendenziell eher mit dem Kronprinzen über die Möglichkeit nachdachten, die Sozis gewaltsam zu unterdrücken, nicht durchgängig, aber es war ein Anfang.

Vor allem war es ein Anfang, der sich in den letzten Juli- und den ersten Augusttagen 1914 in einem für den unbedarften Beobachter seltsamen Bündnis niederschlug.[138] Der damalige Reichskanzler Theobald von Bethmann Hollweg forcierte die Kriegsstimmung. Was stören musste und unbedingt zu vermeiden war: Ein breiterer Widerstand der sozialdemokratisch geprägten Arbeiter gegen einen Krieg, der nur gewaltsam zu unterdrücken wäre. Also suchte der Reichskanzler Partner in der Sozialdemokratie und fand sie in Fraktion und Parteivorstand. In Geheimgesprächen Ende Juli, Anfang August 1914 wurde klar: Wenn die Reichsleitung bewies, dass Russland der Schurke im Stück war, dann konnte die Entscheidung für den Krieg und seine Finanzierung auch von der disziplinierten SPD mitgetragen werden.[139] Dann interessierten die halbe Million linker und pazifistischer Arbeiter und Bürger nicht, die sich noch in den letzten Julitagen 1914 für den Frieden und gegen den Krieg versammelt hatten und auch gegen Polizeiwillkür auf die Straße gingen.

Der Reichskanzler und die Reichsleitung waren bereit, einen politischen Preis für das Wohlverhalten der SPD und ihren Anteil an des Kaisers »Burgfrieden« zu zahlen: soziale und politische Reformen, und das meinte vor allem den Weg zur Parlamentarisierung der deutschen Politik, sprich zu einem Mitspracherecht des Deutschen Reichstages an den politischen Entscheidungen. Und es meinte den Fall des Dreiklassenwahlrechts in Preußen, dem zahlenmäßig größten und politisch wichtigsten Teil Deutschlands. Während die SPD bislang im Reichstag und in den anderen Landesparlamenten dank des dort gültigen Verhältniswahlrechtes in der Tat von Erfolg zu Erfolg vorangeschritten war, sorgte das preußische Wahlrecht regelmäßig für ihre Benachteiligung im wichtigsten Teil des Reiches.

Ein solcher Weg hin zu einer konstitutionellen, parlamentarischen Republik, vielleicht noch mit einigen sozialpolitischen Zugeständnissen, wäre mit über einem halben Jahrhundert Verspätung die Erfüllung der politischen Forderungen der bürgerlich-demokratischen Revolution 1848/49.

Auf der Grundlage einer antirussischen Grundstimmung konnten sich die führenden Sozialdemokraten und die herrschenden Eliten schnell einigen. Während die herrschenden Klassen Russland als politischen Konkurrenten und mögliches Objekt für Landraub und Ausdehnung des Handels sahen, waren die linken Genossen aus anderen, durchaus klassenkämpferischen Gründen gegen die zaristische Selbstherrschaft. Denn Russland galt seit der »Heiligen Allianz« der ersten Hälfte des 19. Jahrhunderts als Europas Gendarm und Feind jeglicher demokratischer und nationaler Befreiung. Das hatten Polen und Ungarn wiederholt erfahren. Die Russen waren stets die letzte Garantie gegen ein revolutionäres Aufbegehren in Europa. Gleichzeitig ließ die russische Innenpolitik keinen Zweifel daran, dass jede wirkliche demokratische und soziale Reform mit harter Hand unterdrückt werden würde. Die jüngsten Erfahrungen mit der Niederwerfung der russischen Revolution von 1905/07 hatten dies nachdrücklich bestätigt. Russland war in den Augen der Sozialdemokraten und vieler ihnen nahestehender Arbeiter der Hort der Reaktion und der Tyrannei. Die westlichen Länder und selbst Deutschland erschienen trotz ihrer gegen die Arbeiterbewegung gerichteten Politik dagegen als demokratische und fast freiheitliche Staaten.

Es war ein Leichtes für den Reichskanzler, die öffentliche Meinung und die Veröffentlichung der diplomatischen Post so zu manipulieren, dass Russland als Aggressor, das Deutsche Reich aber als Opfer dieser Aggression und treuer Bündnisgenosse der sich legitim verteidigenden k. u. k. Monarchie dastand. Da alle imperialistischen Staaten und ihre Führer in Berlin, Wien, St. Petersburg, Paris und London den Krieg herbeisehnten, um die Weltkarte neu zu zeichnen, war diese Manipulation für den Krieg marginal, für die deutsche Innenpolitik allerdings fundamental. Und die sozialdemokratischen Führer und letztlich auch die Mehrheit der Parteimitglieder und Sympathisanten ließen sich gerne auf diesen Schwindel ein. Sie wollten nicht mehr »vaterlandslose Gesellen« sein, wie die Reaktion sie gerne nannte, sondern Patrioten. Ein Sieg würde auch innenpolitisch die Sache der Demokratie und des Sozialismus unterstützen. Stellvertretend für viele war der SPD-Reichstagsabgeordnete und Kriegsfreiwillige Frank Ludwig überzeugt: »Statt eines Generalstreiks führen wir für das preußische Wahlrecht einen Krieg.«[140] Nicht nur er, sondern Millionen bezahlten diese Illusion mit ihrem Leben, ihrer Gesundheit, Millionen im Hinterland wurden dafür ausgepresst und mussten hungern. Denn der Sieg blieb aus.

Nichtsdestotrotz ermöglichte dies den sozialdemokratischen Politikern, die sich im Kaiserreich eingerichtet hatten, die Wendung hin zur Vaterlandsverteidigung und zu einer sich hoffentlich auch für die Arbeiter auszahlenden Politik. Natürlich gab es Widerstand, selbst der Beschluss der Reichstagsfraktion zur Zustimmung für die Kriegskredite stieß auf Widerstand. Dabei waren die Frontlinien zwischen den Politikern der SPD, die sich für die Kriegskredite einsetzten, nicht immer deckungsgleich mit den alten Schützengräben zwischen Revisionisten und Linken, zwischen Befürwortern und Gegnern von politischen Massenstreiks, die die SPD der Vorkriegsjahre immer wieder erschüttert hatten. Aber die zentristische Linie des Austarierens der Positionen, des Vermeidens von Brüchen und die strikte Partei- und Fraktionsdisziplin sorgten zunächst dafür, dass die Partei nach außen hin geschlossen auftrat. Hugo Haase, Co-Parteivorsitzender und eigentlich Gegner des Krieges und der Kriegskredite, fiel am 4. August 1914 die Aufgabe zu, für die Fraktion die Zustimmung zu den Krediten und die Anerkennung der vom Kaiser ausgerufenen Burgfriedenspolitik von der Reichstagstribüne hinab unter Beifall aller bisherigen politischen Gegner der Rechten zu verkünden. Sozialdemokrat und sozialdemokratischer Führer zu sein verlangte eben ein hohes Maß an Selbstverleugnung und förderte nicht unbedingt Prinzipientreue und klassenmäßige Einschätzungen von Kapitalismus, imperialistischem Krieg und Aufgaben einer revolutionären Partei.

Diese Vorgeschichte erklärt das Verhalten, aber auch die Erwartungen der politisch relevanten Kräfte im Spätsommer und Herbst 1918, als der Krieg nicht mehr zu gewinnen war. Die Sozialdemokratie hatte sich im April 1917 endlich gespalten. Nicht mehr nur Karl Liebknecht, auch Otto Rühle, schließlich eine wachsende Gruppe sozialdemokratischer Reichstagsabgeordneter waren nicht bereit, den Krieg mitzutragen und zu finanzieren. Von der eigenen Führung aus der Partei gedrängt, nach langen Disziplinierungsversuchen und einer offenkundig gut funktionierenden Zusammenarbeit mit dem Militär zum Abschieben unliebsamer Genossen an die Front, hatte sich die USPD von ihrer Mutterpartei abgespalten.

Die Mehrheitssozialdemokraten, wie sie sich beschönigend, allerdings durchaus auf eine immer noch zahlreichere Mitgliedschaft und einen ergebenen Partei- und Gewerkschaftsapparat gestützt, nannten, waren bereit, in eine neue Phase der Zusammenarbeit mit der Regierung einzutreten, wenn man sie nur ließe. Seitens der Regierung, aber auch des Kaisers gab es dafür durchaus optimistisch stimmende Versprechungen. Nun konnten die erhofften Veränderungen Realität werden.

Zur Erinnerung: Im fünften Kriegsjahr war die Lage an den Fronten zunehmend aussichtslos. Der Frieden mit Russland hatte zwiespältige Folgen. Die Mittelmächte mischten sich in den russischen Bürgerkrieg zugunsten der antibolschewistischen Kräfte massiv ein und wurden zum Schutzpatron sich abspaltender Teile des Russischen Reiches, etwa im Baltikum oder in der Ukraine. Diese Staaten waren alleine kaum lebensfähig. Die erwarteten wirtschaftlichen Vorteile aus den besetzten oder kontrollierten Gebieten oder einem Handel mit Sowjetrussland traten selten ein. Dafür waren die deutschen Soldaten wie die ihrer österreich-ungarischen Verbündeten massiv mit dem russisch-bolschewistischen Umsturz- und Friedensbazillus infiziert.

Franzosen und Briten hielten immer noch stand. Auf dem westeuropäischen Kriegsschauplatz trafen in Massen US-amerikanische Soldaten ein, die sicher noch nicht erfahren und ausgebildet genug waren. Aber sie brachten einen fast unbegrenzten Vorrat an Waffen, Ausrüstung und Verpflegung mit, wovon auch die Verbündeten profitierten. Die Oberste Heeresleitung hatte deshalb zwischen März und Juli 1918 nochmals eine Kette von schließlich fünf Großoffensiven angesetzt. Den Auftakt bildete das »Unternehmen Michael«, die »Kaiserschlacht«. Im letzten Moment sollte im Westen die Entscheidung gesucht werden, bevor die inzwischen in Scharen frisch eintreffenden US-amerikanischen Soldaten und das schier unüberschaubare Kriegsmaterial die Niederlage unausweichlich machen würden. Aus dem Osten konnten nach dem Frieden mit Sowjetrussland erhebliche Truppenteile nach Frankreich und Belgien verlegt werden. Trotz der anhaltenden Propaganda der Linken von USPD und Spartakus, trotz oppositioneller Gewerkschafter und auch bürgerlicher Pazifisten hatte sich die politisch Lage nach dem Abwürgen der Januarstreiks etwas beruhigt. Noch schluckten viele Arbeiter und Arbeiterinnen trotz ihrer hundsmiserablen Lage und sich häufender Todesnachrichten von der Front das Argument, dass nur ein militärisch erfolgreiches Deutsches Reich wenn schon nicht einen Siegfrieden, so doch einen annehmbaren Verhandlungsfrieden erwarten konnte.

Rosa Luxemburgs Befürchtungen für einen möglichen deutschen Sieg im *Spartacus-Brief,* Juni 1918

Bei jeder militärischen Entscheidung des heutigen Weltkrieges würde der Imperialismus der eigentliche Sieger, das internationale Proletariat der eigentliche Besiegte sein. Bei einem deutschen Siege jedoch würde der Imperialismus in seiner reaktionärsten, gewalttätigsten, aufreizendsten Gestalt die Herrschaft antreten. Eine Reihe rein historischer Umstände bedingen dies mit zwingender Logik […]
Der deutsche Imperialismus verbindet das brutale Draufgängertum des preußischen Junker- und Polizeistaates mit der ungestümen Gier eines modernen Finanzkapitals, das gerade

in der Bluttaufe dieses Krieges seine größte Zusammenballung erreicht hat [...]

Der deutsche Arbeiter wird also – und sehr bald und erst recht nach einem »deutschen Siege« – zur Revolution greifen müssen, ob er sich noch so sträubt und totstellt und die Stimme der Zeit nicht hören will. Der Henker fremder Freiheit, der Gendarm der europäischen Reaktion wird gegen sein eigen Werk sehr bald rebellieren müssen, weil eherne geschichtliche Gesetze ihrer nicht spotten lassen. Mit eigenen Händen, durch eigenen Kadavergehorsam, durch eigene »Siege« im Dienste der Reaktion bereitet der deutsche Proletarier in diesen Tagen die europäische und folglich die deutsche Revolution vor.

Und wenn die Stunde schlägt, werden diejenigen, die sich jetzt von Russland abgewendet haben, um vor Hindenburg auf dem Bauch zu rutschen, wieder nach Osten sich wenden, um sich ein wenig heilige Glut von dem Brande zu borgen, den sie heute mit blutbesudelten Kommissstiefeln auf Geheiß des Imperialismus auszutreten sich mühen.[141]

Allerdings wäre ein Sieg der deutschen Waffen fatal gewesen. Die Wahrscheinlichkeit, dass eine siegreiche deutsche Elite, ihre Militärs, ihre Junker und vor allem ihre Kapitalisten sich auf einen grundlegenden demokratischen Wandel, von sozialistischen Träumereien ganz abgesehen, eingelassen hätten, war gleich Null. Aber eine solche Sorge war angesichts des Scheiterns der deutschen Operationen und der mittlerweile auch für die deutsche Militärführung unleugbaren Niederlage unbegründet. Hier geschah eine Wendung in der deutschen Innenpolitik, die neue Horizonte eröffnen konnte, aber auch schon den Keim einer zunächst inneren, dann äußeren Revanche in sich barg.

Im Unterschied zum nächsten, dem Zweiten Weltkrieg hatte die militärische Führung des Reiches nach allem Hasardspiel einen lichten Moment. Nach fast zwei Millionen Toten und über vier Millionen verwundeten deutschen Soldaten, von den Verlusten der Bündnispartner und Kriegsgegner ganz zu schweigen, war die Militärführung bereit, die Niederlage einzugestehen.

Sie sah aber auch die Probleme, die auf sie und den deutschen Staat zukamen. Die siegreichen Entente-Mächte verlangten faktisch die Kapitulation Deutschlands und waren nicht bereit, mit denen zu verhandeln, die von den Siegern als Alleinschuldige am Krieg ausgemacht wurden: Kaiser Wilhelm II. und seine Regierung. Das größere Problem: Sollte sich das deutsche Militär schuldig bekennen für den Krieg und seine erfolglose Führung, sollten die deutschen Generäle die Schuld auf sich nehmen und ihre jahrhundertelange zentrale, beherrschende Stellung im Deutschen Reich und seinem preußischen Vorgänger aufgeben? Beschwor das nicht herauf, dass die radikalen linken Kriegsgegner von Spartakusbund und USPD sich an den revolutionären Russen ein Beispiel nahmen? Dann würden die deutschen Soldaten, Arbeiter und Arbeiterinnen, die Bauern und Landarbeiterinnen das ganze politische und sozioökonomische System hinwegfegen. Sie würden die Schuldigen an der deutschen Aggressionspolitik, die Rüstungs- und anderen Konzerne, die Junker von der Macht und von ihrem Eigentum befreien – sie würden Revolution machen.

Der Ausweg aus der militärischen Niederlage

Die militärische und politische Führung des Reiches sah diese Gefahren genau. Der damalige Staatssekretär im Auswärtigen Amt (d. h. Außenminister) Paul von Hintze konnte mit der Obersten Heeresleitung, also mit Hindenburg und Ludendorff, Klartext reden. Der Abfall der Verbündeten war Ende September 1918 schon nicht mehr aufzuhalten. Bulgarien wie Österreich-Ungarn standen kurz vor dem Ausscheiden aus dem Bündnis, die Türkei erwies sich mehr und mehr als Last, die diplomatischen Fühlungsnahmen mit der Entente brachten keine Zugeständnisse. Der militärische Kopf Ludendorff war zu dem Eingeständnis gezwungen, »die Lage der Armee bedinge sofortigen Waffenstillstand, um einer Katastrophe vorzubeugen«[142].

Von Hintze trug in einer Beratung der OHL am 29. September im Großen Hauptquartier seine Überlegungen für eine politische

Begleitung, Abfederung dieser für das deutsche Volk, aber auch seine herrschende Klasse jenseits der wirklich Eingeweihten überraschenden Kehrtwende vor.

Zwar träumte er noch von einer nationalen Mobilisierung für einen Endkampf, aber er blieb realistisch. Ein Waffenstillstandsbegehren bei US-Präsident Woodrow Wilson schien der einzig gangbare Weg. Es war die letzte Hoffnung der deutschen Führung, denn der US-Präsident hatte mit seinen 14 Forderungen einen vergleichsweise moderaten Ton für eine friedliche Nachkriegsordnung angeschlagen.

Die 14 Punkte der Botschaft des Präsidenten
der Vereinigten Staaten von Amerika Woodrow Wilson
an den US-Kongress vom 8. Januar 1918

I. Offene Friedensverträge, die offen zustande gekommen sind, und danach sollen keine geheimen internationalen Vereinbarungen irgendwelcher Art mehr getroffen werden, sondern die Diplomatie soll immer offen und vor aller Welt arbeiten [...]

II. Vollkommene Freiheit der Schifffahrt auf den Meeren [...]

III. Beseitigung aller wirtschaftlichen Schranken, so weit möglich, und Errichtung gleicher Handelsbeziehungen unter allen Nationen, die dem Frieden zustimmen und sich zu seiner Aufrechterhaltung zusammenschließen.

IV. Austausch ausreichender Garantien dafür, dass die nationalen Rüstungen auf das niedrigste, mit der inneren Sicherheit zu vereinbarende Maß herabgesetzt werden.

V. Eine freie, weitherzige und unbedingt unparteiische Schlichtung aller kolonialen Ansprüche, die auf einer genauen Beobachtung des Grundsatzes fußt, dass bei der Entscheidung aller derartigen Souveränitätsfragen die Interessen der betroffenen Bevölkerung ein ebensolches Gewicht haben müssen wie die berechtigten Forderungen der Regierung, deren Rechtsanspruch bestimmt werden soll.

VI. Räumung des ganzen russischen Gebiets und eine solche Regelung aller Russland betreffenden Fragen, die ihm die beste und freieste Zusammenarbeit der anderen Nationen der Welt für die Erlangung einer unbeeinträchtigten und unbehinderten Gelegenheit zur unabhängigen Bestimmung seiner eigenen politischen Entwicklung und nationalen Politik sicherstellt und es eines aufrichtigen Willkommens im Bunde der freien Nationen unter von ihm selbst gewählten Staatseinrichtungen versichert, und darüber hinaus die Gewährung von Beistand jeder Art, dessen es bedürfen und selbst wünschen sollte [...]

VII. Belgien muss, wie die ganze Welt übereinstimmen wird, geräumt und wiederhergestellt werden, ohne jeden Versuch, seine Souveränität, deren es sich ebenso wie alle anderen freien Nationen erfreut, zu beschränken [...]

VIII. Alles französische Gebiet sollte befreit und die besetzten Teile sollten wiederhergestellt werden, und das Frankreich von Preußen im Jahre 1871 hinsichtlich Elsaß-Lothringen angetane Unrecht, das den Weltfrieden während eines Zeitraums von nahezu fünfzig Jahren infrage gestellt hat, sollte wieder gutgemacht werden, damit erneut Friede im Interesse aller gemacht werde [...]

X. Den Völkern Österreichs-Ungarns, deren Platz unter den Völkern wir sichergestellt und zugesichert zu sehen wünschen, sollte die freieste Gelegenheit zu autonomer Entwicklung gewährt werden [...]

XIII. Es sollte ein unabhängiger polnischer Staat errichtet werden, der die von unbestritten polnischen Bevölkerungen bewohnten Gebiete einschließen sollte, dem ein freier und sicherer Zugang zum Meere zugesichert werden sollte und dessen politische und wirtschaftliche Unabhängigkeit und territoriale Unverletzlichkeit durch internationale Abkommen garantiert werden sollten.

XIV. Es muss zum Zwecke wechselseitiger Garantieleistung für politische Unabhängigkeit und territoriale Unverletzlichkeit der großen wie der kleinen Staaten unter Abschluss spezifischer Vereinbarungen eine allgemeine Gesellschaft von Nationen gebildet werden.[143]

Wilsons Forderungen bedeuteten trotz des gemäßigten Tons einschneidende Konsequenzen für die Politik Deutschlands und der Mittelmächte. Unabhängig vom realen militärischen Kriegsverlauf waren all die mühsamen Eroberungen wieder herauszugeben. Das musste, so ahnten die Verantwortlichen, das Reich erschüttern und ihre Stellung als die zu Kreuze kriechenden Verlierer zementieren. Die Errichtung einer Diktatur oder eine »Revolution von oben« sollte die zu erwartende Abkehr von Reich und Kaiser innenpolitisch verhindern.[144] Vielleicht, so deutete von Hintze an, könnte eine neue gesellschaftliche Mobilisierung für einen »Volkskrieg« die Niederlage noch abwenden.

Aber: »General Ludendorff verwarf die Diktatur: Sieg wäre ausgeschlossen, die Lage der Armee verlangte vielmehr sofortigen Waffenstillstand. Der Generalfeldmarschall [Hindenburg] und General Ludendorff billigten die Revolution von oben.«[145]

Die Würfel waren gefallen, nun ging es darum, den Schwarzen Peter jemandem zuzuspielen, der in dieser neuen Situation führen konnte, ohne die Militärs und die herrschenden Klassen ernsthaft zu gefährden. Nachdem Kaiser Wilhelm II. die Zustimmung zu einem Waffenstillstandsersuchen abgepresst worden war, trug insbesondere Ludendorff Sorge für die entsprechende Legende, die die Verantwortung den Mehrheitssozialdemokraten und ihren potenziellen bürgerlichen Koalitionspartnern zuschob. Zivilisten gerieten in die Rolle der Friedensbittsteller und damit der Überbringer schlechter Nachrichten, gleichzeitig wurde die »Dolchstoßlegende« etabliert: die deutschen Truppen im Felde unbesiegt, aber aus der Heimat von den Demokraten verraten.

Übrigens sollte sich Ludendorff nur wenig später seiner Zustimmung zu diesem »Revolutionierungsakt« nicht mehr entsinnen mögen und behaupten, dass bei dieser Rochade etwas ganz anderes herausgekommen sei, als er angestrebt hatte.[146]

Am 1. Oktober war er vor seinen Offizieren allerdings noch anderer Meinung. Er erklärte ihnen, »dass unsere militärische Lage furchtbar ernst sei. Täglich könne unsere Westfront durchbrochen werden [...] Die OHL und das deutsche Heer seien am Ende; der Krieg sei nicht nur nicht mehr zu gewinnen, vielmehr stehe die endgültige Niederlage wohl unvermeidbar bevor [...] Unsere eigene Armee sei leider schon schwer verseucht durch das Gift spartakistisch-sozialistischer Ideen. Auf die Truppen sei *kein* Verlass mehr [...] Fortgesetzt erwiesen Truppenteile sich so unzuverlässig, dass sie beschleunigt aus der Front gezogen werden müssten. Würden sie von noch kampfwilligen Truppen abgelöst, so würden diese mit dem Rufe ›Streikbrecher‹ empfangen und aufgefordert, nicht mehr zu kämpfen.« Wenn die Front unter feindlichem, insbesondere US-amerikanischem Druck zusammenbreche, »dann werde dieses Westheer den letzten Halt verlieren und in voller Auflösung zurückfluten über den Rhein und werde die Revolution nach Deutschland tragen. Diese Katastrophe müsse unbedingt vermieden werden.«[147] Dafür habe er eine Lösung parat, die die genannten Bedingungen erfüllen könnte. Ludendorff orientiert: »Ich habe aber S[eine] M[ajestät] gebeten, jetzt auch diejenigen Kreise an die Regierung zu bringen, denen wir es in der Hauptsache zu danken haben, dass wir so weit gekommen sind. Wir werden also diese Herren jetzt in die Ministerien einziehen sehen. Die sollen nun den Frieden schließen, der jetzt geschlossen werden *muss*. Sie sollen die Suppe jetzt essen, die sie uns eingebrockt haben!«[148]

So sollte es geschehen. Der neue Kurs konnte nur durch eine neue Regierung umgesetzt werden. Max von Baden war der Kandidat, der für diese Aufgabe besonders geeignet schien. Selbst aus besten adligen Kreisen stammend, hatte er ein gutes Verhältnis zu den opponierenden Parteien der Reichstagsmehrheit. Vor allem genoss er das Vertrauen der Sozialdemokraten, die offensichtlich bereit waren, sich auf diese neue Wendung einzulassen. In der Erwartung, dass eine innenpolitische Reform, die Parlamentarisierung des politischen Systems, eine gute Basis für einen halbwegs akzeptablen Frieden wäre, beschleunigte die Regierung den Umbau des Staates innerhalb weniger Tage. Die Umsetzung der alten Versprechen an die SPD – Wegfall des Dreiklassenwahlrechts, Stärkung der Rolle des Reichstages hin zu einer konstitutionellen Monarchie – rückte in greifbare Nähe.

Die MSPD hatte einige Tage zuvor eher zurückhaltende Bedingungen für einen Regierungseintritt formuliert. Sie lagen außen-

und sicherheitspolitisch auf der Linie der Reichstagsresolution von 1917 und griffen Wilsons 14 Punkte auf; die »friedliche Behandlung aller Streitfälle«, die Lösung der »belgischen Frage« durch Räumung des Königreiches, eine friedliche Lösung der Probleme nach den Friedensschlüssen im Osten, allerdings nur eine »Autonomie Elsass-Lothringens«. Diese Forderungen waren mit der militärischen Lage relativ gut vereinbar. Die innenpolitischen Forderungen gingen weiter, sollten sich aber in den nächsten Tagen ebenfalls als erfüllbar erweisen: »für alle deutschen Bundesstaaten allgemeines und gleiches, geheimes und unmittelbares Wahlrecht«, auch für den Preußischen Landtag. »Einheitlichkeit der Reichsleitung, Ausschaltung unverantwortlicher Nebenregierungen [eine Anspielung auf die OHL – St. B.], Berufung von Regierungsvertretern aus der Parlamentsmehrheit oder aus Personen«. Das hieße freie Bahn für die Parteien des Interfraktionellen Ausschusses, also auch die MSPD, es wäre das Ende der politischen Einmischung durch die OHL. Vor allem aber bedeutete es die »sofortige Aufhebung aller Bestimmungen, durch die die Versammlungs- und Pressfreiheit eingeschränkt werden, die Zensur darf nur auf rein militärische Fragen angewendet werden [...], Einrichtung einer politischen Kontrollstelle für alle Maßnahmen, die aufgrund des Belagerungszustandes verhängt werden, Beseitigung aller militärischen Institutionen, die der politischen Beeinflussung dienen«[149].

Mit der Berufung des parteilosen Max von Baden durch den Kaiser, bei der sich der neue Reichskanzler auch auf die mehrheitliche Zustimmung des Reichstages stützen konnte, ging die Bildung einer neuen Reichsregierung aus Mitgliedern von FVP, Zentrum, NLP (Nationalliberale Partei), MSPD sowie Parteilosen einher. Erstmals traten Sozialdemokraten in eine deutsche Regierung ein: Philipp Scheidemann als einer der einflussreichen Staatssekretäre ohne Geschäftsbereich sowie Gustav Bauer als Staatssekretär für das neu errichtete Reichsarbeitsamt, in Erwartung der großen Herausforderungen beim Übergang zu einer Friedenswirtschaft und dem Rückströmen von Millionen Soldaten in die Heimat.

In kurzer Zeit konnten wichtige Veränderungen tatsächlich durchgesetzt werden. Dem Kaiser wurde mit Verkündungsdatum

28. Oktober der Übergang zu einer konstitutionellen Monarchie abgetrotzt; einschließlich überarbeiteter Verfassung und der Festlegung, dass sich Regierung und Militär dem Parlament gegenüber verantworten müssen. Noch am Tag der Regierungsbildung, dem 4. Oktober, hatte der neue Kanzler offiziell um einen Waffenstillstand nachgesucht. Aufgrund des militärischen Desasters veranlasste er die Einstellung des uneingeschränkten U-Boot-Krieges, schließlich auch die Entlassung Ludendorffs. Die neue Regierung initiierte – unter Druck ihrer sozialdemokratischen Minister – zudem eine Amnestie und die Freilassung politischer Gefangener.

Die MSPD wähnte sich am Ziel ihrer Träume. Alles Weitere, wie die Demokratisierung des preußischen Wahlrechts, eben noch vehement eingefordert, würde sich schon irgendwie regeln. Auch die gewünschten Einschränkungen der Belagerungszustandsregularien und die von vielen Soldaten erwartete Schleifung des preußisch-deutschen Militarismus ließen auf sich warten. Im Übrigen konnten die Partei und ihre Führer auch gut mit einer konstitutionellen Monarchie leben, die Republik stand keineswegs weit oben auf ihrer Prioritätenliste.

Trotz aller berechtigten Skepsis gegenüber den mehrheitssozialdemokratischen Genossen, die so lange den Kriegskurs mitgetragen hatten, waren die Erwartungen der Kriegsgegner groß. Rosa Luxemburg hingegen attackierte die neue Regierung aus dem Gefängnis heraus scharf.

Rosa Luxemburg: Die kleinen Lafayette, Oktober 1918

Das alte bekannte Spiel der Geschichte wiederholt sich regelrecht in Deutschland. Wenn der Boden der alten Klassenherrschaft zu wanken und zu beben beginnt, dann erscheint in zwölfter Stunde ein »Reformministerium« auf der Bildfläche [...] Der historische Sinn und Zweck solcher »Reformministerien« in letzter Stunde, bei heraufziehendem Vollgewitter, ist stets derselbe: die »Erneuerung« des alten Klassenstaates »auf friedlichem Wege«, d. h. die Änderung von Äußerlichkeiten und

Lappalien, um den Kern und das Wesen der alten Klassenherrschaft zu retten, um einer radikalen, wirklichen Erneuerung der Gesellschaft durch die Massenerhebung vorzubeugen.

Das historische Schicksal dieser Ministerien der zwölften Stunde ist auch stets dasselbe: Sie sind durch ihre innere Halbheit und ihren inneren Widerspruch mit dem Fluche der Ohnmacht beladen. Das Volk empfindet sie instinktiv als einen Schachzug der alten Mächte, um sich am Ruder zu erhalten. Die alten Mächte misstrauen ihnen als unzuverlässigen Dienern ihrer Interessen. Die treibenden Kräfte der Geschichte, die das Reformministerium erzwungen haben, eilen alsbald über dasselbe hinaus. Es rettet nichts und verhindert nichts. Es beschleunigt und entfesselt nur die Revolution, der es vorbeugen sollte.

Dies ist auch der Sinn und dies das künftige Schicksal des Reformministeriums Prinz Max [von Baden] – [Adolf] Gröber – [Philipp] Scheidemann – [Friedrich von] Payer.

Das Neue an dem historischen Spiel ist nur dies: Bisher gaben sich zu solcher Blitzableiter-Rolle in letzter Stunde nur die verwaschensten, lendenlahmsten Liberalen her: ein Necker, ein Martignac, ein Odilon Barrot [französische Politiker in den Revolutionen von 1789, 1830, 1848 – St.B.]. Nie hat sich ein entschiedener Radikaler, ein Führer der bürgerlichen Opposition, ein Republikaner zu dieser schoflen Rolle verstanden. Diesmal, zum ersten Mal in der Geschichte, gibt sich eine Partei, die sich sozialdemokratisch nennt, dazu her, bei sichtbar nahender Katastrophe der bestehenden Klassenherrschaft den Retter in der Not zu spielen, durch Scheinreformen und Scheinerneuerung dem herannahenden Volkssturm den Wind aus den Segeln zu nehmen, die Massen im Zaum zu halten.

Schon ruft das politische Allerweltsmädchen Vorwärts den deutschen Arbeitern zu:

»Das Ziel einer deutschen Demokratie wird in kurzer Zeit auf dem Wege der friedlichen Umwälzung erreicht sein. Dann tritt die gewaltige Frage der weltwirtschaftlichen Neuordnung an uns heran, und der Sozialismus wird seinen Vormarsch antreten. Jetzt kommt alles darauf an, dass von dem, was uns bleibt, nichts überflüssig zerstört und vernichtet wird. [...] Wir dürfen uns nicht von Gefühlen leiten lassen, sondern nur von der klaren Erkenntnis dessen, was unserem schwergeprüften Volk not tut. [...] Not tut ihm die Vermeidung alles dessen, was nur zu altem Unglück neues Unglück fügt.«[150]

Also die Sache ist klar. Die Demokratie ist erreicht, und zwar »auf friedlichem Wege«. Denn ein badischer Thronfolger als Reichskanzler und Scheidemann und Bauer auf dem Ministersessel – das ist »Demokratie«. Und dann beginnt der »Sozialismus«. Gröber rechts, Payer links, Scheidemann in der Mitte, ein Nationalliberaler hinten und Prinz Max an der Spitze – so wird der »Sozialismus seinen Vormarsch antreten«. Marx und Engels meinten im Kommunistischen Manifest in ihrer Naivität, die Befreiung der Arbeiterklasse müsse das Werk der Arbeiterklasse sein. Diese Toren! In Deutschland wird die Befreiung der Arbeiterklasse das Werk der Nationalliberalen, des Zentrums, der Freisinnigen und ihrer regierungssozialistischen Schleppträger sein![151]

Die Führung der USPD hingegen sah angesichts des deutschen Waffenstillstandsersuchens durchaus Chancen: »Das System des Militarismus hat einen Schlag erhalten, von dem es sich nicht mehr erholen wird. Der Imperialismus ist bei uns zusammengebrochen. Die Idee der Demokratie und des Sozialismus ist siegreich auf dem Marsche.«[152] Als erste Schritte forderten die Unabhängigen die Aussetzung der Kriegsrechtsgesetze vom Belagerungszustand bis zum Vaterländischen Hilfsdienstgesetz und eine umfassende demokratische Reform des Wahlrechts bis hin zum Frauenwahlrecht und der parlamentarischen Kontrolle von Regierung und Kriegsführung. Sie gingen hier weiter als die MSPD und als die bis dato zu erwartenden bzw. bereits gemachten Zugeständnisse seitens der Regierung. Eines waren sich die USPDler aber sicher: »In dem Moment, da die bürgerliche Gesellschaft in allen Fugen kracht, sind mehrere Sozialdemokraten, so Scheidemann und Bauer, zu Ministern gemacht worden. Die Sozialdemokraten sind damit auch offiziell zu Regierungssozialisten gestempelt. Die Sozialdemokratische Partei ist in die Regierung berufen, um nach dem Zusammenbruch des Imperialismus die bürgerliche Gesellschaft zu stützen.«[153]

Die Wochen im Oktober sind durch zunehmende Unruhe im Lande wie im Heer gekennzeichnet. Die politischen Wandlungen, der erwartete Waffenstillstand, der Regierungswechsel verstärken die Antikriegsstimmung, die Ablehnung des Militarismus, die Wut über die Einschränkungen und Verfolgungen durch den Belagerungszustand. Schon Mitte Oktober gibt es immer mehr offene Befehlsverweigerungen, Soldaten wollen nicht mehr an die Front, schießen in die Luft, entrollen rote Fahnen. Am 16. Oktober sind in Berlin mehrere Tausend Arbeiter mit Friedensforderungen auf der Straße, skandieren: »Nieder mit dem Krieg! Nieder mit der Regierung! Hoch Liebknecht!« Noch kann die Berliner Polizei mit gezogener Waffe die Berliner Prachtstraße Unter den Linden räumen.

Neun Tage später hat Otto Rühle, fraktionsloser Abgeordneter im Reichstag und zu diesem Zeitpunkt dort fast einziger Vertreter des Spartakusbundes, einen weit revolutionäreren Auftritt als die USPD-Genossen. Der Reichstag behandelt allerlei Beschwerden der linken Parteien gegen die immer noch greifenden Bestimmungen des Belagerungszustandes gegen Versammlungen und Kundgebungen. Die Vertreter der Regierung vertrösten auf künftige Lockerungen. Zugleich behandelt diese Sitzung die Verfassungsänderungen auf dem Weg zu einer konstitutionellen Monarchie. Rühle hat kein Verständnis für dieses Schattenboxen. Er glaubt nicht, dass man in den Sozialismus hineinwachsen kann, er will ihn erkämpfen. »Wir lehnen […] die sogenannte Demokratie und den *Parlamentarismus* ab, womit die bürgerlich-kapitalistische Regierung das deutsche Volk just in demselben Augenblicke beglückt hat, in dem der Militarismus, bisher das stärkste Bollwerk der reaktionären Klassenherrschaft, unleugbar und unaufhaltsam zusammengebrochen ist und die Oberste Heeresleitung selbst zu der Überzeugung kommt, dass der Krieg rettungslos verloren ist […] Dass sich Sozialdemokraten zu der Rolle hergegeben haben, in letzter Stunde für die zusammenkrachende bürgerliche Gesellschaft noch den Nothelfer und Kugelfang zu spielen, wird von den Massen draußen ebenso als schmählicher Verrat empfunden (›Sehr richtig!‹ bei den Unabhängigen Sozialdemokraten), wie sie sich durch die Scheindemokratie, die vorgegaukelte Volksherrschaft genarrt und verhöhnt fühlen. Sie brauchen zu ihrer Befreiung etwas ganz anderes, nämlich die Demokratie des Sozialismus, die Republik auf der Grundlage der sozialistischen Revolution, und sie verlangen dazu in erster Linie die Abdankung des Kaisers als des Urhebers dieses Weltkrieges. (Große Unruhe. – Glocke des Präsidenten.)«[154]

Auch wenn gerade der Übergang zu einer parlamentarischen, konstitutionellen Monarchie auf den Weg gebracht wird – Forderungen nach der Abdankung des Monarchen bleiben ungeheuerlich. Sie ziehen augenblicklich scharfe Ordnungsrufe und die lautstarke Ablehnung durch viele Parlamentarier nach sich. So viel Wandel ist dem Reichstagspräsidenten Constantin Fehrenbach vom Zentrum, Repräsentant der Reichstagsmehrheit, unerträglich. Bei einem erneuten Ordnungsruf stellt der Parlamentspräsident, die Generaldebatte beschließend, fest: »Die Aufforderung zur Revolution ist unzulässig.«[155]

Doch der Zerfall der alten Ordnung ist trotz aller Schönheitsreparaturen kaum noch aufzuhalten. Die Geschichte nimmt ihren Lauf.

Das Kapital bestimmt, wo es langgeht

An dieser Stelle sollte angemerkt werden, dass sich nicht nur Regierung und Militärs auf der einen und die verschiedenen Linken auf der anderen Seite Sorgen um die Zukunft machten. So wichtig Militärs und Regierungsvertreter, meist Angehörige des Adels, waren, im kapitalistischen Deutschland waren seit Jahren die großen Monopole, die Konzernherren diejenigen, die das Geld gaben, die die Waffen schmieden ließen, die aber auch die Kriegsziele wesentlich beeinflussten. Auch für sie war die neue Lage besorgniserregend. Bereits frühzeitig diskutierten führende Kon-

zernchefs wie Hugo Stinnes und Albert Ballin über eine Nach-
kriegswirtschaft. Sie wussten um die zu erwartenden Zwänge
durch die voraussichtlichen Siegermächte und wollten, indem
sie sich das gebotene Maß an Demokratie zunutze machten, vor
allem das Ende der Kriegsbewirtschaftung, also der staatlichen
Bevormundung, erreichen. Ballin war sich sicher: »Wir brauchen
einen doppelt gepanzerten Frieden! Wir können nicht da, wo wir
den Zwang setzen, von unserem Gegner die Freiheit verlangen.«[156]
Eine Absonderung Mitteleuropas von der Welt schien ihm nicht
mehr möglich. Als anpassungsfähiger Chef der bis 1914 volkswirt-
schaftlich bedeutsamen HAPAG-Linie genoss er nicht nur das
Vertrauen des Kaisers, sondern auch der Mehrheitsparteien im
Reichstag. Sie sahen Ballin schon als deutschen Verhandlungsfüh-
rer bei den Friedensgesprächen. Ballins Suizid Anfang November
durchkreuzte diese Pläne.

Schon eine Woche nach Bestellung der neuen Regierung kamen führende Monopolvertreter der Schwerindustrie in Düsseldorf zu einer Krisensitzung zusammen. Sie hatten nur zwei Fragen: »Wie kann man die Industrie retten? Wie kann man auch das
Unternehmertum vor der drohenden, über alle Wirtschaftszweige
hinwegfegenden Sozialisierung, der Verstaatlichung und der na-
henden Revolution bewahren?«[157] Das resümierte später Jakob W.
Reichert. Als Geschäftsführer des Vereins Deutscher Eisen- und
Stahlindustrieller wusste er genau um die Revolutionsfurcht des
deutschen Kapitals. Auf die Regierung Max von Baden setzte in
dieser Runde keiner mehr, von einer solch schwachen Regierung
konnten die Eisenindustriellen keine Hilfe erwarten. Sie orien-
tierten sich neu. »Einen überragenden Einfluss schien nur die organisierte Arbeiterschaft zu haben. Daraus zog man den Schluss:
Inmitten der allgemeinen großen Unsicherheit, angesichts der
wankenden Macht des Staates und der Regierung gibt es für die
Industrie nur aufseiten der Arbeiterschaft starke Bundesgenossen,
das sind die Gewerkschaften [...] Wenn in dieser großen Masse
der organisierten Arbeitnehmer der Gedanke der Zusammenge-
hörigkeit, der Solidarität, mit den Unternehmern für die großen
wirtschaftspolitischen Fragen erweckt werden kann, dann – so

schien es – ist ein Weg vorhanden, auf dem man künftig zum Besten der deutschen Industrie weitergehen kann, dann ist eine Aussicht auf Rettung.«[158]

So konnte die kapitalistische Wirtschaft – vielleicht noch mehr als die an der Sozialdemokratie interessierten Regierungskreise – auf die sozialdemokratisch beeinflusste Arbeiterschaft und vor allem die Gewerkschaften setzen. Die Gewerkschaften hatten, wie die damalige SPD, von Beginn an ihre patriotische Gesinnung bekundet und sich als Arbeiterverbände der »Vaterlandsverteidigung« zur Verfügung gestellt. Auch wenn in zahlreichen Betrieben und Verbänden der Kriegskurs umstritten war und es Widerstand von pazifistisch und radikal sozialistisch eingestellten Teilen gab, hielt die Generalkommission der Gewerkschaften Deutschlands mit ihren freien Gewerkschaften zur Kriegspolitik, wie auch die christlichen und anderen Gewerkschaften. Sie riskierten dabei Konflikte in den eigenen Reihen, wie im Deutschen Metallarbeiterverband, Abspaltungen, Proteste und das Entstehen oppositioneller Strukturen. Vor allem die schon vor dem Krieg vorhandenen anarchistischen Ansätze wurden gestärkt, ihre Organisationen erhielten mehr Zulauf.[159] Diese Haltung der Gewerkschaften war der Auslöser für das erfolgreiche Agitieren gegen den Krieg und das Organisieren von Ausständen und passivem Widerstand durch die Revolutionären Obleute.

Der Widerstand im Umfeld der Gewerkschaften war genauso wichtig wie die Rolle von Spartakus und USPD in der Auseinandersetzung mit der Mehrheitssozialdemokratie. Auch wenn der Parteienkampf beileibe keine Randerscheinung blieb und in den Tagen der Novemberrevolution kurzzeitig wesentliche Teile der Arbeiterklasse mobilisierte, die entscheidende Kraft blieben die freien Gewerkschaften. Sie setzten keineswegs vergebens auf bessere Löhne und suchten Schritt um Schritt, Verbesserungen für die Arbeiter durchzusetzen. Ihre zentrale Führungsgestalt, Carl Legien, betonte ein Jahr nach Kriegsbeginn, dass die Ängste vor einem Verbot der Gewerkschaften als sozialdemokratische Organisationen angesichts der Richtungsentscheidung für den Burgfrieden unbegründet wären. Begeistert konstatierte er 1915:

»[M]anche Forderung der Gewerkschaften, die vor kurzer Zeit als unberechtigt, als undurchführbar galt, wird heute auch von einer Seite vertreten, die bisher ihr schroffster Gegner war.« Wirtschaftskreise zeigten Verständnis, akzeptierten nun Sicherungen bei Arbeitslosigkeit, anerkannten Verbesserungsbedarf bei Einkommen und Arbeitsbedingungen. Legien konnte aufatmen: »Statt der Auflösung kam der Versuch, die gewerkschaftlichen Organisationen in den Dienst des Volkswohl zu stellen.«[160]

Stolz bekannte der Gewerkschaftsführer, dass »die Gewerkschaften [...] keinen Augenblick gezögert [haben], sich in dieser schweren Zeit genau so in den Dienst der Allgemeinheit zu stellen, wie sie bisher den Interessen der Massen der Arbeiter zu dienen bereit waren.«[161]

Mit dem Vaterländischen Hilfsdienstgesetz von 1916, dem wichtigsten Garanten einer nunmehr forcierten Kriegspolitik unter der 3. OHL, konnten die Gewerkschaften auf die Schaffung von Arbeiterausschüssen als Vertretungs- und begrenztes Mitbestimmungsorgan in größeren Betrieben verweisen. Seit für alle außer Zweifel stand, wie der Krieg ausgehen würde, d. h. in den letzten Wochen, führten Gewerkschaften und Unternehmerverbände intensiv Verhandlungen. Sie wollten den Übergang zu einer Friedenswirtschaft und die Integration der zu erwartenden Kriegsheimkehrer vorbereiten, vor allem aber soziale Unruhen, gar eine Revolution vermeiden.[162] Die Gewerkschaften setzten wie die SPD auf ein friedliches Hinüberwachsen in den Sozialismus, zu welchem Zeitpunkt auch immer. Das sollte keinesfalls durch Revolution, Aufruhr und Chaos zunichte gemacht werden. Und die Unternehmer hatten – die russische Gefahr vor Augen – Angst, dass sie ihr Eigentum und ihre Macht verlieren könnten. Aus den Gesprächen ging Mitte November das Stinnes-Legien-Abkommen hervor.

Dieses Abkommen sicherte den Gewerkschaften erstmals ein volles Vertretungsrecht gegenüber den Unternehmern zu. Die gelben, d. h. unternehmernahen Gewerkschaften wurden kaltgestellt. Mit der Zubilligung von Arbeiterausschüssen wurde bereits ein Weg aufgezeigt, wie aus den Arbeiterräten als möglichen Machtorganen künftige Betriebsräte (die dann die Weimarer Verfassung festschrieb) geformt werden konnten – in die unternehmerischen Strukturen eingepasst und doch Arbeiterinteressen vertretend. Die Arbeitsplatzgarantie für die Kriegsheimkehrer und der Achtstundentag waren wichtige Zugeständnisse, die den Arbeitern eine bessere Zukunft verhießen.

Stinnes-Legien-Abkommen vom 15. November 1918

1. Die Gewerkschaften werden als berufene Vertretung der Arbeiterschaft anerkannt.

2. Eine Beschränkung der Koalitionsfreiheit der Arbeiter und Arbeiterinnen ist unzulässig.

3. Die Arbeitgeber und Arbeitgeberverbände werden die Werkvereine (die sogenannten wirtschaftsfriedlichen Vereine) fortab vollkommen sich selbst überlassen und sie weder mittelbar noch unmittelbar unterstützen.

4. Sämtliche aus dem Heeresdienst zurückkehrenden Arbeitnehmer haben Anspruch darauf, in die Arbeitsstelle sofort nach Meldung wieder einzutreten, die sie vor dem Kriege innehatten [...]

6. Die Arbeitsbedingungen für alle Arbeiter und Arbeiterinnen sind entsprechend den Verhältnissen des betreffenden Gewerbes durch Kollektivvereinbarungen mit den Berufsvereinigungen der Arbeitnehmer festzusetzen [...]

7. Für jeden Betrieb mit einer Arbeiterschaft von mindestens 50 Beschäftigten ist ein Arbeiterausschuss einzusetzen, der diese zu vertreten und in Gemeinschaft mit dem Betriebsunternehmer darüber zu wachen hat, dass die Verhältnisse des Betriebes nach Maßgabe der Kollektivvereinbarung geregelt werden.

8. In den Kollektivvereinbarungen sind Schlichtungsausschüsse respektive Einigungsämter vorzusehen, bestehend aus der gleichen Anzahl von Arbeitnehmer- und Arbeitgebervertretern.

9. Das Höchstmaß der täglichen regelmäßigen Arbeitszeit wird für alle Betriebe auf 8 Stunden festgesetzt. Verdienstschmä-

lerungen aus Anlass dieser Verkürzung der Arbeitszeit dürfen nicht stattfinden.

10. Zur Durchführung dieser Vereinbarungen sowie zur Regelung der zur Demobilisierung, zur Aufrechterhaltung des Wirtschaftslebens und zur Sicherung der Existenzmöglichkeit der Arbeitnehmerschaft, insbesondere der Schwerkriegsbeschädigten, zu treffenden weiteren Maßnahmen wird von den beteiligten Arbeitgeber- und Arbeitnehmerorganisationen ein Zentralausschuss auf paritätischer Grundlage mit beruflich gegliedertem Unterbau errichtet [...][163]

Das deutsche Kapital handelte schnell und geschickt, um auf die unmittelbaren wirtschaftlichen Forderungen der Arbeiter und ihrer Gewerkschaften einzugehen. Es fand Lösungen, die weit über das hinausgingen, was zu Kaisers Zeiten üblich gewesen war, und die Erfahrungen des Vaterländischen Kriegsdienstgesetzes mit den bereits darin fixierten partnerschaftlichen Verfahren fortschrieben. Nur eins durfte nicht geschehen: dass an den Eigentumsstrukturen gerüttelt wurde. Die Gewerkschaften bewiesen sich als verständnisvolle Partner für die Unternehmer.

Robert Bosch, einer der führenden deutschen Industriellen, »sozialpartnerschaftlicher« Unternehmens- und Gesellschaftspolitik wohlgesonnen, richtete Ende Oktober an den Staatssekretär ohne Geschäftsbereich (FVP) Conrad Haußmann einen eindringlichen Brief: »Ich will nicht verhehlen, dass ich sehr weit links stehe und dass ich eine weitergehende Revolutionierung, als wir sie jetzt erleben, nicht für unerwünscht halten würde [...] Nur das Öffnen großer weiter Sicherheitsventile kann uns vor einer Katastrophe bewahren [...] je weiter wir nach links gehen, desto eher werden wir Eindruck machen und eine Katastrophe ablenken können [...] wenn das Haus brennt, löscht man auch schließlich mit Jauche, auf die Gefahr hin, dass es nachher in dem Hause eine Weile nachstinkt.«[164]

Und so kam es: Das brennende Haus wurde gelöscht, die Wirtschaft, das kapitalistische Eigentum, die alten Eliten wurden gerettet.

IV.
Die Revolution
erobert das Land

München: nicht Oktoberfest,
sondern Novemberrevolution

Ein Sturm der Revolution fegt in den ersten zehn, zwölf Tagen
über das Deutsche Reich. Von der Waterkant aus fahren Züge und
Lastwagen mit bewaffneten Matrosen, Soldaten und Arbeitern
unter roten Fahnen über das Land. Auch Militärangehörige, die
sich von der Truppe abgesetzt haben, sorgen für revolutionäre
Stimmung. Polizei und Militärkommandos sind verunsichert.
Immer wieder neue Zeitungen, Sonderausgaben, Flugblätter und
natürlich Gerüchte halten die Menschen auf dem Laufenden.
Arbeiter-, Soldaten-, selbst Bauernräte schießen aus dem Boden,
erheben den Anspruch, das Land, die Stadt, die Militäreinheit,
das Dorf oder die Fabrik umkrempeln zu wollen. Der einfache
Arbeiter, Soldat, Bürger wird politisch aktiv, will seine Geschicke
und die des Landes in die eigene Hand nehmen. Meist ist nicht
klar, was sie eigentlich wollen. Akzeptieren sie die abwartende und
auf Beruhigung setzende Linie der MSPD-Führung oder setzen
sie auf den revolutionären Umsturz, wie ihn USPD, Spartakus
und Revolutionäre Obleute wollen?

Die neuen Räte wollen vor allem in ihrem Zuständigkeitsbe-
reich Ruhe, sie wollen nicht mehr sinnlosen Befehlen und Vor-

schriften des Militärs unterworfen sein, sie zwingen Offiziere, ihre Schulterstücke und Säbel abzulegen. Oft sitzen aber auch Offiziere und Beamte in diesen Räten. Vieles ist unentschieden. Die Räte beginnen – oft gemeinsam mit den bestehenden Verwaltungen – das Alltagsleben neu zu organisieren: Lebensmittelversorgung, Arbeitsbeschaffung, Wohnungswirtschaft, die Aufgaben der Ordnungspolizei. Sie machen ihre Sache nicht schlecht. Der Arbeiter und die Arbeiterin haben nicht studiert, haben bestenfalls in der Vergangenheit einige politische Schulungen der Arbeiterparteien und der Gewerkschaften genossen, wissen aber instinktiv, was zu tun ist. Eigentlich könnten sie den ganzen Staat und die Wirtschaft übernehmen, wie ihre russischen Klassengenossen vor einem Jahr.

Nach Kiel ist es allerdings nicht Berlin, sondern die bayerische Hauptstadt, die am 7. und 8. November Revolution macht.[165] Auf der Theresienwiese, dem von einer Bavaria-Figur bekrönten zentralen Veranstaltungs- und Versammlungsplatz Münchens, beginnt diesmal nicht das Oktoberfest, sondern eine Revolution. Felix Fehrenbach, einer der beteiligten USPD-Politiker, berichtet: »Es war keine alltägliche Kundgebung. Auf den Gesichtern lag Spannung. Man wusste: Heute geschieht Entscheidendes. Die Ortskommandantur hatte den größten Teil der Soldaten in den Kasernen zurückgehalten. Sie standen dort in bewaffneter Bereitschaft. Aber manche waren ohne Erlaubnis weggegangen, und vom Feld waren viele Urlauber in München. Und die grauen Uniformen mischten sich unter die Männer im Arbeitskittel. Plötzlich hebt ein Soldat eine wallende rote Fahne hoch über die Köpfe und ruft in die Menge: ›Alle Soldaten zu Kurt Eisner!‹ Der Ruf pflanzt sich fort wie ein Befehl. Die Feldgrauen sammeln sich um die rote Fahne. Fünfzehn Minuten sollten die Redner sprechen, dann sollte eine Resolution angenommen werden, die den Abschluss des Waffenstillstandes forderte und den von den Alldeutschen propagierten Gedanken der ›nationalen Verteidigung‹ ablehnte. Auch Forderungen nach Parlamentarisierung des Staatswesens und Demokratisierung der Verwaltung fehlten nicht. Oben an der Bavaria, auf der großen Freitreppe, stand Erhard Auer, der

Führer der SPD; dann folgten die anderen Redner am Wiesenhang entlang mit 50 Metern Abstand, und weit unten stand Kurt Eisner, der Hauptredner der USPD. Da kommt Bewegung in die Massen. Die Soldaten ziehen hinter einer roten Fahne mitten durch die Menge zu Kurt Eisner. Ein Zeichen wird gegeben. Die Ansprachen beginnen. Die Resolution wird begründet, die ganze Gefahr der augenblicklichen Situation geschildert. Abstimmung: Weit über hunderttausend Hände erheben sich für die Forderung der Münchner Arbeiter. Dann zieht Auer mit einem Teil der Demonstranten durch die Stadt. An der Spitze des Zuges marschiert ein Musikkorps.«[166]

Diese machtvolle Aktion hat Erfolg, wie weiter oben bereits berichtet. Bayerns demokratische Revolutionäre erleben im Winter 1918/19 und im beginnenden Frühling 1919 eine kurze Blüte, die allerdings desaströs und für viele tödlich endet.

Der Anfang ist jedoch vielversprechend. In unserem Zusammenhang ist es hilfreich, genauer auf Eisners Überlegungen zur Rätefrage zu schauen, weil das kein spezifisch bayerisches Problem ist. Beispielgebend ist sein Versuch, die Räteidee und -praxis mit dem Parlamentarismus zu verbinden. Er misstraut dem bisherigen Parlamentarismus, aber sieht schon wenige Wochen nach der Revolution, wie die neuen Machtorgane diskreditiert und paralysiert werden. Er weiß, dass seine Legitimation als Führer einer Revolutionsregierung nur durch sie gewährleistet wird. In einer Rede Ende November vor dem Münchener Arbeiter-, Soldaten- und – darauf legen dessen Mitglieder und Eisner selbst großen Wert – Bauernrates entwickelt er seinen Leitgedanken: »Der alte Parlamentarismus hat wesentlich dazu beigetragen, uns in diese Lage zu bringen, in der wir uns jetzt befinden (Sehr richtig!), und ich glaube, die Revolution wäre umsonst geschehen, wenn wir darauf eingehen wollten, diese aus der Revolution entstandenen Körperschaften wieder ganz zu beseitigen oder – das will man wohl nicht – innerlich zu lähmen, innerlich zu entnerven.«[167]

Sein Idealbild ist eine politisch aktive, auch basisdemokratisch organisierte neue Gesellschaft, in der es zu einer Koexistenz, einem arbeitsteiligen Zusammenwirken von Räten und Parlament kommt, allerdings unter Vorrang der aus allgemeinen Wahlen hervorgehenden Volksvertretungen. Die Räte sind für ihn Orte, um Verantwortung zu lernen und ganz konkrete Probleme in ihrem Einflussbereich zu lösen. Er fordert unter lebhafter Zustimmung der Versammelten, dass die Räte »sich jetzt konsolidieren [müssen], sie müssen die Grundlage aller zukünftigen parlamentarischen Tätigkeit bilden; die Nationalversammlung kann nicht der Anfang sein, sie kann nur das Ende, das letzte Ergebnis der Tätigkeit der Arbeiter-, Soldaten- und Bauernräte bilden.«[168]

Ihm schweben dabei keineswegs russische Verhältnisse vor.[169] Zwar möchte er eine Sozialisierung von Bergwerken, Elektrizitätserzeugung und Schwerindustrie, aber ihn treibt auch die Sorge, dass dies in einer zerrütteten Wirtschaft misslingen und das Land ins Chaos stürzen könnte. Insgesamt ist er der festen Überzeugung, dass die Gestaltung einer neuen Gesellschaft eingeübt werden muss von denjenigen, die in dieser Gesellschaft mit ihrer Hände und Kopfarbeit den gesellschaftlichen Reichtum schaffen. Er hat nur höhnische Worte für jene übrig, die in der neuen Situation Angst säen. Obwohl lange vertröstet wurde »mit der kühnen Heldenformel ›wir schaffen's‹ – obwohl die Welt gegen uns stand, ›wir schaffen's‹ – und jetzt auf einmal wird das Gegenteil gepredigt, jetzt sollen wir es nicht mehr schaffen können; jetzt, wo die neue Zeit anhebt und das Volk in Freiheit zu arbeiten beginnt, jetzt kommen die Furchtmeier, die Angstbläser und machen aus dem deutschen Volk eine Horde von Feiglingen, die sich vor links fürchtet, vor rechts fürchtet, vor oben fürchtet und vor unten fürchtet […] Fürchten wir uns vor gar nichts außer vor unserer eigenen Angst! (Sehr richtig!)«[170]

Angesichts der sich in Berlin abzeichnenden Lage, aber auch der Querelen in der eigenen Regierung ist das ein wenig naiv. Denn es geht nicht um die Furcht vor einem Scheitern der neuen Kräfte, sondern um die Furcht der alten Mächte und ihrer mehrheitssozialdemokratischen Helfer, dass die Deutschen es mit der Revolution, dem Sozialismus und der Basisdemokratie ernst meinen könnten. Eisner sieht diese neue Demokratie sich durchsetzen, trotz mancher Querelen. »Es geht gewiss in diesen neuen

Körperschaften manchmal etwas ungebärdig zu, ganz gewiss; das ist aber selbstverständlich. Wie soll in der Freiheit eine neue Organisation geschaffen werden, ohne dass sie ihre Kräfte regt und auch einmal eine Dummheit begeht? Das schadet gar nichts. Nur im Schaffen, nur im Vorwärtsdrängen reift die Freiheit.«[171]

Aber mochte Bayern nun auch ein Freistaat sein – unabhängig von den Entwicklungen im Reiche war das Land nicht. Die erhoffte Niederlage Eberts in Berlin im Machtkampf zwischen MSPD, USPD und Spartakus tritt nicht ein. Im Gegenteil, Ebert und Noske gehen mit aller Härte gegen die »bolschewistische Gefahr« vor. Parallel zu den Berliner Januarkämpfen kommt es auch in München zu Unruhen, organisiert von der gerade gegründeten kommunistischen Partei, revolutionären Räten und Anarchisten. Sie wollen möglichst schnell soziale Veränderungen und spüren die Verweigerungshaltung der alten Bürokratie. Das Sozialministerium wird kurzzeitig besetzt, Eisner lässt ebenfalls kurzzeitig die vermeintlichen Rädelsführer verhaften. Diese radikalen Linken boykottieren ohnehin die Wahlen, in Bayern wie im Reich.

Die rechte Propaganda wirkt. Antisemitische Parolen gegen den Juden Eisner (aus Berlin), gegen Gustav Landauer (Karlsruhe), Erich Mühsam (Berlin), Eugen Leviné (St. Petersburg) und andere Linke machen die Runde. Auswärtige sind sie sowieso. Im Unterschied zum November hat sich die Lage verändert. Viele Soldaten sind wieder in der Heimat, haben Probleme mit der Arbeit. Die kriegswirtschaftlichen Auflagen sind gefallen, die Bauern müssen nicht mehr zu Zwangspreisen verkaufen. Die Revolutionsstimmung verfliegt für viele. Sie wollen jetzt Ruhe und Ordnung, akzeptieren auch einen langsameren Weg dorthin.

Eisner und die USPD können die Ernte ihrer politischen Saat nicht einfahren. Bayern wählt schon am 12. Januar 1919, also eine Woche vor den reichsweiten Wahlen zur Nationalversammlung, seinen Landtag. Das Ergebnis ist für Eisner niederschmetternd. Der große Sieger ist die Bayerische Volkspartei mit 34,99 Prozent, die SPD kommt auf 32,98 Prozent, die DDP auf 14,02 Prozent, der Bayerische Bauernbund erhält 9,1 Prozent. Eisners USPD versinkt fast in der Bedeutungslosigkeit mit nur 2,53 Prozent.

Eisner ist bereit, die Konsequenzen zu ziehen, wartet aber bis zum Tag der Konstituierung des neuen Landtages am 21. Februar. Das Rücktrittsschreiben schon in der Tasche, wird er Opfer eines Attentats. Der Mörder, Anton Graf von Arco auf Valley, handelt aus antisozialistischen, monarchistischen und antisemitischen Motiven heraus. Ironie des Schicksals: Eigentlich ein Mitglied der frühfaschistischen Thule-Gesellschaft, ist er dort wegen jüdischer Vorfahren ausgeschlossen worden und will sich mit dem Mord rehabilitieren. Der Attentäter wird schwer verwundet aufgegriffen, vor Gericht gestellt und zum Tode verurteilt, doch er hat zeit- und politikbedingt Glück. Die Strafe wird in Festungshaft umgewandelt, später wird er begnadigt und kommt nach nur fünf Jahren frei. Auer, der politische Kontrahent Eisners, wird unmittelbar nach dem Attentat von einem aufgebrachten Mitglied des Revolutionären Arbeiterrates München niedergeschossen, der – wie viele andere – die Intrigen der MSPD für den feigen Mord verantwortlich machte. Auch dieser Attentäter kommt vor Gericht, erhält vierzehn Jahre Zuchthaus und gelangt erst nach langen Solidaritätskampagnen 1928 in Freiheit.

Noch einmal greift am 1. März der Arbeiter- und Soldatenrat nach der zentralen Machtposition im Freistaat und wählt den sozialdemokratischen Gewerkschaftsfunktionär Martin Segitz zum Ministerpräsidenten. Der neue Landtag verweigert sich jedoch und stellt am 17. März Johannes Hoffmann, ebenfalls SPD-Politiker, an die Spitze. All dies ist aber nur das Vorspiel zu einer zweiten Revolution, in der drei Wochen später die bayerischen Räte eine zentrale Rolle spielen werden.

In der Hauptstadt fallen die Entscheidungen

Der amtierende Reichskanzler Max von Baden ist konsterniert. Seit Tagen brodelt es im Land, sein Reformversuch greift nicht recht. All seine Hoffnungen ruhen nun auf der MSPD. Den Roten muss es doch gelingen, sich an die Spitze der Revolution und gleichzeitig schützend vor den Staat zu stellen. Er setzt auf die positive Wirkung Noskes, der in Kiel beruhigend wirkte. »Das Schicksal Deutschlands hing daran, dass Ebert die Leistung seines Parteigenossen im Großen wiederholte, d. h. die Bewegung im ganzen Lande ›zurückrollte‹.« Er müsse »den Trennungsstrich nach links erneut« ziehen.[172]

Hinter den Kulissen findet ein heftiges Tauziehen um den Fortbestand der Monarchie bzw. die Abdankung des Kaisers statt. Die Vertreter der alten Macht, auch der Reichskanzler, wollen den vollständigen Bruch und die Republik verhindern. Die sozialdemokratischen Führer, denen es eigentlich egal war, ob es einen Kaiser gibt oder nicht, haben inzwischen begriffen, dass sich an dieser Frage die Stimmung in der Bevölkerung entscheiden wird.

Max von Baden erweist sich in dieser Situation als kluger Taktiker. Während er den Kaiser in Zugzwang zu bringen versucht und ihn schließlich durch die Bekanntgabe einer noch gar nicht erfolgten Abdankungsentscheidung ausbootet, hat er die Mehrheitssozialdemokraten genau im Blick. Er weiß um deren Nöte, begreift, wie die Straße auch in Berlin zur Revolution steht. Und er muss zur Kenntnis nehmen, dass die vermeintlich noch loyalen Truppen längst auf der Seite der Aufständischen stehen und selbst Räte wählen. Übrigens eine Erkenntnis, die auch die Armeebefehlshaber ihrem Obersten Kriegsherrn, dem Kaiser, vermitteln. Diese Revolution ist nicht mehr aufzuhalten, aber – glaubt der Noch-Reichskanzler – noch zu lenken.

Er notiert in seinen Erinnerungen: »Ich sagte mir: Die Revolution ist im Begriff, siegreich zu sein; wir können sie nicht niederschlagen, vielleicht aber ersticken. Jetzt heraus mit der Abdankung, mit der Berufung Eberts, mit dem Appell an das Volk, durch die Verfassunggebende Nationalversammlung seine eigene Staatsform zu bestimmen. Wird Ebert mir als Volkstribun von der Straße präsentiert, dann kommt die Republik, ist es Liebknecht, auch der Bolschewismus.«[173]

Es geht um Zeitgewinn und Weichenstellungen für die nächste Runde des Spiels um die Macht. Ob es dann noch um den Kaiser, an dem im Moment das Herz Max von Badens und vieler anderer Vertreter der Regierung und des Militärs hängt, oder die

Republik gehen wird, das ist nicht entscheidend. Im Zentrum steht, bewusst oder unbewusst, die Macht der Kapitalisten und der Junker. Ein Kaisertum von Gottes Gnaden hat diese Macht lange garantiert, aber vielleicht könnte auch eine demokratische Republik, ja könnten selbst die einst so verhassten, doch mittlerweile einsichtig gewordenen Sozialdemokraten vom Schlage Eberts, Scheidemanns oder Noskes das Land vor Schlimmerem, vor dem Mob und russischen Verhältnissen retten. Unstrittig ist, dass die sozialdemokratischen Führer gewonnen werden müssen. Die Parteibasis mag weiter links stehen, aber sie folgt und vertraut ihren Führern immer noch.

In der Tat liegt die Entscheidungsgewalt keineswegs nur in der Reichskanzlei oder im Großen Hauptquartier in Spa. In den Berliner Betrieben wird aktiv agitiert. Noch am 8. November gibt es zahlreiche Versammlungen, organisiert von der USPD, die ein einheitliches Handeln der Arbeiterklasse, die Republik und den sozialen Umbruch wollen. Sie üben von links Druck auf die MSPD aus. Die Revolutionären Obleute organisieren praktisch und konspirativ den Aufstand, und die SPD-Zeitung *Vorwärts* verkündet am 9. November den Generalstreik. Die »Revolution von oben« befindet sich längst im Wettlauf mit der »Revolution von unten«.

Cläre Gasper-Derfert, eine 24-jährige Arbeiterin, aktives USPD-Mitglied und eine der wenigen Frauen unter den Revolutionären Obleuten, erinnert sich an die Berliner Schicksalsnacht: »In der Nacht vom 8. zum 9. November traf ich Genossen Fritz und erhielt von ihm den Auftrag, zwischen vier und fünf Uhr morgens Genossen Schöttler zu holen und [...] von sechs bis sieben Uhr vor der Waffen- und Munitionsfabrik in der Kaiserin-Augusta-Allee in Charlottenburg Flugblätter zu verteilen [...] Als ich frühmorgens am 9. November unseren Arthur Schöttler[174] aufstöberte, weckte ich ihn mit den Worten: ›Steh auf, Arthur, heute ist Revolution!‹ Er glaubte zu träumen. Erst als ich ihn nochmals rüttelte, riss er die Augen auf und sagte: ›Mensch, Cläre, bist du's?‹ Er sprang schnell in die Hosen, und nach zehn Minuten waren wir aus dem Hause.« Sie beginnen ihr revolutionäres Tagwerk. »Schon zur ersten Schicht standen wir beide vor der Waffenfabrik und verteilten unsere Flugblätter, in denen die Arbeiter aufgefordert wurden, um neun Uhr die Betriebe zu verlassen. Nachdem wir unseren Auftrag [...] erfüllt hatten, gingen wir in ein Lokal in der Erasmusstraße. Wir waren froh, uns ein bisschen aufwärmen zu können. Dort halfen wir schnell den anderen Genossen die Revolver auspacken und die Patronen in die Magazine füllen.«[175] Die Revolutionäre haben in den letzten Tagen auf den unterschiedlichsten Wegen nach Waffen gesucht, sie eingetauscht, abgepresst. Alles in der Erwartung, dass es einen großen Kampf geben könnte, aber auch in der Hoffnung, dass viele ihrer Klassenbrüder in Uniform die Seite wechseln werden. Die Revolutionären Obleute haben den Aufstand auf den 11. November angesetzt. Kiel ist schneller, München ebenso, hier in Berlin geht es nun endlich auch los.

Gasper-Derfert berichtet auch, wie der Demonstrationszug sich in Richtung des Berliner Zentrums in Bewegung setzt. »Voran die bewaffneten Männer, dann die unbewaffneten und dann die Frauen [...] Ohne auf Widerstand zu stoßen, marschierte unser Zug [...] Entwaffnet und besetzt wurden ohne ein Schuss die Polizeiwache, die Gaswerke, alle Betriebe, die Lazarett- und Schlosswache, das Rathaus Charlottenburg und die Technische Hochschule. Unser Zug zählte längst Tausende von Menschen und endete gegen Mittag am Reichstag, wo wir mit anderen Zügen zusammentrafen.« Wie viele einfache Menschen in Deutschland erlebt sie die Revolution als Festtag, nicht ahnend, dass das böse Erwachen bald folgen wird. »Andere Genossen und Freunde begegneten uns. Freude, Umarmung, Jubel bei denen, die sich nach monatelangen Aufregungen, Ängsten und Arbeiten wiedersahen. Ich war am Ende meiner Kräfte, saß auf den Treppenstufen des Reichstages, bis sich die Menge verlaufen hatte, und fuhr in der Dunkelheit todmüde, aber glücklich nach Hause.«[176]

Dieses zentrale Revolutionsereignis in der Reichshauptstadt verläuft weitgehend friedlich. Allein in der Maikäferkaserne kommt es zu einer Schießerei, als ein Demonstrationszug sich mit den dortigen Soldaten verbrüdern will. Offiziere und Wachen wollen dies verhindern, ein Offizier schießt. Drei Tote und ein Verwundeter sind zu beklagen.

Die nächsten Tage werden zu einem Wettlauf um die Macht. Setzt sich Eberts Linie durch und sichert einen geordneten Machtübergang von der alten zur neuen Regierung, ohne an den Grundfesten der sozialen Ordnung zu rütteln? Oder gelingt es den USPDlern, Spartakus, den Obleuten, den Anarchisten, eine neue basisdemokratische Macht zu etablieren und mit der Sozialisierung ernst zu machen, die Betriebe und Bergwerke in die Hand der Arbeiter zu überantworten? Mit der Einsetzung Eberts als neuer Reichskanzler sind Fakten geschaffen, die den linken Opponenten nicht schmecken. Sie haben sich 1917 nicht von der SPD getrennt, um sich nun von dieser Partei die Revolution aus der Hand nehmen zu lassen. Zu lange hatte die SPD den Krieg verteidigt, die notwendigen Gelder bewilligt, Streiks abgewürgt und Kriegsgegner kaltgestellt. Der Publizist Eugen Prager findet in seiner »Geschichte der USPD« drei Jahre später sarkastische Worte: »Als [...] die Berliner Arbeiter und Soldaten unbekümmert um die Warnungen des *Vorwärts* am 9. November in einem Anlauf den ganzen Ordnungsplunder über den Haufen geworfen und im Schloss und auf dem Reichstag die rote Fahne gehisst hatten, verstanden sich die Scheidemänner der veränderten Situation ebenso plötzlich anzupassen wie in den ersten Augusttagen des Jahres 1914. Wie sie damals militärfromme Patrioten geworden waren, so wurden sie jetzt innerhalb weniger Stunden martialische Revolutionäre. Die Geschwindigkeit war freilich keine Hexerei, denn diesmal wenigstens handelte sich's wirklich nur um einen Kostümwechsel.«[177]

Kaum ist die neue Rolle Eberts bekannt, organisieren die Linken, auch hier vor allem die Obleute, noch in der Nacht zum 10. November ein Revolutionsparlament. Binnen kürzester Frist sollen alle Berliner Betriebe ihre Arbeiterräte wählen, ein gemeinsamer Berliner Arbeiter- und Soldatenrat soll dann einen Rat der Volksbeauftragten und einen diesen kontrollierenden Vollzugsrat bilden. Doch wieder erweist sich die alte MSPD als flexibler und organisatorisch stärker. Sie dominiert, gemäß ihrer politischen

Mehrheit, auch im revolutionären Räteparlament. Die Mehrheitssozialdemokraten können nun auch diese Bühne nutzen, um zu zeigen, dass sich unter ihrer Verantwortung im Lande etwas radikal verändern kann, der Frieden möglich, die Republik real ist und sozialistische Ziele angesteuert werden. Inzwischen sind auch USPD-Politiker im neuen Rat der Volksbeauftragten von Ebert zur Zusammenarbeit – paritätisch, versteht sich – fast genötigt worden. Der als Gegengewicht gedachte Vollzugsrat ist ebenfalls paritätisch besetzt, die neue Regierung hat freie Hand.

Das Regierungsprogramm vom 12. November, wie oben gezeigt, ist anspruchsvoll. Die »Revolution von unten« hat Wirkung gezeigt. Statt konstitutioneller Monarchie nun Republik, Aufhebung der freiheitsbeschränkenden Kriegsrechtsbestimmungen, demokratische Bürgerrechte und Wahlmöglichkeiten für Mann und Frau, soziale Verbesserungen und Orientierung auf eine Friedenswirtschaft. Es ist zudem ein Regierungsprogramm, das nun von den beiden wichtigsten Arbeiterparteien getragen wird. Endlich wieder die so lange vermisste Einheit, so der verbreitete Eindruck.

Mit der Unterzeichnung des Waffenstillstands in Compiègne am 11. November ist das entscheidende Signal gegeben. Der Friede kommt – so oder so. Die besetzten Gebiete müssen geräumt, die Truppen umgehend in die Heimat zurückgeführt werden. Teile Deutschlands werden von den Entente-Truppen besetzt, die Friedensverträge von Bukarest und Brest-Litowsk werden aufgehoben. So belastend diese Bedingungen sind – und sie werden ein Jahr später mit dem Friedensvertrag von Versailles noch für einen sehr langen Zeitraum das Deutsche Reich als vermeintlichen Hauptschuldigen an diesem Weltkrieg maßregeln, verkleinern und auf lange Sicht mit Reparationen auspressen –, das Land hat Frieden. Deutschland muss sich nun den Aufgaben einer Friedenswirtschaft stellen und Millionen Soldaten wieder in Lohn und Brot bringen.

Für den Augenblick ist Eberts Regierung diejenige, die endlich den Frieden gebracht hat. Gleichzeitig ist sie nun aber – da die militärische Führung sich wohlweislich der Verantwortung entzogen hat und die bisher politisch Verantwortlichen, also der Kaiser, seine Reichskanzler und Außenpolitiker, nicht mehr zur Verfügung stehen – auch für die Folgen verantwortlich. Staatssekretär Matthias Erzberger vom Zentrum ist schließlich derjenige, der im Salonwagen von Compiègne den Waffenstillstand unter recht unwürdigen Bedingungen unterzeichnen muss, begleitet von einem Diplomaten und zwei zur Reichsregierung detachierten niedrigrangigen Militärs. Schon hier lösen sich die großen Versprechungen des US-Präsidenten Wilson für eine neue Friedensordnung aus deutscher Sicht in Luft auf.

Innenpolitisch verschieben sich damit erneut die Kräfteverhältnisse. Mit der Erledigung der Hauptforderung nach Frieden ist für viele der eben noch politisierten und aktivierten Arbeiter, vor allem aber der Soldaten und Matrosen, auch persönlich eine radikale Veränderung eingetreten. Sie werden in den nächsten Wochen ihren Uniformrock ablegen und sich der neuen Lebenslage stellen müssen. Der Moment der revolutionären Euphorie wird den normalen Tagessorgen weichen, und auch jene Politiker, die für den Frieden, für demokratische und soziale Veränderungen einzutreten versprochen haben, werden verlautbaren lassen, dass das Heer seine Pflicht getan habe und in Ehren zurückkehre. Die »sozialistische Republik«, so Reichskanzler Ebert vor dem Brandenburger Tor vor den Heimkehrern, verliert kein Wort zu einer Verurteilung des imperialistischen Krieges oder einer Anklage gegen die bisher Mächtigen und Kriegsgewinnler. Dafür schmeichelt Ebert am 10. Dezember der Truppe, besonders ihren Offizieren, wie es ihm Major Schleicher von der OHL aufgeschrieben hat: »Erhobenen Hauptes dürft Ihr zurückkehren. Nie haben Menschen Größeres geleistet und gelitten als Ihr.«[178]

Gleichzeitig wird sehr schnell versucht, mit den heimkehrenden Truppen die Machtverhältnisse in den Städten gegen die Arbeiter- und Soldatenräte und ihre bewaffneten Kräfte zu verschieben. In der *Roten Fahne*, der Tageszeitung des Spartakusbundes, heißt es am nächsten Tag unheilahnend: »Mit lautem Hurra, mit Pauken und Trompeten, mit schwarzweißroten Fahnen hat die Bourgeoisie und das Kleinbürgertum in einer großen Kundgebung die einziehenden Truppen begrüßt. Als ›Retter der

Ordnung‹, das heißt der kapitalistischen Kassenschränke, sollten die Einziehenden damit stigmatisiert werden. Noch mehr: Die Ebert-Regierung hat den Gardetruppen die Waffen belassen! Der Krieg gegen den äußeren Feind ist zu Ende, also werden die Waffen ausdrücklich gegen den inneren Feind beibehalten.«[179]

Das gelingt zwar zunächst nicht, da auch die heimkehrenden Soldaten mehrheitlich nur nach Hause möchten und sich nicht auf neue Kämpfe einlassen wollen, deren Verlauf nicht absehbar ist. Das wird sich allerdings bald ändern.

Hinter verschlossenen Türen im Regierungsviertel, in den Kasernen zuverlässiger Einheiten in Berlin und vor allem im preußischen Umland wird derweil geplant und indoktriniert. Kurt Eisner, der bayerische Ministerpräsident, kann sich schon Ende November davon überzeugen, dass zu seiner »großen Überraschung […] in Berlin die Konterrevolution nicht droht, sondern dass sie ruhig regiert. Die Konterrevolution regiert in Berlin […] ganz gemütlich, als ob gar nichts geschehen wäre«[180]. Als USPD-Politiker hofft er aber noch auf seine Genossen in der neuen Regierung, meint, sie seien schlimmstenfalls isoliert, vielleicht aber auch von den Vertretern der alten Macht manipuliert.

Major Kurt von Schleicher, politischer Referent im Truppenamt der OHL, über die militärische Niederschlagung der Revolution, 1. Dezember 1918

Die Regierung muss sich unbedingt durchsetzen, so dass sie tatsächlich regiert und ihre Anordnungen nicht nur auf dem Papier stehen, sondern überall durchgeführt werden. Dazu bedarf sie absoluter Autorität und wirklicher Macht. Hat sie sich diese aber erst geschaffen, so ist sie glücklicher daran als seit einem Menschenalter irgendeine der früheren. Sie ist noch nicht kompromittiert, sie ist ohne Schatten und dabei ist sie getragen vom guten Willen der Arbeiterschaft und des weitaus größten Teils der Bürgerschaft und nicht zuletzt des ganzen Feldheeres. Eine die Regierung kontrollierende Körperschaft, die nicht vom Vertrauen des ganzen Volkes getragen ist, wünscht das deutsche

Volk nicht. Auf den Berliner A.(rbeiter)- und S.(oldaten)-Rat ist man wütend – mit Recht –, denn ein törichteres und unwissenderes Parlament gab es noch nie. Ein erweiterter Rat würde der gleichen Missachtung verfallen. Bis zur Nationalversammlung soll nach dem Willen und Wunsch aller guten, verantwortungsbewussten Elemente eben nur die Regierung führen und Deutschland in Ordnung bringen. Hierzu fehlt ihr, wie gesagt, noch die Macht.

Diese Macht hat die Regierung mit dem Beginn des Einzuges der Berliner Truppen in der Hand [...] Diese Truppen zu bilden, kann keine Schwierigkeiten machen. Die Wiederherstellung der Autorität der Offiziere muss aber erfolgen, wenn die Regierung eine Macht hinter sich bekommen will. Das Zerren an ihren Abzeichen und Waffen – bildlich und tatsächlich – muss aufhören. Es ist an der Zeit, einmal wieder zu sagen, wie unendlich viel das aktive Offizierskorps geleistet hat [...] Alles kommt m. E. nur darauf an, dass die Regierung entschlossen und geschickt die Tage des Einmarsches zur Stärkung ihrer Stellung und zur Schaffung von Ordnung ausnützt. Sie muss rasch zugreifen, denn es handelt sich um eine einmalige, nicht wiederkehrende Gelegenheit.[181]

Wenn die regulären Streitkräfte zu kriegsmüde und revolutionär infiziert sind, weil die Räte zu viel Einfluss haben und sich von den Offizieren nichts mehr sagen lassen, dann muss nach Alternativen gesucht werden. Mit politischer Rückendeckung durch die neue Regierung und ihren zuständigen Volksbeauftragten Gustav Noske werden systematisch neue militärische Verbände, Freikorps, Einwohnerwehren u. Ä. aus dem Boden gestampft.

Mit der Heimkehr der Truppen soll die Offensive gegen die Arbeiter- und Soldatenräte, gegen Spartakus und die radikale Linke beginnen. Letztlich wird es eine Kette blutiger Provokationen, die zweierlei bewirken: *Zum einen* wird klar, dass die Phase der Machtsicherung durch die Regierung Ebert weitestgehend abgeschlossen ist; im Austritt der USPD-Vertreter am 29. Dezember findet sie ihren Endpunkt. Die MSPD hat ihr Bündnis mit den Mehrheitsparteien im Reichstag und den Vertretern der alten Macht in Militär und Staatsapparat mit Blut besiegelt. *Zum anderen* ist der erstmalige Zusammentritt des Reichsrätekongresses am 16. Dezember überschattet von der Entscheidung der Regierung für den parlamentarischen Weg und die Beendigung der Revolution ohne neue Machtstrukturen und de facto ohne Sozialisierung.

Die drei wichtigsten Daten sind in diesem Prozess der 6., 19. und 23./24. Dezember 1918.

Am 6. Dezember versuchen die konterrevolutionären Kräfte in einer konzertierten Aktion von sozialdemokratisch geführter Stadtkommandantur und reaktionären Militärs, klare Verhältnisse gegen ein Rätesystem zu schaffen. Sie sorgen dafür, dass Teile der Volksmarinedivision, im November vom Rat der Volksbeauftragten als loyale Sicherungseinheit für die neuen Machtorgane und die Stadt aufgestellt, gemeinsam mit Soldaten des Garde-Grenadierregiments »Kaiser Franz« vor die Reichskanzlei ziehen. Sie erklären Friedrich Ebert zum Reichspräsidenten, der sich allerdings auf die Position zurückzieht, dass er zunächst die Regierung konsultieren muss. Zur gleichen Zeit versuchen Militärs, den Vollzugsrat der Arbeiter- und Soldatenräte festzusetzen, was am Widerstand der Betroffenen, unterstützt durch Arbeiter, scheitert. Ebenso werden die Redaktionsräume der *Roten Fahne* zeitweilig besetzt. Schließlich kommt es an der Kreuzung Chausseestraße/Invalidenstraße zu einem tödlichen Zusammenstoß. Spartakus-Anhänger ziehen durch die Stadt – ganz legal nach Großveranstaltungen – und sehen sich mit einer Einheit des Garde-Füsilier-Regiments aus der zu trauriger Berühmtheit gelangten Maikäferkaserne konfrontiert. Die Soldaten eröffnen das Feuer auf die Unbewaffneten; 14 Tote und 30 Verwundete bleiben auf dem Pflaster zurück.

Letztlich scheitert dieser Putschversuch und die Beteiligten versuchen, Lehren daraus zu ziehen. Die Revolution hat nur eine Chance, wenn sie sich auf die breiten Massen stützen kann, ihr noch rudimentäres Rätesystem aufrechterhalten wird und es die Regierung etwa in Gestalt des Vollzugsrates zumindest kontrollieren kann. Aus konterrevolutionärer Perspektive ist folglich klar, dass dieses Rätesystem ausgeschaltet werden muss; politisch und durch militärische Gewalt loyaler Truppen.

Rosa Luxemburg zum Putschversuch vom 6. Dezember 1918

Die reife Frucht dieser emsigen Umtriebe, die Aktion, die sie abschließen sollte, war der Putsch des 6. Dezember, der die Ebert-Diktatur zu proklamieren, den Vollzugsrat aber zu beseitigen hatte, und die Vollendung dieser Aktion ist der Einzug der Gardetruppen in Berlin [...]

Das Ganze krönt der Eid, den die Gardetruppen in die Hand Eberts geleistet haben: »Wir geloben [...] unsere ganze Kraft für die einige deutsche Republik und ihre provisorische Regierung, den Rat der Volksbeauftragten, einzusetzen.« [...]

Der Vollzugsrat ist ein Schatten, ein Nichts – das sollte die Ebertsche Demonstration beim Gardeempfang vor aller Welt sagen.

Und diese Dreistigkeit, dieses Selbstbewusstsein der Gegenrevolution 4 Wochen nach der Revolution, die Arbeiter und Soldaten gemacht haben!

Es ist klar, dass im Vollzugsrat die A.- u. S.-Räte, in ihnen die Arbeiter- und Soldatenmasse getroffen werden sollten. Ihr Organ, das Organ der proletarischen Revolution, ist zur völligen Ohnmacht verurteilt worden, die Macht ist ihnen aus den Händen gewunden und an die gegenrevolutionäre Bourgeoisie ausgeliefert worden.

Freilich, kein politischer Machtfaktor lässt sich je die Macht entgleiten, es sei denn durch eigene Schuld. Nur die Aktionsunfähigkeit und die eigene Indolenz des Vollzugsrats hat den Ebert-Scheidemann das Spiel ermöglicht.[182]

Zweieinhalb Wochen später, in den ersten besinnlichen Weihnachtsfeiertagen, startet ein weiterer Versuch, dem roten Spuk ein Ende zu bereiten. Die Matrosen der Volksmarinedivision sind Regierung und Militär ein Dorn im Auge – trotz ihrer Involvierung in den Putschversuch vom 6. Dezember und obwohl die loyal zur Revolution stehenden Teile der Truppe selbst in ihren besten Tagen vielleicht 3200 Mann, sonst deutlich weniger umfassen. Die Matrosen gelten insgesamt als revolutionär und sind durchaus ein kampfkräftiger Faktor in der Stadt. Seit Tagen wird ihnen die Löhnung verweigert, gibt es Beschuldigungen über Diebstähle im Schloss, einem ihrer Quartiere. Einen Tag vor Weihnachten zieht eine Abordnung in die Reichskanzlei und will das ausstehende Geld eintreiben. Sie setzen die Regierung und den Stadtkommandanten Otto Wels (MSPD) fest und beharren auf ihren Forderungen. Ebert und Noske sorgen dafür, dass regierungstreue Truppen des Generalkommandos Lequis den Sitz der Division im Berliner Marstall neben dem Schloss mit Truppen und Artillerie angreifen. Aufgeschreckt durch diesen Gewaltakt und getrieben von den Werksirenen, eilen Berliner Arbeiter unter Führung der Spartakus-Kämpfer und der Revolutionären Obleute den Matrosen zur Hilfe, zum Teil bewaffnet. Elf Tote Matrosen, zahlreiche tote Regierungssoldaten und viele Verwundete sind der Preis dieser »Blutweihnacht«. Angesichts des zähen Widerstands der Matrosen und des Eindringens der wütenden Arbeiterinnen und Arbeiter in die Stellungen der Regierungstruppen werden diese demoralisiert und müssen abziehen. Die Matrosen erhalten ihren Sold, werden offiziell Teil der Republikanischen Soldatenwehr. Der Stadtkommandant Wels, schon am 6. Dezember verwickelt in die Gegenrevolution, muss seinen Hut nehmen.

Räte oder Nationalversammlung?

Die Entscheidung zwischen Rätemacht und Parlamentarismus, sozialistischer Revolution und bürgerlich-demokratischer ist allerdings schon vier Tage früher gefallen und sollte für das weitere Schicksal Deutschlands ausschlaggebend sein. Am 16. Dezember tritt der Erste Reichskongress der Arbeiter- und Soldatenräte in den Räumen des Preußischen Abgeordnetenhauses in Berlin zusammen.[183] Seine sechs Sitzungstage bis zum 21. Dezember sollen Bilanz über die bisherige Revolution ziehen, die Arbeit des Vollzugsrates und des Rates der Volksbeauftragten würdigen und die Weichen für die weitere revolutionäre oder demokratische Entwicklung stellen. Die Erwartungen der Revolutionäre sind hoch, entsprechen allerdings nicht dem realen Kräfteverhältnis.

Rosa Luxemburg ist sich nach dem ersten Tag des Kongresses in einem Artikel für die *Rote Fahne* sicher: Die »Kardinalfrage der Revolution [ist] in diesem Augenblick gestellt. Entweder Nationalversammlung oder die ganze Macht den A.- u. S.-Räten, entweder Verzicht auf den Sozialismus oder schärfster Klassenkampf im vollen Rüstzeug des Proletariats gegen die Bourgeoisie: Das ist das Dilemma. Ein idyllischer Plan dies: auf parlamentarischem Wege, durch einfachen Mehrheitsbeschluss den Sozialismus zu verwirklichen! Schade, dass diese himmelblaue Fantasie aus dem Wolkenkuckucksheim nicht einmal mit der geschichtlichen Erfahrung der bürgerlichen Revolution, geschweige mit der Eigenart der proletarischen Revolution rechnet.«[184]

Sie weiß inzwischen, dass weder sie noch Liebknecht ein Mandat als Delegierte bzw. Delegierter oder auch nur eine beratende Stimme auf diesem Kongress haben werden. Selbst ihre eigene Partei, die USPD, nominiert sie nicht. Im Deutschen Reich haben in den letzten Wochen Wahlen zu diesem Reichsrätekongress stattgefunden. Ihre Resultate konnten Rosa Luxemburg und ihren Genossen wahrlich nicht gefallen. Von den 487 Delegierten gehören 289 zur MSPD, 90 zur USPD (davon nur 10 zum Spartakusbund). Es gibt 27 sogenannte Soldatendelegierte, 10 Mandate fallen an die Vereinigten Revolutionären Arbeiter und Soldaten. Die bürgerliche DDP bekommt 25 Stimmen, 46 Delegierte sind fraktionslos. Ein Blick in die soziale Zusammensetzung offenbart weitere Einsichten.[185] Das Durchschnittsalter der Delegierten beträgt 39 Jahre, aber nur jeder hundertste Delegierte ist unter 25. Bei den Wahlen werden die gestandenen Männer bevorzugt. Sie haben den erfolgreichen Widerstand gegen die Repressionspolitik zu Zeiten der Sozialistengesetze mitgetragen, den Aufstieg der Sozialdemokratie im Vorkriegsdeutschland erlebt und die

Vorteile der sozialdemokratischen und gewerkschaftlichen Politik kennengelernt. Der Verweis auf die gestandenen Männer ist übrigens berechtigt: Nur zwei der 487 Delegierten sind Frauen: Käthe Leu (USPD) und Klara Noack (MSPD) – trotz des gerade eingeführten Frauenwahlrechts.[186] Ähnlich marginal ist die Zahl der Bauerndelegierten.

Die Delegierten schätzen die bisherigen Errungenschaften der Revolution, also Republik und Wahlrecht, Achtstundentag, die Anerkennung der Gewerkschaften als Tarifpartner gemäß dem Stinnes-Legien-Abkommen, die Abschaffung der Gesindeordnung und die Wiederinkraftsetzung der Arbeitsschutzgesetze, hoch und setzen nun auf die zügige Wiederherstellung der Friedenswirtschaft und die Integration der Kriegsheimkehrer. Nicht wenige, mindestens 277 (das sind über 39 Prozent), bringen bereits einschlägige politische Erfahrungen mit, denn sie sind als in der Regel hauptamtliche Gewerkschaftssekretäre, Redakteure oder politische Funktionäre eng mit ihren Parteien verbunden, vor allem mit der MSPD, die sie bislang nicht enttäuscht hat. Darum wollen sie der neuen Regierung den Rücken stärken und möglichst schnell weg von Chaos und Unordnung. Russische Verhältnisse sind für sie ein Gräuel. Weitere rund 18 Prozent üben einen unselbstständigen Arbeiterberuf, rund 10 Prozent einen selbstständigen Beruf, 4 Prozent einen bürgerlichen und 1 Prozent einen politischen Beruf aus. Immerhin 8 Prozent bezeichnen sich als untere oder mittlere Angestellte, weitere 8 Prozent machen keine Angaben zu ihrer Berufstätigkeit.[187]

Ihre Positionen spiegeln jene der Räte im Land. Hier gibt es durchaus revolutionäre Ausreißer, die versucht haben, die Machtverhältnisse in ihrem Verantwortungsbereich umzukrempeln, die Beamte und Offiziere verhaftet haben. Die Mehrheit der Räte hat hingegen – durchaus erfolgreich – gemeinsam mit den alten staatlichen Verwaltungen die Ordnung aufrechterhalten, die Lebensmittelversorgung und die Bewirtschaftung des Wohnraums gesichert sowie ordnungspolizeiliche Aufgaben wahrgenommen.

Als gewählte Vertreter repräsentieren diese Delegierten auch die Stimmung eines großen Teils der deutschen Bevölkerung, insbesondere der Arbeiterklasse. Die Mehrheit hat sich schon jetzt in der neuen Situation eingerichtet. Es mag sein, dass sich viele organisierte Arbeiter beider linker Parteien für das sozialistische Ziel begeistern, aber hier und heute werden die meisten dafür nicht einstehen. Ihre individuelle Situation drängt sie nicht mehr so wie der notwendige Friedensschluss. Sie sind überzeugt, dass die sozialistische Sache auf einem guten Wege ist. Die Räte begreifen sie als Notinstrument in einer Krisensituation und nicht als Dauereinrichtung.

Gerade weil in der Auseinandersetzung mit der Novemberrevolution so viel und so positiv über die Räte diskutiert wurde[188] und wird[189], ist diese Erdung wohl notwendig. Die Revolution hat bewiesen, dass auch in Deutschland die Arbeiter und Soldaten in der Lage sind, mit Räten ihr Schicksal in die eigene Hand zu nehmen. Sie haben gezeigt, dass sie Betriebe führen können, dass sie Kommunen gut verwalten können, dass sie in der Not organisierend und lindernd einzugreifen vermögen. Dazu sind der Arbeiter und der Soldat entgegen aller Vorbehalte fähig. In vielen Städten beweisen die Räte, dass sie mit den alten Verwaltungen zusammenarbeiten können. Das hat – mit welchen Intentionen der alten Macht auch immer – funktioniert.

Der Übergang zu einer Rätedemokratie verlangt aber mehr. Er verlangt die Bereitschaft, das Rätesystem tatsächlich dauerhaft zu installieren und mit Leben zu füllen, die neuen Strukturen nach dem Prinzip Versuch und Irrtum zu erproben, an der Basis wie gesamtgesellschaftlich.[190] Er könnte auch das Verzahnen von Räte- und Vertretungsdemokratie ermöglichen. Es gilt aber, diesen Prozess zu koordinieren, zu verhindern, dass individuelle und Gruppeninteressen als egoistische Interessen Zerstörung anrichten. Das muss die Frage aufwerfen, welche Partei, welche Parteien sich mit welchem Programm an die Spitze der Räte stellt bzw. stellen.

Bei der Eröffnung des Reichsrätekongresses ist dessen Vorsitzender Richard Müller, seinerzeit auch Vorsitzender des Berliner Vollzugsrates der Arbeiter- und Soldatenräte und zentrale Figur der Revolutionären Obleute, noch kämpferisch: »Die Arbeiter und

Soldaten waren es, die dieses verbrecherische Regime beseitigten. Die *Arbeiter und Soldaten* sind es, die heute *die politische Macht* in den Händen halten. Überall haben sich Arbeiter- und Soldatenräte gebildet als *Träger der Revolution*, als Vollstrecker des Willens der Arbeiter und Soldaten, und nun ist es in Ihre Hand gelegt, ob auch weiter die Arbeiter und Soldaten diese politische Macht in der Hand halten sollen.« Aber Müller muss eingestehen – ohne den aktuellen Hauptgegner, den Rat der Volksbeauftragten beim Namen zu nennen –, dass »schon wenige Tage nach der Revolution [...] die bürgerliche Presse den *Kampf gegen die Arbeiter- und Soldatenräte* [begann]«. Er appelliert an die Delegierten: »Ihre Aufgabe ist es, die Grundlagen für die Deutsche sozialistische Republik zu legen, für ein Staatswesen, das keine Herrscher noch Beherrschte, das keine Ausbeuter noch Ausgebeutete kennt, sondern nur freie, gleiche Brüder.«[191]

Als Friedrich Ebert an das Rednerpult tritt, ist aber er der starke Mann an der Spitze von Revolution und Staat, auf dem alle Blicke ruhen. Angesichts der Zusammensetzung des Kongresses und der vorweisbaren Erfolge, die er seiner Regierung zuschreibt, ist seine Rede ein Heimspiel. In der Tasche hat er den Beschluss des Rates der Volksbeauftragten, am 19. Januar 1919 eine konstituierende Nationalversammlung zu wählen. Währenddessen bringen in Berlin die Linken um Karl Liebknecht und Rosa Luxemburg Hunderttausende auf die Straße. Liebknecht fordert vor dem Tagungsgebäude von den Delegierten, »die Revolution zu schützen, die Gegenrevolution niederzuwerfen«. Er macht klar Front gegen die derzeitige Regierung. Unter Zustimmungsrufen seiner Anhänger lässt er keinen Zweifel: »Aushebung des Restes der Gegenrevolutionäre, und dazu gehört auch – ich sage das, auch wenn sich irregeführte und missleitete Proletarier darüber empören – die Regierung Ebert-Scheidemann.« Sein Fazit: »Vorläufig haben wir in Deutschland keine sozialistische, sondern eine kapitalistische Republik. Die sozialistische Republik muss erst durch das Proletariat herbeigeführt werden, durch den Kampf gegen die jetzige Regierung, die zur Trägerin des Kapitalismus geworden ist.«[192]

Ebert stellt nicht die Konterrevolution, sondern diese Kritiker von Links in das Zentrum seiner rhetorisch geschickten und unter großer Zustimmung vorgetragenen Rede. Die Revolution müsse von ihren Notlösungen zu einem demokratischen Rechtsstaat auf der Grundlage allgemeiner Wahlen, und das heißt einer Nationalversammlung, geführt werden. Eingebettet in die breite Propaganda seiner Partei – der bürgerlichen Kräfte sowieso – wurde seine Rhetorik gegen *jede* Gewalt- und Willkürherrschaft allseits wunschgemäß als Angriff auf Spartakus verstanden. Dazu gehört angesichts der laufenden militärischen Aktivitäten und des Putschversuches am 6. Dezember einige Kaltschnäuzigkeit. Die verfrühte Aktion am 6. Dezember hat eigentlich den Reichsrätekongress verhindern sollen. Angesichts der politischen Konstellationen ist dies nun nicht mehr notwendig.

Begrüßung durch die Regierung.
Volksbeauftragter Ebert vor den Delegierten
des Reichsrätekongresses am 16. Dezember 1918

Die Arbeiterklasse im Waffenrock und in der Bluse, die im sozialistischen Kampfe die alten Götzen gestürzt und die neue Freiheit herbeigeführt, darf nicht dulden, dass Uneinigkeit, Zersplitterung, Eigensinn, Eigendünkel und Eigenmächtigkeiten sie um die Früchte der Revolution bringen! (Sehr richtig!) Sie muss unbedingt verlangen, dass ein einheitlicher Mehrheitswille gebildet wird und eine einheitliche Linie in allen praktischen Maßnahmen der Staatsverwaltung eingehalten wird, wie sie die Träger der Revolution vorschreiben.

Als am 9. November das Volk gesiegt hat, gab es keine regierende Gewalt in Deutschland mehr, alle alten Machthaber waren auseinandergestoben und verschwunden, wie weggeblasen und verweht im Winde. In diesem Augenblick mussten die Sieger die Gewalt ergreifen und die provisorische Regierung schaffen, die bis zum Zusammentritt der Nationalversammlung jetzt neu zu regeln und zu bekräftigen Ihre Aufgabe ist [...]

Ihr Zusammenschluss soll die Einheit im Wollen und Handeln

der Reichsleitung für die nächsten Wochen sicherstellen. Sie sollen aus der Gewalt der siegreichen Revolution heraus *den neuen Rechtsstaat errichten.*

Denn, verehrte Anwesende, auf die Dauer kann es in Deutschland nur eine Rechtsquelle geben: das ist der Wille des ganzen deutschen Volkes. (Lebhafte Zustimmung.) Das war der Sinn der Revolution. (Sehr richtig!) Gewaltherrschaft hat uns ins Verderben gestürzt; nun dulden wir keinerlei Gewaltherrschaft mehr, komme sie, von wem sie wolle. (Sehr richtig! Bravo!) Je eher wir dazu gelangen, unsern deutschen Volksstaat auf feste Rechtsgrundlagen des Willens der ganzen Nation zu stellen, um so eher wird die deutsche Volksrepublik gesund und stark, um so eher kann sie an die Erfüllung ihrer großen sozialistischen Ziele herangehen. Das siegreiche Proletariat richtet keine Klassenherrschaft auf. Es überwindet zunächst politisch, dann wirtschaftlich die alte Klassenherrschaft und stellt die Gleichheit alles dessen her, was Menschenantlitz trägt. (Bravo!) Das ist der große ideale Gedanke der Demokratie. Wer ihn ganz und restlos in sich aufgenommen hat, kann den dauernden Frieden erringen, kann ein vollgültiges Mitglied der Familie der freien Völker werden. Demokratie und Nationalversammlung, die endgültige Überwindung der Willkürherrschaft, *die dauernde Garantie der Selbstregierung des Volkes,* das muss in dieser Zeit unsere Hauptsorge sein.[193]

Aus einer Revolution von Hunderttausenden und Millionen wird so eine parlamentarische Republik, ohne dass weiter nach den sozioökonomischen Grundlagen des alten oder des neuen Staates, nach Ausbeutung, Unterdrückung, Kriegsgewinnlertum gefragt wird. Alles soll vertagt und dem friedlichen Hinüberwachsen in eine neue Gesellschaft überlassen werden. Bereits am 5. Dezember trat zum ersten Mal eine Sozialisierungskommission zusammen, vom Rat der Volksbeauftragten veranlasst. Sie sollte den Weg suchen und ebnen, erreichte jedoch nie ihr Ziel.

Der Reichsrätekongress stimmt nach einvernehmlicher Debatte dem bereits von der Regierung beschlossenen Termin für die

Wahl einer Nationalversammlung einen Monat später zu. Streit gibt es um die künftigen Kompetenzen der Reichsräte: Dürfen sie die Regierung kontrollieren, dürfen sie Einfluss auf Gesetzesvorhaben nehmen und sie notfalls blockieren? Schließlich einigt sich der Kongress auf den Zentralrat der deutschen sozialistischen Republik, dem nur ein kurzes Dasein beschieden sein wird, denn schon am 4. Februar gibt er seine Rechte an die neue Nationalversammlung ab. Vor allem hat dieses vermeintliche Kontrollgremium einen Schönheitsfehler: Die USPD, die vehement für ein starkes Gremium gefochten hat und unterliegt, verweigert die Mitarbeit, so dass dieser Zentralrat allein von der MSPD besetzt wird.

Nur in einer Frage bleibt der Reichsrätekongress hart: in seinen Forderungen gegen den Militarismus. Die sogenannten sieben »Hamburger Punkte« bleiben sein Vermächtnis.

Beschluss des 1. Reichsrätekongresses vom 18. Dezember 1918 über die militärische Kommandogewalt

1. Die oberste Kommandogewalt über Heer und Marine üben die Volksbeauftragten unter Kontrolle des Vollzugsrats aus.
2. Als Symbol der Zertrümmerung des Militarismus und der Abschaffung des Kadavergehorsams wird die Entfernung aller Rangabzeichen und die Abschaffung des außerdienstlichen Waffentragens angeordnet.
3. Für die Zuverlässigkeit der Truppenteile und die Aufrechterhaltung der Disziplin sind die Soldatenräte verantwortlich. Der Kongress der A.- und S.-Räte ist der Überzeugung, dass die unterstellten Truppen den selbstgewählten Soldatenräten und Führern im Dienst den zur Durchführung der Ziele der sozialistischen Revolution unbedingt erforderlichen Gehorsam erweisen. Vorgesetzte außer Dienst gibt es nicht mehr.
4. Entfernung aller bisherigen Achselstücke, Unteroffizierstressen usw., Kokarden, Achselklappen und Seitengewehre ist ausschließlich Angelegenheit der Soldatenräte und nicht einzelner Personen. Ausschreitungen schädigen das Ansehen

der Revolution und sind zur Zeit der Heimkehr unserer Truppen unangebracht. Der Kongress verlangt Abschaffung aller Orden und Ehrenzeichen und des Adels.

5. Die Soldaten wählen ihre Führer selbst. Frühere Offiziere, die das Vertrauen der Mehrheit des Truppenteils genießen, dürfen wiedergewählt werden.

6. Offiziere der militärischen Verwaltungsbehörden und Beamte im Offiziersrang können im Interesse der Demobilisation in ihren Stellungen belassen werden, wenn sie erklären, nichts gegen die Revolution zu unternehmen.

7. Die Abschaffung des stehenden Heeres und die Errichtung der Volkswehr sind zu beschleunigen.[194]

Eine Volkswehr wird es im Deutschen Reich natürlich nie geben. Mit der Neuaufstellung der Freikorps und einer wachsenden Zahl regierungs- und meist auch konterrevolutionsloyaler Militärs wie auch Soldatenräte bleibt es bei einem Lippenbekenntnis, das eine Mehrheit der ehemaligen Soldaten und viele Arbeiter ernst meinen, aber das sie nicht mehr durchsetzen können. Ebert kann zufrieden sein, sein Versprechen gegenüber der OHL im Telefongespräch mit Generalleutnant Wilhelm Groener wird nicht gebrochen und sein Mann fürs Grobe, Noske, sorgt dafür, dass die Konterrevolution marschieren kann. Die Propaganda gegen Spartakus und die anderen Linken läuft schon auf Hochtouren. Eine neu gegründete »Antibolschewistische Liga« kann nicht nur Industriellengeld eintreiben, sie sorgt auch dafür, dass die Propaganda Früchte trägt. Die Roten werden zum Bürgerschreck erklärt, auch von der MSPD und ihrem Zentralorgan *Vorwärts*.

Deutschland macht Revolution und hätte noch viel bewegen können, weil das Land sozioökonomisch reif, die Arbeiterklasse zivilisiert und gut – wenn auch zersplittert – organisiert ist. Aber die politischen Verhältnisse, das politische Kräfteverhältnis, die geistige wie ideologische Vorbereitung der Linken ist nicht dazu angetan, diesen Weg erfolgreich zu beschreiten.

Die Rolle der Mehrheitssozialdemokraten

Das Urteil Rosa Luxemburgs ist vernichtend. Ihre alte politische Heimat, die SPD, hat nicht nur den imperialistischen Krieg mitgetragen, sie ist auch Totengräberin der gerade einmal sechs Wochen alten Revolution. Denn in dieser »treten die Schutztruppen der alten Ordnung nicht unter eigenen Schildern und Wappen der herrschenden Klassen, sondern unter der Fahne einer ›sozialdemokratischen Partei‹ in die Schranken [...] Würde die Kardinalfrage der Revolution offen und ehrlich *Kapitalismus oder Sozialismus* lauten, ein Zweifeln, ein Schwanken wäre in der großen Masse des Proletariats heute unmöglich [...] Die bürgerliche Klassenherrschaft kämpft heute ihren letzten weltgeschichtlichen Kampf unter fremder Flagge, unter der Flagge der Revolution selbst. Es ist eine sozialistische Partei, es ist das ureigenste Geschöpf der Arbeiterbewegung und des Klassenkampfes, das sich in das wuchtigste Instrument der bürgerlichen Gegenrevolution verwandelt hat.«[195]

Angesichts des mehrheitssozialdemokratisch lancierten Verzichts der Arbeiter- und Soldatenräte auf eine zentrale Machtposition in Deutschland zugunsten einer Nationalversammlung sowie der ersten durch die Regierung gedeckten, letztlich angeordneten Angriffe auf linke Arbeiter und Soldaten sah Luxemburg die Hoffnungen schwinden. Mit dieser Sozialdemokratie drohte die Revolution zu scheitern.

Dabei ließ sich alles so gut an. Die MSPD stand am 4. Oktober 1918 vor der Erfüllung aller sozialistischen Wünsche. Die Oberste Heeresleitung hatte die Niederlage eingestanden und suchte eine Regierung, die um Waffenstillstand nachsuchte. Militärs, Politiker der bürgerlichen Parteien, notgedrungen selbst der Kaiser waren mit einer Regierung einverstanden, die den Weg des Friedens beschreiten konnte. Notgedrungen wurden die Versprechungen seit 1914 gegenüber den Sozialdemokraten und den Mehrheitsparteien im Reichstag eingelöst: die Parlamentarisierung wurde durchgesetzt (d. h. das Recht des Reichstags, über Regierung und Krieg zu entscheiden), das leidige undemokratische Dreiklassenwahlrecht in Preußen aufgehoben, der Belagerungszustand beendet und soziale Verbesserung auf den Weg gebracht. Philipp Scheidemann als Staatssekretär (d. h. Minister) ohne Geschäftsbereich und Gustav Bauer als Staatssekretär für Arbeit zeigten, wie staatstragend die Sozialdemokraten nicht nur bei Kriegsbeginn, sondern nun auch am Vorabend des Friedens, der Demobilisierung und des Wiederaufbaus sein wollten. Endlich konnten Sozialdemokraten demonstrieren, wie sie die Chancen für gesellschaftliche Veränderung nutzten.

Wie schon im Januar 1918, als in Deutschland eine Million Arbeiterinnen und Arbeiter gegen den Krieg streikten, störten allerdings die Massen, die USPD, der Spartakusbund, die Revolutionären Obleute. Sie wussten wenig von den geheimen Absprachen der Führer der MSPD mit dem neuen Reichskanzler Max von Baden und den Politikern von Zentrum und FVP. Überall im Land wehten im November rote Fahnen. Von Norden her drangen Aufrufe gegen den Krieg, gegen den Kaiser, für Arbeiter- und Soldatenräte, für Sozialisierung, auch für Sozialismus durchs ganze Land. Sie machten Revolution!

Staatssekretär Philipp Scheidemann in der Krisensitzung des Kabinetts am 6. November 1918

Die Abdankung steht jetzt nicht mehr zur Diskussion, die Revolution marschiert. Die Kieler Matrosen haben auch in Hamburg und Hannover die Staatsgewalt an sich gerissen. Meine Herren, jetzt gilt es nicht mehr zu diskutieren, jetzt heißt es handeln! Wir wissen nicht, ob wir morgen noch auf diesen Stühlen sitzen werden.[196]

Was tun? Die Erwartungen an die Partei waren groß – seitens der Aufständischen, der Parteimitglieder und Sympathisanten, aber auch jener Politiker, die seit 1917 angesichts der immer aussichtsloseren Kriegslage einen Politikwechsel, die Stärkung des Reichstags und demokratische Reformen, gar eine konstitutionelle Monarchie anstrebten. Und hier war in der Tat einiges erreicht worden. Der Bruch innerhalb der SPD mit dem Entstehen der USPD und der gemeinsamen Friedensresolution der Mehrheitsparteien im Reichstag (Zentrum, FVP und MSPD) für einen Verständigungsfrieden hatte etwas bewirkt. Der Regierungsantritt der MSPD Anfang Oktober war unmittelbare Folge des Eingeständnisses der OHL, dass der Krieg verloren war, und des verzweifelten Versuches, mittels Verfassungsreform das Parlament in die politische Verantwortung zu bringen und der Monarchie einen konstitutionellen Rahmen zu geben.

Nun verlangten aber die revolutionären Arbeiter, Soldaten, Matrosen den Frieden *jetzt*. Sie wollten den preußisch-deutschen Militarismus mit seinem Kadavergehorsam und den als erniedrigend empfundenen Ritualen beseitigt sehen, wollten den Kaiser und die politischen Eliten entmachten. Zumindest in den von USPD, Spartakus, Revolutionären Obleuten und anderen Linken dominierten neuen Arbeiter- und Soldatenräten wollten sie demokratische Republik plus Rätemacht und Sozialisierung.

Der Versuch, den Aufstand in Kiel einzudämmen, war gescheitert. Wie schon in den Januarstreiks suchte die MSPD durch Einritt in die neuen Machtorgane aus ihrer Sicht das Schlimmste zu verhindern. Gustav Noske gelang es zwar, sich an die Spitze des Kieler Arbeiter- und Soldatenrates zu stellen und mäßigend auf Matrosen und Arbeiter einzuwirken. Aber der revolutionäre Funke war längst übergesprungen.

Das war für die MSPD und ihre Führer ein Horrorszenarium, das sie wie auch die Eliten an russische Verhältnisse erinnerte. Sie forderten angesichts der Aufstandsbewegung und des Taktierens von Militär, Regierung und Kaiser radikalere Veränderungen als bisher, um noch Gravierenderes zu verhindern: faktische Aufhebung des Belagerungszustandes mit Versammlungsrecht und Zurückhaltung der Sicherheitskräfte, Rücktritt von Kaiser und Kronprinz, stärkeren Einfluss in der Regierung, auch in Preußen eine Regierung aus den Kräften der Mehrheitsfraktionen des Reichstages.[197]

Nur so konnte der große Alptraum vermieden werden, den Friedrich Ebert, der Parteivorsitzende, beschwor: »[W]enn der Kaiser nicht abdankt, dann ist die soziale Revolution unvermeidlich. Ich aber will sie nicht, ja, ich hasse sie wie die Sünde«.[198] Sie hatten Erfolg. Der bisherige Reichskanzler von Baden übertrug Ebert die Verantwortung als Kanzler und sorgte dafür, dass der Kaiser zur Abdankung gezwungen wurde. Ebert und seine Partei organisierten einen Rat der Volksbeauftragten, zu dem sie die USPD (und über diese auch die Revolutionären Obleute) zur Mitarbeit drängten.[199] Der radikalere Karl Liebknecht (und damit der Spartakusbund) blieb mit seinen Forderungen nach einer sozialistischen Revolution unberücksichtigt. Einer der ersten Schritte der neuen Macht war die Involvierung der alten. Die bisherigen führenden Politiker und Beamten, aber auch die Militärs wurden aufgefordert, weiter ihre Pflicht zu erfüllen und vertrauensvoll der neuen Regierung zu dienen. Insofern war die neue Regierung schon jetzt eine Koalitionsregierung der Mehrheitsparteien des bisherigen Reichstages. Eine Woche später sollten Unternehmer und Gewerkschaften einen Stillhaltepakt unterzeichnen, das Stinnes-Legien-Abkommen. Es enthielt soziale Zugeständnisse, machte die Gewerkschaften zu anerkannten Tarifpartnern, versprach für die Kriegsheimkehrer die alte Arbeit.

Wilhelm Groener zum Pakt mit dem neuen Reichskanzler Ebert am 9. November 1918

[A]m Abend rief ich die Reichskanzlei an und teilte Ebert mit, dass das Heer sich seiner Regierung zur Verfügung stelle, dass dafür der Feldmarschall [von Hindenburg, Chef der Obersten Heeresleitung – St. B.] und das Offizierskorps von der Regierung Unterstützung erwarteten bei der Aufrechterhaltung der Ordnung und Disziplin im Heer. Das Offizierskorps verlange von der Regierung die Bekämpfung des Bolschewismus und sei dafür zum Einsatz bereit. Ebert ging auf meinen Bündnisvorschlag ein. Von da ab besprachen wir uns täglich abends auf einer geheimen Leitung zwischen der Reichskanzlei und der Heeresleitung über die notwendigen Maßnahmen. Das Bündnis hat sich bewährt.[200]

Ausschlaggebender war jedoch die Kontaktaufnahme zwischen Ebert und OHL noch am Abend dieses denkwürdigen 9. November. Ebert und der Erste Generalquartiermeister, Generalleutnant Wilhelm Groener, brauchten nur Minuten, um sich zu einigen. Die Sicherung von Ruhe und Ordnung war die wichtigste Aufgabe. Die heimkehrenden Fronttruppen sollten das gewährleisten. Beide sorgten sich um den Einfluss der radikalen Linken, die mit ihren sozialistischen Losungen, dem Ablehnen militaristischer Strukturen und dem Aufbau einer Rätemacht in Deutschland russische Verhältnisse heraufbeschworen.

Die MSPD sah sich wie schon im August 1914 in staatstragender Verantwortung. Sie war mit den bürgerlich-demokratischen Veränderungen zufrieden, sah die Revolution bestenfalls als Bestätigung des bereits unter Max von Baden eingeleiteten Prozesses der Oktoberreformen. Ihr Regierungsprogramm beendete den Belagerungszustand, bekräftigte das Vereins- und Versammlungsrecht, hob die Zensur auf, sicherte Religionsfreiheit, bewirkte eine politische Amnestie, hob das Gesetz über den Vaterländischen Hilfsdienst ebenso auf wie die Gesindeordnung, reaktivierte die kriegsbedingt aufgehobenen Arbeitsschutzbestimmungen. Gleichzeitig wurde der Achtstundentag angekündigt, Arbeitsbeschaffung versprochen, ebenso Erwerbslosenunterstützung, der Ausbau der Krankenversicherung und Schritte gegen die Wohnungsnot.[201]

Die MSPD hatte sich festgelegt. Sie wollte mit den Räten zusammenarbeiten, wenn es sein musste, sah sie aber nur als Unterstützungsorgan. Dank ihrer Organisationsstärke und ihrer Autorität konnte die MSPD diese Linie wie gezeigt durchsetzen. Sie verstand sich als Träger einer sozialistischen Regierung, aber nach Sozialismus stand ihr nicht der Sinn.

Schon beim Regierungseintritt im Oktober hatte Friedrich Stampfer, der Chefredakteur des *Vorwärts*, die für die Partei verbindliche Lesart ausgegeben: »Die deutsche Sozialdemokratie hat stets auf dem Standpunkt gestanden, dass es auf die Ziele ankommt und nicht auf *die Mittel*. Das Ziel einer deutschen Demokratie wird in kurzer Zelt auf dem Wege der friedlichen Umwälzung erreicht sein. Dann tritt die gewaltige Frage der weltwirtschaftlichen Neuordnung an uns heran; und der Sozialismus wird seinen Vormarsch antreten [...] Wir dürfen uns nicht von Gefühlen leiten lassen, sondern nur von der klaren Erkenntnis dessen, was unserem schwergeprüften Volk not tut [...] *Not tut ihm die Vermeidung alles dessen, was nur zu altem Unglück neues Unglück fügt.*«[202]

Die sozialdemokratischen Führer beendeten die Revolution nicht aus Böswilligkeit, sondern aus Unverständnis und der Sorge, dass Partei, Arbeiterklasse, die Nation mit einer sozialistischen Revolution überfordert wären. Die »sozialistische Regierung« sorgte deshalb dafür, dass Regierungstruppen all jene mit Gewalt, Mord und Massaker bekämpften, die mehr wollten – nämlich das eigentliche sozialdemokratische Programm erfüllen.

Ein damals linker Zeitgenosse erinnerte ein Jahrzehnt nach den Ereignissen daran, dass »die Regierung des 10. November zwar scheinbar eine rein sozialistische [war], gemäß dem äußerlichen Verlauf der Novemberrevolution, die im Zeichen der roten Fahne als Werk der Sozialisten auftrat. In Wirklichkeit regierte die alte Koalition der bürgerlichen Demokratie, wie sie sich schon im Jahre 1917 aus den drei Parteien, den Mehrheitssozialisten, dem Zentrum und den Fortschrittlern, gebildet hatte.«[203]

Das erscheint im Rückblick verwunderlich. Die deutsche Sozialdemokratie war die stärkste, reifste, theoretisch aktivste linke Partei, Herz der II. Internationale. Sie sah sich in der Nachfolge von Marx und Engels, hatte mit August Bebel und Wilhelm Liebknecht beliebte Parteiführer, besaß mit Karl Kautsky, Eduard Bernstein, Karl Liebknecht und Rosa Luxemburg anerkannte Theoretiker. Ihr 1891 in Erfurt beschlossenes Parteiprogramm war revolutionär. Die SPD bekannte sich zum politischen Klassenkampf gegen die Kapitalisten. Sie schrieb sich »die Verwandlung des kapitalistischen Privateigentums an Produktionsmitteln – Grund und Boden, Gruben und Bergwerke, Rohstoffe, Werkzeuge, Maschinen, Verkehrsmittel – in gesellschaftliches Eigentum und die Umwandlung der Warenproduktion in sozialistische« auf die Fahnen. Und sie wusste, dass dies »ohne in den Besitz der politischen Macht gekommen zu sein« unmöglich war.[204]

Kurt Eisner in seinem Gefängnistagebuch.
Eintrag vom 22. Mai 1918: Die Opposition

Die Partei war programmatisch revolutionär. Das Programm war erlaubt, die Revolution nicht. Also nahm [man] vom Verbotenen und Erlaubten das Mittel und gestaltete eine höhere Einheit: Man ward Opposition.

Man war gegen alles und tat nichts. Die Partei wurde dabei fett, die Führer noch mehr. Und es begab sich, dass ein Krieg drohte. Da stieg die Partei auf die Schanzen u[nd] machte Opposition gegen den Krieg. Aber der Krieg brach aus. Nun war auch die Opposition verboten. In diesem Augenblick kam den Führern eine schreckliche, aber doch zugleich rettende Erkenntnis. Man entdeckte, dass es die Natur jeder Opposition sei, so lange nicht handeln, schaffen zu können, bis sie die Macht hätte. Da man nun die Macht nicht hatte, konnte man sterben, ohne etwas getan zu haben. Man war nie dabei, man stand draußen. Es gab nur *einen* [...] Ausweg: Man musste die Opposition aufgeben. So geschah es. Endlich hat man die Möglichkeit, zu schaffen. Man hatte die Freiheit, nach a̶l̶l̶ Herzenslust [sic!] alles zu fördern, wogegen man früher Opposition getrieben hatte. Man war dabei. Man stand drinnen. Man war nicht mehr negativ, sondern positiv. Man hatte politischen Einfluss.

So trieb man es Jahr u[nd] Tag, und hielt es endlich an der Zeit, nun auch mit zu regieren, und nicht nur dabei zu sein. Das Gesuch wurde wegen Überfüllung des Berufs höflich abgewiesen. Da kam eine neue Erkenntnis über die Enttäuschten: Man kann auch nicht handeln, schaffen, wenn man dabei ist, u[nd] inzwischen geht die Partei zum Teufel.

Am nächsten Tage wurde man wieder programmatisch revolutionär, in der höheren Einheit unnachgiebiger Opposition.[205]

Diese sozialistischen Ziele waren unterlegt mit notwendigen ersten Schritten zur demokratischen Umgestaltung Deutschlands. Die bürgerlich-demokratischen Freiheitsrechte schlugen sich im Regierungsprogramm vom November nieder. Es gab aber auch bezeichnende Fehlstellen wie die Forderungen nach Gleichstellung der Frau, Abschaffung der Todesstrafe, unentgeltlicher Gesundheitsfürsorge und nach höheren Einkommens- und Vermögenssteuern, auch Erbschaftsteuer und weiteren »wirtschaftspolitischen Maßnahmen, welche die Interessen der Allgemeinheit den Interessen einer bevorzugten Minderheit opfern«. Angesichts des politischen Umbruchs erinnerte sich die MSPD auch nicht mehr der geforderten »direkte[n] Gesetzgebung durch das Volk«, »Selbstbestimmung und Selbstverwaltung [...] in Reich, Staat, Provinz und Gemeinde, Wahl der Behörden durch das Volk«, »Rechtsprechung durch vom Volk gewählte Richter«.[206]

1918 war also ein ambivalentes Phänomen zu beobachten: Die Partei hatte ihre revolutionäre Programmatik vergessen, aber Mitglieder und Sympathisanten vertrauten ihr trotzdem. Das war nicht allein aus den Konflikten seit Beginn des Krieges zu erklären. Bereits in der Vorkriegszeit hatte sich die damalige SPD von ihren revolutionären Zielen verabschiedet. Der Historiker Arthur Rosenberg analysiert: »Der offizielle Radikalismus beherrschte in der deutschen Sozialdemokratie bis 1914 den Parteivorstand, die große Mehrheit der Funktionäre und der einfachen Mitglieder. Daneben gab es freilich zwei Oppositionsgruppen, die voneinander aufs Schärfste abwichen, aber doch in dem einen Punkt sich trafen, dass sie, im Gegensatz zu dem herrschenden formalen Radikalismus, eine realistische, aktive Politik forderten. Die kleine Gruppe der äußersten Linken verwarf die Auffassung, dass man noch für eine längere Periode mit stabilen staatlichen und wirtschaftlichen Zuständen rechnen müsse.«[207]

In der Tat gab es all die Jahre harte theoretische und politische Auseinandersetzungen, etwa den Revisionismusstreit und die Massenstreikdebatte. Die Parteiführung um Bebel verstand es immer wieder, die Risse zu kitten. Ihre zentristische Politik hatte Vorteile, aber sie verhinderte eine theoretische Klärung und in der Regel eine organisatorische Trennung. Durchsetzen konnte sich der realistische, reformorientierte Flügel. Er baute auf die Wahlerfolge der SPD, die verbesserte soziale Lage der Arbeiter, die sozialpolitischen Anstrengungen des Staates und die Zuständnisse der Unternehmer. Das erlebten die Arbeiter und Arbeiterinnen tatsächlich, und sie wussten, dass sie dies in hohem Maße ihrer Partei und ihren der SPD nahestehenden Gewerkschaften zu verdanken hatten. Selbst unter den Bedingungen des Krieges mit seinen Entbehrungen funktionierte dieses Vorgehen durchaus.

Die dominierenden Kräfte in Partei und Fraktion 1918 konnten sich zugleich auf eine ihnen verpflichtete starke Gruppe von Partei- und Gewerkschaftsfunktionären stützen, die Organisations- und Überzeugungsarbeit in ihrer Einflusssphäre betrieben, die auch um den Vorteil ihrer Pöstchen wussten und öfter die Chance hatten, sich der Einberufung aufgrund ihrer kriegswichtigen Aufgaben zu entziehen. Diese wohldisziplinierte Partei- und Apparatestruktur war Garant der politischen Stärke der SPD selbst in widriger Zeit, auch angesichts der kriegsbedingten Spaltung. Sie machte die Partei schlagkräftig und berechenbar. Sie war, wie kritische Beobachter schon lange vor dem Wissen um leninistische Parteikonzepte erkannten, aber auch die Grundlage für die Lenkbarkeit der Partei durch die jeweilige Führung.[208]

Bekanntlich hat Lenin in seiner Kritik an der II. Internationale sehr genau diese Schwachpunkte erkannt. Er verdeutlichte, dass sich eine »Arbeiteraristokratie« der besser gestellten Arbeiter herausgebildet habe, die, korrumpiert durch die Imperialisten, weniger anfällig für klassenkämpferische Parolen sei. Er vermutete die Partei- und Gewerkschaftsapparate sowie die Fraktionen als Horte solch antirevolutionärer Anpassung. Interessant ist, dass Karl Liebknecht 1916 zu ähnlichen Einsichten gelangte, die für ihn das SPD-Versagen 1914 erklärten. Auch wenn er letztlich nur ein (unerfülltes) »Forschungsprogramm« entwickelte und vor allem über die Zweckmäßigkeit des Verbleibens der radikalen Linken in einer dann zur »Scheinfirma« sich wandelnden Mutterpartei nachdachte, hatte er doch sehr klare Ideen, wie dieser Missstand aufgebrochen werden könnte. Gegen die Partei- und Gewerkschaftsbürokratie sei »*organisatorisch* nur ein Kraut gewachsen [...]: Beseitigung der *besoldeten* Bürokratie oder ihre Ausschaltung von allen Beschlüssen, ihre Beschränkung auf technische Hilfsarbeit. Verbot der Wiederwahl aller Funktionäre nach bestimmter

Dauer, wodurch zugleich die Zahl der organisationstechnisch bewanderten Proletarier vermehrt wird; jederzeitige initiative Absetzungsmöglichkeit während der Amtsdauer; Beschränkung der Zuständigkeit der Instanzen; Dezentralisation; Urabstimmung für wichtige Fragen (Veto und Initiative). Bei der Wahl der Funktionäre muss das entscheidende Gewicht auf ihre Erprobung im entschlossenen, schlagfertigen *revolutionären* Handeln, im revolutionären *Kampf*geist, in rücksichtsloser Opferwilligkeit unter bereitwilliger Einsetzung der ganzen Existenz gelegt werden. Die Erziehung der Massen und jedes Einzelnen zur geistigen und moralischen Selbstständigkeit, zur Autoritäts*un*gläubigkeit, zur entschlossenen Eigeninitiative, zur freien Aktionsbereitschaft und -fähigkeit bildet, wie die einzige sichernde Grundlage für die Entwicklung einer ihrer historischen Aufgaben gewachsenen Arbeiterbewegung überhaupt, so die wesentliche Voraussetzung für die Austilgung der bürokratischen Gefahren.«[209]

Tatsächlich herrschte unter den Arbeitern, Parteimitgliedern und Sympathisanten große Enttäuschung über die Burgfriedenspolitik der Parteiführung, zumal, als der Krieg sich in die Länge zog und sie die Folgen spürten. Aber der größere Teil der Mitglieder und der Parteiinfrastruktur bei der MSPD hielt dennoch weiter zur Führungsriege. Zudem bedeutete die Spaltung in der Kriegsfrage nicht, dass die innere Zerrissenheit der Linken ob eines Reform- oder Revolutionsweges erledigt war. Dieser Konflikt wurde auch in die neue Partei übernommen.

Von ihrem theoretischen Anspruch her wollte die Sozialdemokratie immer eine Partei sein, die auf putschistisches Vorgehen verzichtet. Sie vertraute, wie dies bereits früh der langjährige Cheftheoretiker Karl Kautsky formulierte, auf einen naturgesetzmäßigen Prozess, denn: »Die Sozialdemokratie ist eine *revolutionäre*, nicht aber eine *Revolutionen machende* Partei. Wir wissen, dass unsere Ziele nur durch eine Revolution erreicht werden können, wir wissen aber auch, dass es ebenso wenig in unserer Macht steht, diese Revolution zu *machen*, als in der unserer Gegner, sie zu *verhindern*. Es fällt uns daher auch gar nicht ein, eine Revolution anstiften oder vorbereiten zu wollen.«[210]

Wer von einem solchen Hineinwachsen ausgeht, braucht natürlich nicht unbedingt Konzepte für diesen Weg. Marx und Engels boten dazu wenig. Kautsky hatte in den Kommentaren zum Erfurter Programm einige Ansätze angeboten, August Bebel in seiner Schrift »Die Frau und der Sozialismus« einige Eckpunkte der neuen Gesellschaft skizziert. Manche Arbeiten von Kautsky wie die hier zitierte ließen erahnen, auf was ein siegreiches Proletariat sich einlassen müsste. Niemand in der deutschen und internationalen Sozialdemokratie hatte einen Masterplan für eine siegreiche Umgestaltung von Macht- und Eigentumsverhältnissen zu einem sich als sozialistisch verstehenden System. Die Sozialdemokraten waren sicher, dass der Staat eine zentrale Rolle spielen müsste, und wenn sie ihn auf demokratischem Wege übernähmen, sich das weitere von selbst ergeben würde.[211]

Für viele Arbeiter und Soldaten waren die neue Regierung, die demokratischen wie sozialen Veränderungen und nicht zuletzt der endlich erfolgte Waffenstillstand am 11. November 1918 ein Erfolg. Das war die Grundlage für das Vertrauen in die Männer um Ebert.

Für die war es komplizierter: Wer einmal ja sagt zur Regierungsverantwortung unter Beibehaltung der alten Eliten und im Bündnis mit ihnen, muss die Folgen tragen. Zunächst gelang es der MSPD, die USPD einzubinden, allerdings zerbrach dieses Bündnis noch im Dezember, als die neue Regierung gegen revolutionäre Matrosen in Berlin gewaltsam vorgehen ließ. Spartakus und später die neu gegründete KPD waren die große Gefahr. Denn sie verkörperten, unabhängig von ihrem tatsächlichen und zu diesem Zeitpunkt vergleichsweise geringen Einfluss, die sozialistischen Ideen der Revolution. Sie wollten russische Verhältnisse in Deutschland. Davon träumten nach der Februarrevolution, aber auch in den ersten Wochen nach der Oktoberrevolution Linke der verschiedensten Richtungen.[212] Inzwischen war aber nicht nur für die alten Eliten das russische Beispiel vor allem abschreckend. Hier wurde ein Bürgerkrieg ausgefochten (von den Interventionsmächten wurde weniger geredet), wurde der Klassenkampf durch die Bolschewiki konsequent, auch blutig durchgezogen und die ursprünglich großen Erwartungen an die basisdemokratischen Sowjets zerstoben angesichts ihrer kriegsbedingten Unterordnung unter die Bolschewiki.

Seit dem Abend des 9. November verstand sich die neue MSPD-geführte Regierung als Garant von Ruhe und Ordnung. Sie hinterließ eine Blutspur, besonders durch den Volksbeauftragten und späteren Reichswehrminister Noske, der nach dem Motto handelte, einer müsse der Bluthund sein. Sozialdemokratische Zeitungen veröffentlichten Mordaufrufe gegen Liebknecht und Luxemburg. Und die Täter fanden sich. Die radikale Linke versuchte seit Januar 1919 immer wieder, das Blatt zu wenden, die Revolution voranzutreiben. Aus einer Defensivposition heraus ließ sie sich angesichts der Ausbootung der Räte und der offenen Repression auch zu Aufstandsversuchen provozieren. Bis heute glauben der SPD nahestehende Historiker, dass deren Verteidigungsmaßnahmen notwendig gewesen seien – auch wenn zu viele Opfer und Ungesetzlichkeiten zu beklagen wären. Heinrich August Winkler zieht aus den historischen Parallelen zu 1917 seinen Schluss: »Hatten die Bolschewiki ein Jahr zuvor die gewählte Konstituante auseinandergejagt, so schickten sich ihre deutschen Gefolgsleute nun an, die Konstituante im Voraus unmöglich zu machen. Ein solcher Anschlag auf die Demokratie musste abgewehrt, Gewalt notfalls mit Gewalt beantwortet werden.«[213] Erinnert sei auch noch einmal an die Aussage von Hans-Ulrich Wehler: »[W]er sozusagen den Bürgerkrieg provoziert, muss mit dem Tod rechnen.«[214]

So sprechen wahre Demokraten und so wurde seit Dezember 1918 in Deutschland gehandelt. Die Opferzahlen belegen immer wieder: Nicht die Linksradikalen, die Verteidiger der Revolution waren die treibende Kraft, sondern die Regierungstruppen.[215] Nicht nur Radikale wie die beiden KPD-Führer oder Eugen Leviné und Leo Jogiches, auch gemäßigtere Verteidiger der Republik wurden Opfer dieses rechten Mobs: Kurt Eisner, Philipp Scheidemann (der überlebte), Hugo Haase, Matthias Erzberger, Walther Rathenau … Nicht nur Kommunisten waren »Tote auf Urlaub«, auch Republikaner, Pazifisten, Demokraten.

Die Bilanz für die MSPD fällt zwiespältig aus. Sie steht für eine bürgerlich-demokratische Revolution und sie konnte keinen Sozialismus verraten, den sie nicht auf ihrer politischen Agenda hatte. Sie wollte den Staat tragen und realisierte dies mit Kräften, die eigentlich die Linke, die Republik, die Demokratie, den Frieden wie die Pest hassten. Hierin lag von Anfang an der Geburtsfehler der Weimarer Demokratie. Hier wurden die Faschisten groß, die 15 Jahre später die Demokratie zerstörten, die nach Revanche lechzten, innenpolitisch gegen den demokratischen Wandel und nach außen hin gegen den Versailler Frieden. Auch viele Sozialdemokraten fanden sich mit ihren einstigen politischen Gegnern in Hitlers KZs wieder.

Die deutschen Arbeiter hatten in der Revolution, in ihrer Revolutionsregierung auf die Wiederherstellung der Einheit gehofft. Die Spaltung des 4. August 1914 in der Kriegsfrage wurde nun aber mit Blut und Hass vertieft, machte die deutsche Arbeiterbewegung 1933 letztlich handlungsunfähig.

Trotzdem: Die Novemberrevolution, der Rat der Volksbeauftragten, selbst die Nationalversammlung haben erstmals in Deutschland dauerhaft und umfassend demokratische Verhältnisse ermöglicht. Die Sozialismuserwartungen wurden enttäuscht, selbst die MSPD gewann die Wahlen zur Nationalversammlung zwar als starke Partei, konnte aber nur mit ihren Bündnispartnern aus dem Reichstag eine Koalitionsregierung bilden. Von den Räten blieben die relativ einflusslosen Betriebsräte, von dem Versprechen, die »Sozialisierung marschiert!«, kaum mehr. Für 15 Jahre konnte in Deutschland gewählt werden, gab es demokratische Freiheiten und soziale Verbesserungen, ein kulturell freies Klima. Es gab aber eben auch den Weg der Notverordnungen gemäß Verfassung, die auf dem rechten Auge blinde Justiz, das schnelle Erstarken der deutschen Faschisten. Der Klassenkompromiss der MSPD war auf den ersten Blick erfolgreich, auf den zweiten ein Verhängnis. Heute wird die Geburtsstunde der deutschen Demokratie gefeiert, ihre Begleitumstände und ihr Ende 1933 müssen aber mitgedacht werden.

V.
Eine zweite Revolution – offenes Ende?

Wann ist eine Revolution zu Ende? Wenn ihre erklärten Anführer oder die Regierenden es verordnen? Wenn die Ziele der Revolution erreicht sind, wenn Frieden, Ruhe und Ordnung eingekehrt sind? Für die Revolution des Jahres 1918 ist bei dieser Frage Streit vorprogrammiert. Es ist ein Streit, der sich schon im November 1918 entzündete und der bis heute auch die Bewertung der deutschen Revolution beeinflusst. Die einen sind stolz auf das Erreichte, auf die errungene deutsche Demokratie, die anderen, Radikaleren, erinnern an den Weg dieser deutschen Demokratie, der es an Demokraten mangelte, in die faschistische Diktatur und den Zweiten Weltkrieg. Sie sind sich sicher, dass 1918 die Chance auf einen deutschen Sozialismus, auf Basisdemokratie und eine vergesellschaftete Wirtschaft verspielt wurde. Eine zweite Revolution[216] wäre vonnöten gewesen, als die erste nicht die Ziele erreichte, für die historisch zumindest aus Sicht einer marxistisch geprägten und revolutionären Linken die Zeit reif war: die Beseitigung der sozioökonomischen Wurzeln von Krieg, Aggression, Vormachtstreben, d. h. die »Plusmacherei«, das kapitalistische Eigentum, die politische Macht der wirtschaftlichen Potentaten, auch wenn sie bürgerlich-parlamentarisch kaschiert war. Das verlangte nach vom Volke ausgehenden, basisdemokratischen Machtstrukturen, in denen der Souverän nicht nur einmal in vier oder fünf Jahren

zur Urne gerufen wurde und die Gewählten dann machen konnten, was sie oder die wirtschaftlich Mächtigen wollten.

Es war zunächst eine Revolution gegen den Krieg. Sie kam spät,
erst in der Niederlage und als Antwort auf den letzten Versuch
der Kriegsverantwortlichen, die deutsche Flotte mit Mann und
Maus in den Tod zu schicken. Über die weiteren Ziele herrschte
zwischen denjenigen, die auf die Straße gingen, und jenen, die in
den Hinterzimmern von Reichstag und Reichskanzlei die neue
Macht auskungeln wollten, große Uneinigkeit. Die Abdankung
des Kaisers und freie Wahlen, vielleicht mit einigen sozialen Zugeständnissen – das reichte vielen. Auf jeden Fall waren die Führer
der MSPD damit zufrieden.

Warum sollten sie auch nicht, bedenkt man die Stimmung,
die Generalleutnant Groener noch für die ersten Novembertage
in seinen Erinnerungen festhält: »Ihnen allen war der gewaltsame
Umsturz verhasst und auch für ihre eigenen Parteiabsichten in
höchstem Grade unerwünscht. Mit der von [Paul von] Hintze
[dem Außenstaatssekretär – St. B.] durchgeführten Parlamentarisierung waren alle ihre Wünsche erfüllt, da die Revolution ihnen
nur die Macht über die Massen entreißen konnte, die immer mehr
im radikalen Fahrwasser trieben. Ebert bekannte sich in dieser
Sitzung zwar für seine Person zur Republik, schlug aber gleichzeitig die Regentschaft des Prinzen Eitel-Friedrich oder Oskar
[Söhne des Kaisers, allerdings nicht die Kronprinzen – St. B.] vor.
Auch an Prinz Max [von Baden] wurde von anderen als Regenten
für den Kaiserenkel gedacht. Auf die *Personal*änderungen glaubten sie mit Rücksicht auf eben diese Massen nicht verzichten zu
können. Die Lawine, die durch diesen Stein ins Rollen kam, ist
von den Mehrheitssozialisten mit verursacht, aber nicht beabsich-
tigt worden.«[217]

Diese gefürchteten Massen in ihrem revolutionären Elan hatten andere Ziele. Auch wenn die Euphorie vieler mehrheitssozial-
demokratischer Aktivisten und Sympathisanten rasch in die Bahnen ihrer Parteipolitik eingehegt werden sollte – auch sie und erst
recht ihre radikaleren Klassengenossen hatten erlebt, dass es möglich war: Revolution, neue Ziele, neue Macht und neue Gestal-

tung – auch hier, auch in Deutschland. Liebknecht, Luxemburg, Zetkin, Mehring und viele andere von Spartakus, Müller, Barth oder Däumig von USPD und Revolutionären Obleuten hatten seit Jahren keinen Zweifel, dass die Revolution die Wurzeln des imperialistischen Krieges und des Kapitalismus ausreißen musste. Auch wenn sie etwa beim Reichsrätekongress in der Minderheit waren, demonstrierten Hunderttausende für diese Ziele. Nicht wenige der in den Novembertagen gebildeten Arbeiter- und Soldatenräte fochten im ersten Schwung und motiviert durch die Genossen von Spartakus, Obleuten, linken USPDlern für radikale Ziele. Hier sei nur auf eine Verlautbarung des Neuköllner Arbeiter- und Soldatenrates verwiesen. In Neukölln, damals noch Vorstadt Berlins, aber wichtiger Arbeiterwohnort, wusste man um die Zwänge, die Krieg und Kapitalismus den Arbeiterfamilien auferlegt hatten.

Aufruf des Arbeiter- und Soldatenrates Neukölln vom 10. November 1918

Der Arbeiter- und Soldatenrat Neuköllns fordert [...] von der provisorischen Regierung [...]:

[...]

3. Die Friedensdelegation hat zu bestehen aus den Delegierten der Arbeiter- und Soldatenräte.

4. Aufhebung des Brest-Litowsker Friedens und Zurückgabe der von Russland gewaltsam abgetrennten Gebiete.

5. Vereinigung der mitteleuropäischen Staaten, Russland einbegriffen, zur gemeinsamen Friedensaktion.

6. Sicherstellung der Ernährung durch Enteignung des Großgrundbesitzes und Kontrolle der Arbeiter und Soldaten zur sicheren Bekämpfung des Schleichhandels.

7. Enteignung der Kapitalisten, Abschaffung des Privateigentums und Übergabe sämtlicher Produktionsmittel und Gebrauchsgüter in die Hände des Volkes.

8. Annullierung sämtlicher Staatsschulden von 10 000 Mark an

[...]

10. Ausgestaltung der Arbeiter- und Soldatenräte durch Wahl von Arbeiter- und Soldatendelegierten. Zur Wahl der Arbeiter- und Soldatenräte schreitet das gesamte erwachsene werktätige Volk in Stadt und Land ohne Unterschied der Geschlechter.

11. Diesem ist die gesetzgebende Gewalt zu übertragen.

12. Entwaffnung der gesamten Polizei, sämtlicher Offiziere sowie der Soldaten, die nicht auf dem Boden der neuen Ordnung stehen; Bewaffnung des Volkes; alle Soldaten und Proletarier, die bewaffnet sind, behalten ihre Waffen [...]

16. Abschaffung aller Dynastien und Einzelstaaten; unsere Parole lautet: einheitliche sozialistische Republik Deutschlands.

17. Sofortige Aufnahme der Verbindung mit allen in Deutschland bestehenden Arbeiter- und Soldatenräten und den sozialistischen Bruderparteien des Auslandes.

18. Sofortige Rückberufung der russischen Botschaft nach Berlin. Arbeiter und Soldaten!

[...] Wir haben nichts mehr zu fordern, sondern wir haben durchzuführen, nicht mehr zu verhandeln, sondern zu handeln.[218]

Das Dokument trägt die Handschrift von Spartakus, stimmte aber in diesen Tagen in weiten Teilen mit den Erwartungen von Räten und Massen überein. Nicht zufällig ist auch der deutliche Bezug auf die russische Revolution. Die dortigen Umbrüche erschienen beispielhaft für jede proletarische Revolution.[219] Bei den Linken herrschte ein Grundvertrauen in den Erfolg der von Lenin und Trotzki geführten Bolschewiki, in die Folgerichtigkeit ihrer Leitlinien. Sie nahmen auch die Berichte über die dunklen Seiten des Bürgerkriegs, die Enteignungen und die Auflösung der Konstituante, als akzeptabel hin. Vieles, das erkannten sie durchaus, beruht auf Verleumdungen, die seit Monaten die Presse füllen und das russische Schreckgespenst immer schärfer konturiert an die Wand malen.

Ihre Führer wie Rosa Luxemburg analysierten entsprechend der Möglichkeiten genau, was die Russen leisteten und was sie versäumten. Im Gefängnis schrieb Luxemburg bis kurz vor ihrer Entlassung an ihrem Text »Zur russischen Revolution«. Der enthielt eine scharfe Abrechnung mit vermeintlich und tatsächlich problematischen Seiten der bolschewistischen Politik: die Akzeptanz und Förderung der nationalen Selbstbestimmung bis hin zur Abtrennung vom Russischen Reich, das Eingehen auf die Forderungen der Bauern nach Land. Besonders scharf richtete die Kennerin der russischen wie polnischen Verhältnisse und langjährige Kritikerin über Lenins Demokratieverständnis. Sie konnte sich nicht mit einer zentralistisch geführten Partei anfreunden, denn sie setzte auf die Initiative und Spontaneität der Massen. Vor allem sorgte sie sich um den spätestens mit der Auflösung der Konstituante erfolgten Wandel der Demokratie. Die Rätedemokratie war auch ihr Anliegen, insofern hegte sie große Sympathien für die russischen Sowjets. Sie fürchtete aber die Unterwerfung dieser Sowjets unter eine Partei, den Ersatz von demokratischer Masseninitiative von unten durch Dirigismus von oben. Im Unterschied zu anderen Kritikern der Leninschen Politik wie Karl Kautsky[220] war ihr Bekenntnis zur Russischen Revolution jedoch ungebrochen: »Lenin und Trotzki [waren] mit ihren Freunden die *ersten*, die dem Weltproletariat mit dem Beispiel vorangegangen sind, sie sind bis jetzt immer noch die *einzigen*, die mit Hutten ausrufen können: Ich hab's gewagt! Dies ist das Wesentliche und *Bleibende* der Bolschewiki-Politik.«[221]

Die oben zitierte Forderung der Neuköllner Räte nach »Rückberufung der russischen Botschaft« verweist auf einen nicht zu unterschätzenden Aspekt der Auseinandersetzungen 1918/19. Das Deutsche Reich konnte sich dank seiner Revolutionierungsstrategie einen wesentlichen Anteil am Erfolg der Oktoberrevolution anrechnen. Gedeckt durch die Reichsleitung und deutsche Geheimdienste kehrte im April 1917 eine Gruppe Bolschewiki mit Lenin in das Russland nach der Februarrevolution zurück. Sicheres Geleit durch das deutsche Feindesland und finanzielle Hilfe waren gute Voraussetzungen für Lenins Erfolg. Er agierte an der Spitze der Revolutionsregierung ja durchaus in deutschem Interesse, als er Russland aus dem Krieg herauszunehmen suchte. Mit dem Raubfrieden von Brest-Litowsk musste er zähneknirschend und gegen heftigen inneren Widerstand den Preis für eine kurze Atempause bezahlen. Allerdings wusste er, dass der revolutionäre Bazillus auch in Deutschland einsickern würde. Deutsche Truppen konnten weite Teile des Russischen Reiches besetzen, unterstützten die Separationsbewegungen und standen im Baltikum, in der Ukraine, selbst in Georgien auf der Seite der antibolschewistischen Konterrevolution. Viele der Freikorpsführer und -soldaten sammelten hier ihre antikommunistischen Bürgerkriegserfahrungen.

Im Herbst 1918 hatten die Verantwortlichen der Reichsleitung, aber auch die MSPD-Führer erhebliche Sorge, dass die russische Entwicklung tatsächlich herüberschwappen würde. Sicher nicht zu Unrecht, denn die Hoffnungen Sowjetrusslands und Lenins ruhten mehr denn je auf den Schultern der deutschen Arbeiterklasse und der deutschen unangepassten Linken, »denn das wichtigste Glied in dieser [revolutionären] Kette ist Deutschland, denn die deutsche Revolution ist schon herangereift, und vor allem von ihr hängt der Erfolg der Weltrevolution ab«[222], wie Lenin zu dieser Zeit öffentlich erklärte.

Spartakus und Revolutionäre Obleute profitierten von den russischen Revolutionserfahrungen, genossen, wie Karl Liebknecht nach seiner Entlassung aus dem Gefängnis, auch die Gastfreundschaft der sowjetrussischen Botschaft. Es gab Geldtransfers, und manche Pistole der Revolutionären Obleute für deren Aufstandsvorbereitung stammte möglicherweise aus russischen Quellen. All dies lief allerdings in Dimensionen ab, die eine russische Steuerung der deutschen Revolution ausschlossen und in keiner Weise den massiven deutschen Eingriffen in Russland gegen staatliche Einheit und Revolution entsprachen. Die besten Agitatoren und die beste Unterstützung gehen ins Leere, wenn sie nicht auf ein entsprechendes politisches Klima treffen. Die rote Fahne an Berlins Prachtboulevard Unter den Linden störte in der krisengeschüttelten kaiserlichen Hauptstadt gewaltig, ein »Seuchenherd«, wie Reichskanzler von Baden festzustellen beliebte.[223] Dabei gab es keine handfesten Beweise für eine Einmischung jenseits der offiziellen Verlautbarungen der sowjetrussischen Führung. Ausgerechnet Scheidemann als Staatssekretär dachte auf einer Kabinettssitzung am 28. Oktober laut darüber nach, was geschehe, »wenn z. B. eine verdächtige Kurierkiste auf dem Transport zufällig entzweiginge, so lasse sich vielleicht die Abberufung des jetzigen Botschafters verlangen«.[224] Am 4. November ging tatsächlich eine Kiste »entzwei«, und es fanden sich deutschsprachige Revolutionsflugblätter darin, die sich später als Werk von USPDlern erwiesen. Aber einstweilen boten sie den perfekten Aufhänger.

Der Noch-Reichskanzler konnte frohlocken: »Am 4. November abends war die Kurierkiste auf dem Schlesischen Bahnhof planmäßig entzweigegangen. [Wilhelm] Solf [Staatssekretär des Auswärtigen – St. B.] berichtete am Morgen des 5., dass dabei aufrührerische Schriften denkbar kompromittierenden Inhalts ans Tageslicht gekommen wären: Aufrufe zum Revolutionskampf und Meuchelmord. Nunmehr hatten wir die gewünschte Handhabe gegen [Adolf] Joffe und seinen Stab von geübten Revolutionstechnikern.« Scheidemann auf der Regierungssitzung dazu: »Der Bolschewismus ist heute die größere Gefahr als die Entente.« Der Kanzler sah es nicht anders: »Es war wohl keiner unter uns, der nicht von der Notwendigkeit durchdrungen war, die Mehrheitssozialdemokraten gegen die Unabhängigen stark zu machen.«[225]

Die radikale Linke wusste um die Bedeutung Sowjetrusslands. Nicht nur aus Zeitmangel veröffentlichte Luxemburg ihren kritischen Text zur Oktoberrevolution nicht. Ihr war klar, dass sie und ihre Genossen jetzt vor ähnlichen Herausforderungen standen und sich im Unterschied zu Lenin nicht auf eine starke, wohl organisierte, aus langen Klassen- und noch mehr inneren Kämpfen hervorgegangene revolutionäre Partei stützen konnten. Lange hatten die Spartakus-Anhänger gezögert, sich parteipolitisch von ihrer Mutterpartei zu trennen. Selbst den Bruch mit der USPD vom April 1917 hatten sie nur schweren Herzens mitgemacht. Sie wussten um die Kraft, die kämpferischen Traditionen und den Zusammenhalt der deutschen Sozialdemokratie. Lange hofften sie, die Partei erhalten und in ihrem revolutionären Sinne umkrempeln zu können. Noch Mitte November 1918, als sich die neuen Frontstellungen bereits abzeichneten, haderte Clara Zetkin, die erfahrene Linke: »Mit der USP, soweit diese revolutionär auftritt, ohne sie und gegen sie, wenn sie darauf verzichtet. Die Frage ist, wie wir diese Aufgabe am wirksamsten erfüllen können. Dem Verband der USP eingegliedert oder als selbstständige Partei. Meinem Empfinden würde die reinliche Scheidung entsprechen, aber meine Auffassung der Lage verwirft sie für den Augenblick. Möglich, sogar wahrscheinlich, dass die Trennung unvermeidlich wird. Aber dann sollen wir sie vollziehen unter den Umständen, die unserer Einwirkung auf die Massen am günstigsten sind, Umstände, die die Trennung aus einer Frage mehr oder minder großer Organisationen zur Sache größerer proletarischer Massen machen würden [...] Die Trennung würde ein kaum bemerktes Ereignis sein, ohne Verständnis und Echo bei den Massen zu finden. Und wir würden uns bei unserer notorischen Schwäche an führenden Menschen und Mitteln den Zugang zu den Massen erheblich erschweren.«[226]

Die Unabhängigen Sozialdemokraten

Zur Erinnerung: Im Herbst 1918 gab es in Deutschland zwei sozialdemokratische Parteien. Ihr Bruch hatte eine Vorgeschichte. Vor der organisatorischen Spaltung kam die inhaltliche. Zwar hatten Sozialdemokraten schon lange gestritten, waren in Revisionismusstreit und Massenstreikdebatte uneinig, hatten aber immer den Bruch vermieden. Dieser Bruch kam mit der Entscheidung zum Krieg. Er fand am 4. August 1914 statt, als die sozialdemokratische Reichstagsfraktion fraktionsdiszipliniert für die Kriegskredite stimmte und sich willig in den nationalistischen Taumel dieser Tage für die Verteidigung des Vaterlandes einreihte (Ausnahmen gab es natürlich).

Hatte sich auch die SPD in Übereinstimmung mit den anderen Parteien der II. Internationale – zuletzt 1912 – dazu bekannt, im Falle eines imperialistischen Krieges diesen mit allen ihr zur Verfügung stehenden Mitteln zu bekämpfen, so war dies nun vergessen. Über die Mittel hatten sich die Linken bis dato sowieso nicht einigen können, und sie wussten um die Risiken eines für die Linke wohl hoffnungslosen Bürgerkrieges in Deutschland, sollten sie sich gegen eine Mobilmachung stellen. Zwar rief der Parteivorstand in den letzten Julitagen noch zu Großkundgebungen gegen den drohenden Krieg, wurde mit den französischen Klassengenossen noch gesprochen, doch nun sorgten die »Sachzwänge« für einen Richtungswechsel in der Führung von Fraktion und Partei.

In Gesprächen mit der Reichsleitung wurden führende Genossen überzeugt, dass der Aggressor das ungeliebte und gefährliche, undemokratisch-despotische Russland sei.[227] Reichskanzler Theobald von Bethmann Hollweg verstand es blendend, die politischen Entscheidungswege und offiziellen Verlautbarungen entsprechend zu manipulieren. In der Not, wenn der zaristische Terror drohte, wollten und konnten gute Sozialdemokraten nicht abseits stehen, so die fatale Einsicht. Wenn französische oder britische Klassengenossen mit einem solchen perfiden Verbündeten in den Krieg zogen, waren sie selbst schuld. Zudem versprach man den SPD-Gesprächspartnern demokratische und soziale Reformen, die nach dem Sieg dem Volk und der Partei zugutekommen würden, allerdings erst dann.

Die Folgen sind bekannt. Die Antikriegsbewegung der Julitage brach zusammen, auch die sozialdemokratischen Arbeiter zogen in den Krieg, und es brauchte erst die blutigen und elenden Erfahrungen an Front und Hinterland, damit sich ab 1916 offener politischer Widerstand in Kundgebungen, Demonstrationen und vor allem in Streiks manifestierte.

Damit schlug auch die Stunde für die nicht wenigen Kriegsgegner innerhalb der SPD, die endlich spürten, dass sie nicht alleine standen. Nicht vergessen werden darf, dass es seit dem August 1914 auch in den entscheidenden Gremiensitzungen Gegenstimmen gab, dass sich rasch um Rosa Luxemburg, Karl Liebknecht, Franz Mehring, Clara Zetkin und andere eine radikale Minderheit gegen den Krieg formierte, die sich dann in der Gruppe Internationale, der Spartakusgruppe und schließlich dem Spartakusbund formierte. Für sie war das Verhalten von Parteiführung und Fraktion Verrat, sie begriffen mehr und mehr, dass nur eine revolutionäre Überwindung der bestehenden Ordnung eine Chance auf Frieden und Sozialismus bot.

Rosa Luxemburg hat diesen Konflikt für die deutsche Partei klar auf den Begriff gebracht: »Durch die Zustimmung zu den Kriegskrediten und die Proklamierung des Burgfriedens haben die offiziellen Führer der sozialistischen Parteien in Deutschland, Frankreich und England dem Imperialismus den Rücken gestärkt, die Volksmassen zum geduldigen Ertragen des Elends und der Schrecken des Krieges veranlasst und so zur zügellosen Entfesselung der imperialistischen Furien, zur Verlängerung des Massenmordes und zur Vermehrung seiner Opfer beigetragen, die Verantwortung für den Krieg und seine Folgen mit übernommen. Diese Politik«, so schrieb sie im Kontext ihrer 1916 erschienenen Junius-Broschüre, »bedeutet einen Verrat an den elementarsten Grundsätzen des internationalen Sozialismus, an den Lebensinteressen der Volksmassen, an den freiheitlichen und demokratischen Interessen ihrer Länder.«[228]

Dagegen agierten diese radikalen linken Kriegsgegner – soweit möglich – international, fanden sich in der Zimmerwalder Linken mit Partnern zusammen. Sie verurteilten den Krieg als imperialistisch und prangerten das Versagen der meisten linken Parteien an. »In dieser unerträglichen Lage haben wir, die Vertreter der sozialistischen Parteien, Gewerkschaften und ihrer Minderheiten [...], die nicht auf dem Boden der nationalen Solidarität mit der Ausbeuterklasse, sondern auf dem Boden der internationalen Solidarität des Proletariats und des Klassenkampfes stehen, uns zusammengefunden, um die zerrissenen Fäden der internationalen Beziehungen neu zu knüpfen und die Arbeiterklasse zur Selbstbesinnung und zum Kampfe für den Frieden aufzurufen.«[229]

An Radikalität ließen sie es nicht fehlen, wenn etwa Rosa Luxemburg unter dem Eindruck der russischen Revolution konstatierte, »sobald das russische Proletariat bei sich zu Hause den Kampf für den Frieden aufrollt [...], verwandelt sich das Verharren des deutschen Proletariats in der Haltung eines gehorsamen Kanonenfutters in offenen Verrat an den russischen Brüdern. ›In Russland fiel der erste Schuss.‹ Russland befreit sich selbst. Wer wird *Deutschland* von Säbeldiktatur, ostelbischer Reaktion und imperialistischem Völkermord befreien?«[230]

Bei Liebknecht heißt es im Mai 1915: »*Der Hauptfeind des deutschen Volkes steht in Deutschland: der deutsche Imperialismus, die deutsche Kriegspartei, die deutsche Geheimdiplomatie.* Diesen Feind im eigenen Lande gilt's für das deutsche Volk zu bekämpfen, zu bekämpfen im politischen Kampf, zusammenwirkend mit dem Proletariat der anderen Länder, dessen Kampf gegen seine heimischen Imperialisten geht [...] Der Hauptfeind steht im eigenen Land!«[231]

Trotz solch radikaler Positionen blieb für Liebknecht und Genossen das Dilemma: Sie wollten die Revolution, aber zu lange fehlten dafür die Kämpfer.[232] Die radikale Linke setzte auf den »dem internationalen Sozialismus treu gebliebene[n] Teil des deutschen Proletariats«.[233] Aber es blieb eine mühsame Arbeit des Sammelns und Organisieren, immer im Zwiespalt, ob die eigene Partei doch noch umzukrempeln oder mit ihr zu brechen wäre. Und dies unter den diktatorischen Bedingungen des allgegenwärtigen Belagerungszustandes.

Nicht übersehen werden darf, dass in der Kriegsfrage auch weniger radikale Linke wie Hugo Haase, Eduard Bernstein oder Karl Kautsky in Konflikt mit ihrer Partei gerieten. Die 1917 beginnende Spaltung der SPD war insofern keineswegs die auf neue Ebene gehobene Revisionismusdebatte der Vorkriegsjahre. Hier fanden sich neue Koalitionen zusammen, die in der Kriegsfrage einig waren, in den Wegen zu seiner Beendigung und zu einem politischen Wandel in Deutschland jedoch weniger.

Es war ein langer Weg vom Dezember 1914, als Liebknecht im Parlament als Erster den Krediten die Zustimmung verweigerte, bis zum offenen Abfall von 18 sozialdemokratischen Abgeordneten 1916. Zu lange wirkten Partei- und Fraktionsdisziplin. Letztlich sorgte erst die Mehrheitspartei mit ihrer Disziplinierungspolitik und Pression gegen die Opponenten sowie schließlich deren faktischem Rauswurf aus der Fraktion für die offene Spaltung der deutschen Linken.

Anzumerken bleibt an dieser Stelle, dass die russischen Revolutionen (zunächst die des Februar 1917) wiederholt Katalysatoren der deutschen Entwicklung waren und zur Radikalisierung der linken Kriegsgegner beitrugen, aber auch zu Wandlungen in der MSPD etwa in der Forderung nach einem Frieden ohne Annexionen. So hieß es im »Gothaer Manifest« der USPD vom April 1917: »Die Proletarier Russlands haben für die Demokratie gekämpft, für die Eröffnung der Bahn zum Sozialismus, aber auch für den Frieden, für die baldige Beendigung des furchtbarsten aller Kriege durch einen Friedensschluss auf der Grundlage unserer gemeinsamen sozialdemokratischen Grundsätze. Kein Zweifel, die Arbeiter Russlands werden auch in dieser Hinsicht ihre Pflicht erfüllen. Aber der Erfolg ihrer Friedensarbeit hängt nicht von ihnen allein ab. Er hat zur Vorbedingung das Zusammenwirken der Arbeiter aller Länder in gleichem Sinne, das erneute Aufleben der Internationale und die Betätigung der Arbeiter in ihrem Rahmen.«[234]

Mit der Entwicklung der USPD brach allerdings auch die andere Spaltung der deutschen Linken wieder auf: die in eher reformorientierte und eher revolutionär gestimmte Protagonisten. An dieser Dopplung aus Kriegsfrage und der Frage des Weges für sozialen Wandel zeigt sich, warum es für die Linken so schwierig war, über Konfliktlinien hinweg zusammenzustehen.

Die Mehrheitssozialdemokratie konnte mit den Ergebnissen ihrer Politik durchaus zufrieden sein. Auf lange Sicht hatten sich ihre Bekenntnisse zur Vaterlandsverteidigung und zur staatstragenden Rolle trotz aller Verzögerungstaktiken seitens der bürgerlich-konservativen Kräfte ausgezahlt. Sie war dank der Burgfriedenspolitik ein unübergehbarer Akteur des politischen Geschäfts geworden. Die Reichsleitung konnte nicht an der MSPD vorbei agieren, im Gegenzug erwies sich diese als verlässlicher Partner.

Im Januar 1918 konnte sich die MSPD als solche trotz der Kampfbereitschaft vieler ihrer Mitglieder und Sympathisanten in den Munitionsarbeiterstreiks beweisen. Führende Mehrheitssozialdemokraten traten in die Streikkomitees ein und überzeugten die Streikenden, ihren Ausstand zugunsten langsamer Reformen und eines von der Regierung koordinierten Friedensschlusses zu beenden. Der MSPD stand ein möglichst einvernehmlicher Weg mit den bisherigen Eliten sichtlich näher als ein radikaler sozialer Umsturz mit all seinen Risiken.

Der Preis, den die gesamte Linke dafür zu zahlen hatte, war jedoch hoch. Denn dieses staatstragende Verhalten musste in die Konfrontation mit der radikalen Linken führen. Fand sich die USPD nach innerparteilichen Auseinandersetzungen noch für wenige Wochen als Partner im Rat der Volksbeauftragten wieder, so hatte der radikalere Teil der Partei um Liebknecht und Luxemburg bald begriffen, dass es in dieser Konstellation zwar soziale Verbesserungen und mehr demokratische Möglichkeiten geben würde, aber die sozioökonomischen Grundlagen des Staates, der Gesellschaft, der Wirtschaftsordnung würden weitgehend unangetastet bleiben.

Insgesamt erwiesen sich die vorherrschenden Vorstellungen in der USPD trotz manch revolutionärer Rhetorik als inkompatibel mit einer raschen Überwindung des Kapitalismus. Zwar hatte die Partei noch im Rat der Volksbeauftragten auf die umgehende Einsetzung einer Sozialisierungskommission gedrängt, das blieb aber wirkungslos.

Karl Kautsky (USPD) als Vorsitzender leitete eine Kommission aus wichtigen Theoretikern der beiden Arbeiterparteien, so Rudolf Hilferding (USPD) und Heinrich Cunow (MSPD), Wissenschaftlern wie Joseph Schumpeter, Gewerkschaftern und Vertretern der Wirtschaft. Sie sollten im März 1919 sogar ein Gesetz für die Sozialisierung des Bergbaus, das Gesetz über die Regelung der Kohlenwirtschaft (Kohlenwirtschaftsgesetz), fertigstellen. Die Regierung plakatierte in dieser Zeit gerne: »Die Sozialisierung marschiert!«, ohne zu sagen, wann und wohin.

Immerhin, der Bergbau wurde 1919 unter die Kontrolle des Reichswirtschaftsministeriums gestellt, es kam zur Bildung von Syndikaten und einer gewissen Kontrolle dieses Wirtschaftszweiges, was den strategischen Interessen des Staates dienen sollte. Von einer Vergesellschaftung und einer Überwindung der kapitalistischen Eigentumsverhältnisse konnte keine Rede sein. Letztlich erwies sich mit diesem Gesetz und der generellen Behinderungspolitik seitens der Regierung wie der Wirtschaft die Sozialisierungskommission als weitgehend wirkungslos. Sie zerbrach im April 1919, wurde nach dem Kapp-Putsch in neuer Zusammensetzung wieder einberufen, aber ihre Vorschläge, die teilweise auf eine mit Entschädigungen verbundene Verstaatlichung von Wirtschaftszweigen hinausliefen, wurden weiterhin durch die Wirtschaft und ihre politischen Partner verhindert. Die Kommission erledigte sich damit 1923.

Hier soll noch auf eine Position des damals zur USPD gehörenden linken Theoretikers Eduard Bernstein verwiesen werden, der die Unvereinbarkeit der revolutionären Forderungen der radikalen Linken in seiner Partei mit der sich durchsetzenden Akzeptanz des Bestehenden demonstriert. In den letzten Dezembertagen des Jahres 1918 sprach Bernstein in einem vollen Saal der Berliner Philharmonie über den Sozialismus. Ein Zeitungsbericht monierte den sehr theoretischen Ansatz des Referenten, widmete sich aber den Positionen zur Sozialisierung ausführlich: Er wandte sich gegen jeden »Wunderglauben« an möglichst schnell zu erwartende Resultate der Sozialisierung. Das ließe die Schwierigkeiten dieses Unterfangens gänzlich außer Acht. *»Eine so große Sache kann unmöglich das Werk von Wochen und Monaten sein.«* Angesichts der schwierigen Lage würde, wenn sozialisiert werde, sich nichts *»verbessern* [...] für die Arbeiter oder die Gesellschaft«. Entscheidend sei vielmehr, dass »das Wirtschaftsleben *unter die Kontrolle der Allgemeinheit«* gestellt werde. Er malte sich die Gefahr massenhafter Auswanderung infolge einer nicht funktionierenden Wirtschaft aus. Auch darum »müssen [wir] mit der Sozialisierung *vorsichtig* sein [...] die Industrie [muss] die Möglichkeit behalten, zu leben«. Seine Hoffnung waren gute Fabrikgesetze, mit denen der Gesetzgeber in die Betriebe eingriff. »In einem *guten Fabrikgesetz* kann *mehr Sozialismus* stecken als in der *Vergesellschaftung von hundert Fabriken.«* Sein Schluss fiel angesichts der gerade stattfindenden blutigen konterrevolutionären Kämpfe für Sympathisanten der radikalen Linke aus dem Rahmen, erfüllte aber die Erwartungen einer Mehrheit sozialdemokratischer Zuhörer und wurde mit lebhaftem Beifall begrüßt: »Ein Großes hat die Arbeiterbewegung geschaffen: Sie hat den Arbeitern das *Klassenbewusstsein* eingeprägt. Dem ist es zuzuschreiben, dass sich diese große Revolution trotz mancher Zuckungen verhältnismäßig ruhig, ja *fast gesetzmäßig* vollzogen hat. Wir haben durch die Revolution die *Demokratie* erkämpft. *Habt Vertrauen in die schöpferische Kraft des demokratischen Rechts.* Das führt uns sicherer zur Befreiung und zum Sozialismus als wie die brutale Gewalt.«[235]

Die nächsten Jahre zeigten: Die USPD konnte diese Konstellation nicht für eine erfolgreiche prosozialistische Politik nutzen. Im Ergebnis der Konsolidierung der jungen Republik und der zentralen Rolle der MSPD war Deutschland auf dem Weg in eine demokratische Ordnung, soziale Zugeständnisse waren errungen und die Zwänge des wirtschaftlichen Wiederaufbaus, vor allem der Umstellung auf die Friedenswirtschaft und die Eingliederung der ehemaligen Soldaten, schränkten die Spielräume einer eigenständigen USPD ein. Der Grund für die Spaltung, die unterschiedliche Haltung zum Krieg und seiner Finanzierung, war mit der deutschen Niederlage obsolet geworden. Nun ging es um den alten Konflikt zwischen den möglichen Entwicklungswegen hin zu einer sozialistischen Gesellschaft: um Reformen oder Revolution. Diesen ewigen Konflikt der deutschen Sozialdemokratie hatten die Gründer der USPD 1917 angesichts der drängenden Frage des Krieges und seiner Bekämpfung beiseitegeschoben.

In Anbetracht der begrenzten Resultate der Revolution, der unveränderten Eigentumsverhältnisse und des Wiedererstarkens der alten Eliten, schließlich der blutigen Unterdrückung der radikalen linken Kräfte, mussten sich auch die Führer und Mitglieder der USPD neu orientieren und fanden sich in den alten Frontstellungen wieder. Das erklärt den Bruch und den Verfall der USPD zu Beginn der 1920er Jahre, bei dem sich zahlreiche USPD-Genossen von ihrer Partei abwandten und zur KPD fanden. Letztlich wurde der USPD ihr zentristischer Kurs zum Verhängnis. Die Partei und ihre Mitglieder mussten sich entscheiden. Natürlich stimmt es nachdenklich und es war keineswegs falsch, als die Rest-USPD im Oktober 1920 in Halle in ihrem von Arthur Crispien formulierten »Manifest der Unabhängigen Sozialdemokratie an das deutsche Proletariat« einschätzte: »Die Entwicklung seit dem 9. November hat den Bankerott des Reformsozialismus besiegelt. Seine Politik hat der Bourgeoisie zur Herrschaft geholfen, das Proletariat gelähmt. Die kommunistische Partei aber hat ebenfalls die Politik des wissenschaftlichen Sozialismus aufgegeben und verfällt immer mehr dem Abenteurertum durch putschistische Aktionen von Minderheiten, die Revolution erzwingen zu wollen. Diese Politik führt nur zur neuen Zersplitterung und zu gefährlichen Niederlagen.«[236]

Dass die KPD die Frischzellenkur nur bedingt nutzen konnte, hat mit ihrer Radikalität, ihrem linken Abenteurertum und ihrem Schwanken in den Krisenjahren bis 1923 zu tun. Wobei auch dieser Partei zugutezuhalten ist, dass sie nicht nur unerfahren, sondern von unbändiger wie unrealistischer eigener und Moskauer Hoffnung getrieben war, endlich das radikale Programm des russischen Oktobers auch nach Deutschland zu tragen.

Wieder bei Marx?

Zurück in die letzten Wochen des Jahres 1918. Im Laufe des Novembers zeichnete sich immer schärfer ab, dass die »sozialistische Republik« nach Ebert-Scheidemann ein Etikettenschwindel war. Das sozialistische Ziel war bei der MSPD und Teilen der USPD längst in der Bernsteinschen Formel »Das Ziel ist nichts, die Bewegung ist alles« aufgelöst worden.[237] Die verkürzte Interpretation der Marxschen Lehre als naturgesetzlicher Prozess, in dem die Arbeiterklasse nur abwarten müsse, bis die Gesellschaft in den Kapitalismus hineinwachse, hatte politische Folgen. Der Rat der Volksbeauftragten war zufrieden, eine solide, demokratische und republikanische Ausgangsbasis für diesen Weg in eine künftige, ferne Gesellschaft gesetzt zu haben. Die Radikalinskis und Bolschewisten, zu denen sie die radikale Linke erklärten, konnten hier nur stören. Sie waren eine Bedrohung, die es auszumerzen galt. Das wurde für Liebknecht, Luxemburg, Richard Müller und ihre Genossen immer deutlicher. Sie wollten die Fortführung der Revolution, eine »Zweite Revolution«, auch wenn sie noch glaubten, sich in einem nach vorne offenen Prozess zu befinden.

Einer ihrer Ansätze führte zur Gründung einer kommunistischen Partei, der KPD, und zur offenen Konfrontation mit der Staatsmacht, deren Führungspersonal die einstigen Genossen waren und dessen härteste Vertreter in Gestalt Noskes für »Ruhe und Ordnung« sorgten, auch mit Mord. Bis heute wird darüber gestritten, welche politische Kraft an der Gewalteskalation nach dem weitgehend unblutigen Beginn der Revolution Schuld trug. Dass die radikale Linke, also zuallererst Spartakusbund und dann KPD, nicht nur Sympathien für die russischen Bolschewiki hegten, sondern wie diese bereit zu einer Konfrontation mit der Macht waren, steht außer Frage. Die angestrebte sozialistische Umwälzung der politischen wie der sozialen Verhältnisse wurde von den herrschenden, vor allem den besitzenden Kräften zu Recht als Bedrohung begriffen. Ebenso war den Führern von Spartakus klar, dass ein solcher Umbruch auch Gewalt bedeuten konnte und musste.

Die offizielle Propaganda gegen den russischen Weg nahm in diesen Tagen deutlich zu. Weder die reaktionären Kräfte noch die MSPD wollten eine solche Radikalisierung. Eine zentrale Rolle spielte eine sich um den Jahreswechsel gründende »Antibolschewistische Liga«, die einen Antibolschewismusfonds auflegte, in den auf Betreiben von Hugo Stinnes erhebliche Summen von führenden deutschen Industriellen flossen. Der damals einflussreichste deutsche Großkapitalist hatte auf einer antikommunistischen Veranstaltung so geschäftsmäßig wie autoritär festgestellt: »Wenn die deutsche Industrie-, Handels- und Bankwelt nicht willens und in der Lage ist, gegen die hier aufgezeigte Gefahr eine Versicherungsprämie von 500 Millionen Mark aufzubringen, dann sind sie nicht wert, deutsche Wirtschaft genannt zu werden.« Hohe Summen wurden für breite Propaganda und die Aktivitäten von Freikorps und Geheimbünden aufgewendet.[238] Unternehmer, Parteien, auch die MSPD waren zumindest zeitweilig in die Aktivitäten der Liga einbezogen.

Am Vorabend des KPD-Gründungsparteitages sorgte sich der *Vorwärts* um Russland und seine deutschen Anhänger. Ganzseitig kam ein mit »Die aus Russland zurückgekehrten Reichsdeutschen« gezeichneter, anonymer »Warnruf vor dem Bolschewismus!« daher. Die Autoren malten ein einseitiges Schreckensszenario von den Ereignissen in Russland, an denen allein die Bolschewiki schuld seien. »Russland liegt heute vor uns wie ein ungeheures, von Millionen unglücklicher Menschen umweintes Massengrab moralischer und wirtschaftlicher Werte, menschlicher Wünsche und Hoffnungen. *Auch in Deutschland erheben die Bolschewisten immer kühner das Haupt.* Soldaten, Arbeiter, Bürger! Unser aller Wohl, die Zukunft unseres Vaterlandes schwebt in höchster Gefahr! Seid wachsam und auf der Hut, allerorten, zu jeder Stunde! Schüttet rechtzeitig die gefährlichsten Herdstellen zu, wo das Feuer schwelt! [...] *Deutschland hüte dein Haus! Die russische Seuche lauert am Tor!*«[239] In der gleichen Ausgabe wurden antibolschewistische Stimmen aus Kiew zitiert, die das »Paradies der Sowjets« demaskieren sollten. »Die famose bolschewistische Regierung, das erhabene Vorbild für *Spartakus,* hat bereits *die Arbeiterklasse dezimiert,* zum Teil korrumpiert und vernichtet, jetzt ist sie auf dem besten Wege, auch der Bauernschaft dasselbe Los zu bereiten. Glückt ihr das, so ist Russland endgültig verloren.«[240]

Das war die Stimmung in Deutschland, vonseiten der Regierung wie der reaktionären Eliten geschürt, die sich in Zeitungen, Plakaten und Gerüchten niederschlug und die nur ein Ziel kannte: Spartakus und eine sozialistische Revolution verhindern. Die Hunderttausenden, die im Dezember für die Räte, gegen die konterrevolutionären Militäraktionen auf die Straße gingen, lösten Besorgnis, Angst und wütende Gegenreaktionen aus. Die Sorgen waren aus Sicht der Herrschenden berechtigt. Denn bei aller Skepsis gegenüber den russischen Bolschewiki waren die Sympathien der radikalen Linken für den sowjetrussischen Weg doch offenkundig. Das demonstrierte auch der Gründungsparteitag.

Wobei die Unentschlossenheit der KPD-Gründer, ihr mehrheitliches Unverständnis für die unterschiedlichen politischen Kampfformen auffällt. Das schlug sich vor allem im Boykott der Wahlen zur Nationalversammlung nieder. Sie setzten weiter allein auf die Räte, obwohl diese sich mit ihrer Entscheidung für den

Parlamentarismus längst selbst entmannt hatten. Darüber hinaus versuchten Teile der radikalen Linken mit dem Januaraufstand, mit einer Gegenoffensive die Entwicklung doch noch revolutionär in Richtung einer Rätedemokratie umzuleiten. Aber es war eben eine Gegenoffensive. Die revolutionären Kräfte um Liebknecht und Luxemburg waren eine Minderheit, hatten angesichts der übermächtigen Organisationskraft der MSPD, aber auch der USPD, nicht den erhofften Einfluss. Trotzdem, oder gerade deswegen, waren diese Kräfte frühzeitig Ziel militärischer Angriffe durch den Rat der Volksbeauftragten, die OHL und die Freikorps. Das eskalierte bereits an Weihnachten 1918, blieb aber zunächst erfolglos. Es folgten permanente Angriffe der politischen und militärischen Kräfte der alten Ordnung gegen die radikale Linke, die sich zwar verzweifelt zu wehren suchte, aber in den Januarkämpfen wie in der Münchner Räterepublik unterlag.

Diese Auseinandersetzungen waren nicht nur einfache militärische Konfrontationen, sondern nahmen die Gestalt eines Bürgerkrieges an, in dem vonseiten der sozialdemokratisch geführten Regierung und den von ihr genutzten Kräften des Heeres und der schnell aufgebauten, zuverlässigeren Freikorps mit Willkür, Terror und Mord vorgegangen wurde.

Von dieser Niederlage erholten sich die radikalen Linken nur mühsam. Das Fehlen ihrer ermordeten Führer, das Scheitern ihrer ersten politischen Schritte, der Verzicht der Räte auf die politische Macht zugunsten der von den Kommunisten boykottierten Nationalversammlung beschnitten ihren Einfluss auf die Arbeiter. In dieser Konstellation blieb die USPD über längere Zeit weit überzeugender als die junge, gerade enthauptete KPD, war das politisch handlungsfähige Sammelbecken der radikalen Kritiker des Kapitalismus.

Dabei war der Versuch eines organisatorischen und inhaltlichen Neuanfangs der radikalen Linken Ende 1918 durchaus erfolgversprechend gewesen.

Am 30. Dezember 1918 versammelten sich im Preußischen Abgeordnetenhaus, durch den Reichsrätekongress schon revolutionär geprägt, Delegierte verschiedener linker Gruppen, um endlich eine eigene, linke, eine kommunistische Partei aus der Taufe zu heben.[241] Der Spartakusbund und die Vertreter der Internationalen Kommunisten Deutschlands, d. h. die Bremer Linken, bildeten die stärksten Gruppen. Endlich sollte eine radikale Alternative zur gescheiterten, dem Kapitalismus verfallenen Sozialdemokratie ins Leben treten. Das »Kommunistische« des Manifests von Marx und Engels, das »Kommunistische« der russischen Bolschewiki sollten den Bruch mit dem verhassten Kapitulantentum der Sozialdemokratie für jeden sichtbar machen.

Bruno Müller von den Bremer Linken auf dem Gründungsparteitag der KPD

Wir fuhren spätabends von Bremen ab und kamen am anderen Tag morgens in Berlin an. Ehe wir den Saal, in dem der Parteitag abgehalten wurde, betreten konnten, wurden wir am Eingang einer strengen Kontrolle durch Genossen Leo Jogiches unterzogen.

Es war etwas dunkel im Saal, wir saßen auch ziemlich weit vom Präsidium entfernt. Ich war sehr erregt, war es doch das erste Mal, dass ich an einem Parteitag stimmberechtigt teilnehmen konnte. Mich frappierte auch, dass Karl Liebknecht, den ich auf dem SPD-Parteitag in Chemnitz 1912 gesehen und gesprochen hatte, ganz verändert war. Hatte er damals ein rundes, volles Gesicht, so zeigten sich jetzt bei ihm hervorstehende Backenknochen und tiefliegende Augen [...]

Erst als die Frage der Teilnahme an den Wahlen zur Nationalversammlung auf der Tagesordnung stand, wurde ich etwas aufmerksamer. Karl Liebknecht, Rosa Luxemburg, Fritz Heckert und andere sprachen sich für die Beteiligung an den Wahlen aus. Uns war damals der Parlamentarismus aufgrund des Verrats der Rechtssozialisten genauso verhasst wie dem Stier das rote Tuch, hatten wir doch monatelang in unseren Versammlungen dagegen gesprochen und waren mit ›gebundenen Mandaten‹ nach Berlin gefahren. Wir hatten von unseren Genossen der örtlichen Parteiorganisation den Auftrag erhalten, gegen die

Teilnahme an den Wahlen zur Nationalversammlung zu stimmen.
Die Mehrzahl des Parteitages lehnte denn auch die Beteiligung
ab.[242]

Die Gründer der Partei hatten keine Not, sich von der MSPD
abzugrenzen. Diese Partei hatte seit dem August 1914 die Sache
der Herrschenden mitgetragen und besorgte, so die feste Überzeugung, nun das Geschäft der Kapitalisten und Junker. Schwieriger
war es, den Bruch mit der USPD zu begründen, der jetzt ebenfalls
als überfällig angesehen wurde. Karl Liebknecht referierte zur
Krise der USPD und zog eine direkte Verbindung zwischen den
politischen Differenzen in der alten Vorkriegs-SPD und deren
Fortwirken in der USPD. Auch wenn die Unabhängigen nach der
»Blutweihnacht« aus dem Rat der Volksbeauftragten ausgetreten
waren, konnten Liebknecht und die anwesenden Delegierten das
politische Lavieren der USPD in den letzten Wochen nur als
Verrat an den sozialistischen Zielen der Revolution begreifen.
Die USPD-Führer trugen die Politik Eberts und sein Bündnis
mit dem alten Staatsapparat mit. Sie hatten eine Mitschuld an
den blutigen Ereignissen im Dezember und, so Liebknecht, sie
hatten die Chancen des Reichsrätekongresses vertan. Liebknecht
selbst hatte am 9. November eine sozialistische Ausrichtung der
Regierungspolitik zur Bedingung für seinen Regierungseintritt
gemacht[243]; die USPD tat in seinen Augen nichts dergleichen.
Trotz mannigfacher Vorstöße von Spartakus und Revolutionären
Obleuten blieb die USPD bei ihrer verwaschenen Linie. »Die USP
will weiterwursteln. Damit sind wir vor eine Lage gestellt, in der
es gilt, eine klare Entscheidung zu treffen«[244], lautete Liebknechts
Konsequenz.

Sein Befund thematisierte die »Prinzipienlosigkeit und Aktionsunfähigkeit, die die ganze Politik der USP kennzeichnet«.
Liebknechts Vorwurf zielte auf die politisch heterogene Zusammensetzung der USPD, die der der alten SPD entspreche. Sein Urteil erwies sich allerdings als zwiespältig, denn er fertigte nicht nur
die Führer der Partei als politisch untragbar ab. »Wir sehen hier,
wie die USP nicht nur in ihren Führern verderbt ist, sondern –

allerdings wesentlich mit durch die Politik ihrer Führer – auch in den Massen sich der Zersetzungsprozess in einer sehr deutlichen, in einer geradezu unerträglichen Weise geltend macht.« Das brachte ein Zusammenwirken und Zusammengehen – auch in Vorbereitung auf die bevorstehenden Wahlen – von USPD und MSPD mit sich. Liebknecht spitzte zu: »Es ist eine Scheidung notwendig. Im Grunde ist die USP bereits heute tot, und im Grunde ist dieser Austritt aus dem Kabinett nichts anderes als ein missglückender Versuch, den Leichnam noch einmal zum Leben zu erwecken. Genossen, wir stehen vor der Tatsache, dass ein weiteres Verbleiben im Verbande der USP geradezu bedeutet eine Solidarisierung mit der Gegenrevolution, eine Preisgabe der Ehre des Sozialismus.«[245]

Darum setzten die Anwesenden auf eine selbstständige Partei, die in enger Anlehnung an die KPR (B), an Sowjetrussland, ihren Teil zur Weltrevolution beisteuerte. Karl Radek[246] als Vertreter der russischen Kommunisten fand hier einen verlässlichen Verbündeten, auch wenn er vor lauter Euphorie und radikalem Denken den Blick für die Realitäten vermissen ließ. Er erklärte den deutschen Genossen den Weg der Russischen Revolution 1917. Die Parallele zwischen der Zeit der Provisorischen Regierung unter Kerenski und der Ebert-Scheidemann-Regierung drängte sich auf. Radek zeigte, wie die Russen ihren Klassenkampf führten und wie sie unter den Bedingungen des Bürgerkriegs an der neuen Ordnung arbeiteten. »Die Angst vor dem Bolschewismus wird wachsen. Man wird alles gegen Euch organisieren.« So warnte Radek, doch er verbreitete zugleich Optimismus. »Aber niemals hat eine Partei, die die Interessenvertretung des ganzen Proletariats darstellt, die bewusst, klar und rücksichtslos, keine Opfer scheuend vorgeht, mit größerem Recht und Zuversicht in die Zukunft geschaut, als Ihr. Denn Eurer Partei ist das Glück zuteil geworden, geboren zu werden in einer Zeit der größten Weltkrise, in der alle Masken fallen und die Massen die revolutionären Wahrheiten so nötig wie Brot haben.«[247] Er sah die deutsche Partei schon als Bestandteil einer neuen Internationale, als Bündnispartner Sowjetrusslands.

Karl Radek auf dem Gründungsparteitag der KPD zur inspirierenden Rolle der deutschen Linken für die russische Revolution, 30. Dezember 1918

Ihr werdet als Nachahmer der russischen Revolution dargestellt, Ihr werdet als Agenten des Sowjetrusslands dargestellt. Was die Nachahmung anbetrifft, so hat die russische Revolution unendlich viel gelernt von dem deutschen arbeitenden Volk. Das, was wir jetzt in Russland verwirklichen, das ist nichts anderes als die große unverfälschte Lehre des deutschen Kommunismus, den Marx vor der Arbeiterklasse der ganzen Welt vertrat. Unsere Orientierung, der Gedanke des Rätesystems ist empirisch aufgewachsen, aber die großen Auseinandersetzungen über die zukünftigen Kampfesformen der Arbeiterklasse, wie sie die deutsche Arbeiterwelt vor dem Kriege bewegte, sie haben unsere Gedanken genährt, und die russische kommunistische Partei ist stolz darauf, dass sie einst in naher Bundesgenossenschaft mit Rosa Luxemburg, Eurer geistigen Führerin, gearbeitet hat. Wenn Ihr beschimpft werdet als Agenten des bolschewistischen Russlands, so sind wir gemeinsame Agenten einer großen Sache, die über Euch und uns steht, der Sache der Befreiung des arbeitenden Volkes vom Joche des Kapitalismus.[248]

Die deutschen Genossen konnten diese moralische und politische Unterstützung aus dem Osten gut gebrauchen. Sie wussten aber, dass sie die deutschen Probleme selbst lösen mussten. Noch waren sie uneins, was die nächsten Schritte sein könnten. So optimistisch sie in der Bestimmung ihrer sozialistischen Ziele waren, so unsicher waren sie über die eigene Stärke und die Möglichkeit, tatsächlich Massen für die Fortführung der Revolution zu mobilisieren.

Radek hatte recht: Rosa Luxemburg war die geistige Führerin der radikalen Linken. Ihr oblag es, auf dem Parteitag das Programm der neuen Partei zu begründen. Entsprechende aufmerksame Spannung lag am zweiten Verhandlungstag über dem Beratungssaal. Luxemburg schlug einen großen Bogen zur Vorgeschichte der Arbeiterbewegung, ihrer Begründung durch Marx und Engels in der Revolution von 1848 und in den Leitsätzen des »Kommunistischen Manifests«. Sie sah die deutsche Arbeiterklasse vor entscheidenden Aufgaben – »die Durchführung, Verwirklichung des Sozialismus«[249] –, rechnete schonungslos mit dem »Ersatz-Marxismus« der Sozialdemokratie ab und erklärte überschwänglich: »[W]ir sind wieder bei *Marx*, unter seinem Banner«[250]. Auch wenn sie die Bedeutung des Imperialismus berücksichtigte, nicht zuletzt für den Krieg, war ihr die volle Konsequenz einer solchen Veränderung wohl noch nicht klar. Der Übergang zum monopolistischen Kapitalismus stellte, gerade in den Metropolen, die Arbeiterklasse vor neue Herausforderungen. Er zwang zu mehr Konsequenz im Kampf, zur Suche nach neuen Bündnissen und den entscheidenden Knotenpunkten, an denen angesetzt werden musste. Luxemburg vermittelte ihren Genossen eine differenzierte Sicht auf das Erreichte in den jüngsten Revolutionstagen.

Rosa Luxemburg zum Charakter der Novemberrevolution. Auf dem KPD-Gründungsparteitag, 31. Dezember 1918

Der 9. November war eine Revolution voller Unzulänglichkeiten und Schwächen. Das ist kein Wunder. Es war die Revolution, die nach den vier Jahren des Krieges gekommen ist, nach den vier Jahren, in denen das deutsche Proletariat dank der Erziehungsschule der Sozialdemokratie und der freien Gewerkschaften ein solches Maß von Schmach und Verleugnung seiner sozialistischen Aufgaben an den Tag gelegt hat, wie sich dafür in keinem anderen Lande uns ein Beispiel bietet. Man kann nicht erwarten, wenn man auf dem Boden historischer Entwicklung steht – und das tun wir gerade als Marxisten und Sozialisten –, dass man in dem Deutschland, das das furchtbare Bild des 4. August und der vier Jahre darauf geboten hat, plötzlich am 9. November 1918 eine großartige, klassen- und zielbewusste Revolution erlebt; und was wir am 9. November erlebt haben, war zu drei Vierteln mehr Zusammenbruch des bestehenden Imperialismus als Sieg eines neuen Prinzips. (Zustimmung.)

Es war einfach der Moment gekommen, wo der Imperialismus wie ein Koloss auf tönernen Füßen, innerlich morsch, zusammenbrechen musste; und was darauf folgte, war eine mehr oder weniger chaotische, planlose, sehr wenig bewusste Bewegung, in der das einigende Band und das bleibende, das rettende Prinzip nur in der Losung zusammengefasst war: die Bildung der Arbeiter- und Soldatenräte. Das ist das Stichwort dieser Revolution, das ihr sofort das besondere Gepräge der proletarischen, sozialistischen Revolution gegeben hat – bei allen Unzulänglichkeiten und Schwächen des ersten Moments, und wir sollen es nie vergessen, wenn man uns mit den Verleumdungen gegen die russischen Bolschewisten kommt, darauf zu antworten: wo habt ihr das ABC eurer heutigen Revolution gelernt? Von den Russen habt ihrs geholt: die Arbeiter- und Soldatenräte; (Zustimmung.) und jene Leutchen, die heute als ihr Amt betrachten, an der Spitze der deutschen sogenannten sozialistischen Regierung die russischen Bolschewisten zu meucheln, Hand in Hand mit den englischen Imperialisten, sie fußen ja formell gleichfalls auf Arbeiter- und Soldatenräten, und sie müssen damit bekennen: Die russische Revolution war es, die die ersten Losungen für die Weltrevolution ausgegeben hat. Wir können sicher sagen – und das ergibt sich aus der ganzen Lage von selbst –: in welchem Lande auch nach Deutschland die proletarische Revolution zum Durchbruch kommt, ihre erste Geste wird die Bildung von Arbeiter- und Soldatenräten sein. (Sehr richtig!)[251]

Luxemburg wollte den Kampf fortsetzen, um die sozialistischen Ziele zu verwirklichen. Die Revolution sei bis jetzt eine nur politische, spätestens mit dem 24. Dezember müsse sie aber ausgeweitet werden. Es gehe nun um die ökonomische Revolution, einen »Umschwung der wirtschaftlichen Verhältnisse«. Zum bisherigen Charakter der Revolution führte Rosa aus:

»Sie war unbefangen, bewusstlos wie ein Kind, das hinaustappt, ohne zu wissen, wohin, sie hatte noch, wie gesagt, einen rein politischen Charakter. Erst in den letzten Wochen haben ganz spontan die Streiks angefangen, sich bemerkbar zu machen. Wir wollen es nunmehr aussprechen: Es liegt gerade in dem ganzen Wesen dieser Revolution, dass die Streiks sich mehr und mehr auswachsen, dass sie immer mehr zum Mittelpunkt, zur Hauptsache der Revolution werden müssen. (Sehr richtig!) Das ist dann eine ökonomische Revolution und damit wird sie eine sozialistische Revolution. Der Kampf um den Sozialismus kann aber nur durch die Massen, unmittelbar Brust an Brust mit dem Kapitalismus ausgefochten werden, in jedem Betriebe, von jedem Proletarier gegen seinen Unternehmer. Nur dann wird es eine sozialistische Revolution sein.«[252] Denn es reiche nicht, nur gegen die bestehenden Verhältnisse aufzustehen, zu streiken, neue Verhältnisse und neues Verhalten müssten praktiziert werden. Das könne nicht allein durch die Übernahme der Staatsspitze und einen dekretierten Wandel von oben geschehen, wie die sozialdemokratischen Führer glauben machen wollten.

Das Gegenkonzept war aber noch lückenhaft: Es zeigte sich sehr schnell – und wäre in Russland ablesbar gewesen –, dass Streiks noch keine sozioökonomische Umgestaltung darstellen. Die Arbeiter müssten ihre Betriebe besetzen, müssten die Leitung in die eigene Hand nehmen und die bisherigen Manager und leitenden Mitarbeiter für ihre Sache gewinnen oder zwingen, für eine sozialistische Gesellschaft zu arbeiten. Dass dies nicht einfach war, nicht risikolos, das ahnten auch Luxemburg und ihre Zuhörerschaft.

Den wichtigsten Hebel für eine sozialistische Revolution verortete Luxemburg in den Räten. Deshalb müsste man »vor allen Dingen das System der Arbeiter- und Soldatenräte, in der Hauptsache das System der Arbeiterräte in der Zukunft ausbauen, nach allen Richtungen hin«. Ihr Referat war eine offene Kampfansage an die bestehende Regierung und ihr Machtsystem, zugleich eine Absage an jenen Parlamentarismus, der nur die bestehende kapitalistische Gesellschaft stabilisieren und zementieren wollte. »Wir müssen die Macht ergreifen, wir müssen uns die Frage der Machtergreifung vorlegen als die Frage: was tut, was kann, was soll jeder Arbeiter- und Soldatenrat in ganz Deutschland? (Bravo!)

Dort liegt die Macht, wir müssen von unten aus den bürgerlichen Staat aushöhlen, indem wir überall die öffentliche Macht, Gesetzgebung und Verwaltung nicht mehr trennen, sondern vereinigen, in die Hände der Arbeiter- und Soldatenräte bringen.«[253]

Der Parteitag sollte und konnte der neuen Partei Orientierung und Mut geben. Es war aber nicht zu übersehen, dass der theoretische und organisatorische Vorlauf fehlte. Die Repression der Kriegsgesetze hatte viele Mitglieder und Führungskräfte lange vom politischen Kampf fern und in Gefängnissen und Zuchthäusern festgehalten. Sie waren erst unmittelbar vor und in den Novembertagen freigekommen und standen nun übermüdet, auch überfordert vor einer Mammutaufgabe. Zu lange hatte man sich der Hoffnung hingegeben, die USPD nach links drängen zu können. Das war gescheitert. Die neue Partei formierte sich in einer Situation, da die Gegenrevolution längst zum Gegenschlag bereitstand.

Die Partei war organisatorisch noch schwach, hatte noch nicht viele kampffähige Basisorganisationen außerhalb der Industriemetropolen und Hafenstädte, der Einfluss in den berechtigterweise als Hauptkampfmittel betrachteten Räten war gering. In wichtigen Fragen fand der Parteitag keine Einigung. Heute wird oft der Verzicht auf die Teilnahme an den Wahlen zur Nationalversammlung herausgestellt. Luxemburg wie Liebknecht hatten vehement für die Teilnahme geworben, aber die Mehrzahl der Delegierten glaubte zu wissen, dass Parlamente von Grund auf bürgerliche Strukturen seien, Wahlkampf und Abgeordnetenhaus die falsche Bühne für die Linke. Ein verhängnisvoller Fehler zweifellos. Ob allerdings ein positiver Entscheid die KPD mit nennenswerten Ergebnissen in das Parlament gebracht hätte, bleibt ungewiss. Ein solcher Beschluss hätte jedenfalls die Konterrevolution kaum aufgehalten.

Ein Schwachpunkt war das Fehlen von Konzepten für eine umfassende basisdemokratische Umgestaltung von Gesellschaft und Wirtschaft. Der Bauernfrage wurde viel zu wenig Aufmerksamkeit entgegengebracht, vor allem wurde die sehr differenzierte Lage zu schematisch betrachtet, beispielsweise bezüglich der ostelbischen Landarbeiter auf den Gütern der Junker. Gegen Junker wie gegen Mittelbauern wurde gleichermaßen Front gemacht, und Genossenschaften wurden als Ziel ausgegeben. Auch die Reflektionen über Bündnispolitik, das Zusammenwirken mit der Intelligenz und bürgerlichen Schichten, die unter imperialistischen Bedingungen als Partner wichtig waren, ließ zu wünschen übrig; deren spezifische Interessen blieben unbeachtet. Insgesamt war das Programm der KPD aber trotz dieser Einschränkungen ein wichtiger Fortschritt für die Herausbildung einer sozialistischen Politik in Deutschland.

Wenn heute über die Schwächen der KPD gemäkelt wird, dann sollten die Ausgangsbedingungen nüchtern und realistisch betrachtet werden. Ein Zusammenschluss unterschiedlicher linker Politiker und Aktivisten, von gestandenen Marxisten bis zu Anarchosyndikalisten, zwang zu einem Lernprozess. In einer auf Jahre unübersichtlichen Lage und aus einer im Anspruch zwar revolutionären, im Kräfteverhältnis aber eher defensiven Position heraus mussten Funktionäre und Mitglieder zwangsläufig über die richtigen Strategien und Taktiken streiten. Und auch der weitere Lebensweg etlicher Teilnehmer und Teilnehmerinnen des Gründungsparteitags sollte kompliziert verlaufen. Manche wurden Opfer der Konterrevolution, einige waren in späteren Jahren von den stalinistischen Repressionen betroffen, sie zerstritten sich über Wege zur sozialistischen Revolution. 1921 sollte es zu einer großen Vereinigung der KPD mit dem linken Flügel der USPD kommen, diverse Abspaltungen folgten, von KAPD (Kommunistische Arbeiterpartei Deutschlands) bis zur KPD-Opposition, die KPD wurde Teil der III., der Kommunistischen Internationale, bolschewisierte sich und schwankte zwischen eigener Politik und dem treuen Erfüllen der Moskauer Beschlüsse. 1933 konnte sie den Faschismus ebensowenig verhindern wie die SPD und die liberalen bürgerlichen Parteien, und sie alle wurden Opfer der faschistischen Unterdrückung. 1945 schließlich erstand die Kommunistische Partei in allen vier Besatzungszonen wieder auf und versuchte im Osten Deutschlands, aufgegangen in der SED, 41 Jahre lang, ihre Ideale von 1918 endlich zu verwirklichen.

»Die Ordnung herrscht in Berlin«

Ein letztes Kapitel der Revolution von 1918/19 ist aufzuschlagen: Der Bruch des Januar 1919.[254] Die Ereignisse im Dezember, der 6. wie der 24. Dezember 1918, die systematische Organisation der Kräfte für »Ruhe und Ordnung«, für die Konterrevolution, der wüste antikommunistische Propagandakrieg spitzten die Lage nochmals zu. Spartakus konnte Hunderttausende mobilisieren, die MSPD hielt nicht weniger stark dagegen und die konterrevolutionären Militärs suchten die Gelegenheit zum Losschlagen. Denn es würde keinen Streit der Ideen, der Redner und Transparente geben, sondern einen bewaffneten Kampf auf Leben und Tod.

Seit dem 29. Dezember, nach dem Ausscheiden der USPDler, ist Gustav Noske Mitglied des Rates der Volksbeauftragten und verantwortlich für Heer und Marine. In diesen Tagen formieren sich die Freiwilligenverbände. Hier eine kleine Auswahl bekannterer Formationen, die um die Großstädte und das Ruhrgebiet ihre Positionen beziehen: die Marine-Brigade Ehrhardt, das Freikorps Bahrenfeld, das Freikorps Epp, das Freikorps Lichtschlag, das Freiwillige Landesjägerkorps bzw. Freikorps Maercker, das Freiwilligen-Regiment Reinhard. Eine Sonderrolle spielt die Garde-Kavallerie-Schützen-Division, die, noch aus den alten Heeresstrukturen kommend, als eigenständiger konterrevolutionärer Verband und Zentrum von Freikorpsgründungen wirkt. Generalmajor Georg Ludwig Rudolf Maercker wird zur Schlüsselfigur für die konterrevolutionären, aber eigentlich regierungstreuen Streitkräfte, die die Reichshauptstadt unter Kontrolle bringen sollen. Der Anlass findet sich rasch.

Am 4. Januar 1919 setzt der Rat der Volksbeauftragten Emil Eichhorn als Berliner Polizeipräsidenten ab. Das USPD-Mitglied ist noch vom alten MSPD-USPD-Rat berufen worden. Mit dem Auszug der USPD kann der »neue«, allein von der MSPD geführte Rat der Volksbeauftragten reinen Tisch machen. Denn Eichhorn hatte den Angriff auf Schloss und Marstall in den Weihnachtstagen nicht unterstützt. Nun soll auch hier ein regierungstreuer Vertreter wirksam werden. Die linken Parteien und Arbeiter begreifen, dass dies eine Provokation ist, um das Kräfteverhältnis in der Stadt weiter zu ihren Ungunsten zu verändern. Die Berliner USPD und die Revolutionären Obleute rufen am Folgetag zu Massendemonstrationen, die KPD schließt sich diesen Forderungen an, obwohl Eichhorn nicht ihr Mann ist. Im Zuge der Demonstrationen mit 500 000 Menschen kommt es zur Besetzung des Berliner Zeitungsviertels, der sozialdemokratische *Vorwärts* und das Wolff'sche Telegraphen-Bureau kommen unter die Ägide der Aufständischen. Einige Linke glauben, dass dies das Signal ist, die Machtfrage zu stellen. Ein »Provisorischer Revolutionsausschuss« mit USPD- und KPD-Vertretern erweist sich als nicht entscheidungsfähig. USPD-Politiker suchen zur gleichen Zeit Verhandlungslösungen. Das Fazit: Aus einer Abwehraktion entwickelt sich ein Aufstand. Der aber bleibt führungslos und bewirkt das Gegenteil des Erhofften: den blutigen Sieg der Konterrevolution.

Aufruf des besetzten Vorwärts, Organ der revolutionären Arbeiterschaft Groß-Berlins, vom 6. Januar 1919

Was zaudern, worauf warten unsere revolutionären Obleute und Vertrauensleute? Was macht der Großberliner Arbeiter- und Soldatenrat? Wo ist der Vollzugsrat der Arbeiter- und Soldatenräte?

Die revolutionären Massen müssen diese Organe zur Tatkraft anspornen. Keine Zeit ist zu verlieren. Es ist endlich nötig, die allerdringlichsten, unaufschiebbaren Maßnahmen zum Schutze der Revolution zu ergreifen:

Entwaffnung aller gegenrevolutionären Elemente.

Bewaffnung der proletarischen Massen.

Bildung der Roten Armee.

Zusammenschluss aller revolutionstreuen Truppen

zur gemeinsamen Aktion mit der Arbeiterschaft.

Sofortige Machtergreifung durch die A.- u. S.-Räte.

Nieder mit den Hochverrätern Ebert-Scheidemann.

Das sind die Gebote der Stunde!

Als eine der nächsten Maßnahmen der revolutionären Abwehr ergreift die Berliner Arbeiterschaft abermals Besitz von ihrem rechtmäßigen Eigentum, dem Vorwärts.[255]

Rosa Luxemburg, wie ihre Genossen in der KPD von den Ereignissen getrieben und keineswegs Führerin eines »Spartakusaufstandes«, wie es schnell und bis heute medienwirksam und schuldzuweisend heißt, stellt die Ereignisse in den Zusammenhang der Revolution und ihrer Perspektive. In der *Roten Fahne*, dem Parteiblatt der KPD, schreibt sie (allerdings ohne Namensnennung) am 8. Januar: »Soll die Revolution weiter ihren Gang gehen, soll sie Etappe für Etappe ihrer Entwicklung durchmachen, um ihre historischen Aufgaben: die Abschaffung der bürgerlichen Klassenherrschaft und die Verwirklichung des Sozialismus, zu erfüllen, dann muss die Mauer, die sich ihr entgegenstellt, die Regierung Ebert-Scheidemann, hinweggeräumt werden. Um diese Spezialaufgabe wird sich die Revolution nicht herumdrücken können, in diese Aufgabe münden alle Erfahrungen der acht Wochen Revolutionsgeschichte.«[256]

Nach der Macht zu greifen, ob getrieben von Massenwut und übereifrigen Revolutionären Obleuten oder aus eigenem Entschluss: Wenn es an Organisation mangelt, wenn die Arbeiter nur unzureichend bewaffnet sind, wenn es keine der Revolution treu ergebenen Truppen in nennenswerter Zahl gibt, wenn selbst die Volksmarinedivision ihre Neutralität erklärt,[257] vor allem wenn es kein Konzept zur Massenmobilisierung über die eigene Anhängerschaft hinaus gibt, dann ist die Niederlage vorprogrammiert. Das Unterfangen, die Wahlen zur Nationalversammlung zugunsten einer Rätemacht zu verhindern, hätte starke und linke Räte erfordert. Für viele Arbeiter in den Räten, auch Linke, ist aber nach acht Wochen Revolution schon manches erreicht, was sie erstreben: Frieden, Demobilisierung, die Aussicht auf Arbeit, vor allem die Erwartung, dass ihr Leben wieder in geordneten Bahnen verläuft. Zu bedenken ist auch, dass viele immer noch – oder wieder – in Ebert und Genossen die Garanten für eine heile Zukunft, eben für »Ruhe und Ordnung« sehen. Hier liegt das

Gefühl, der Instinkt der MSPD sichtlich besser. Auch sie kann mit dem Bonus der Arbeiterführer Eindruck schinden, vielleicht mehr als die von Moskau »infizierten« Intellektuellen vom Schlage eines Liebknechts, einer Luxemburg oder ihres Moskauer »Einflüsterers« Radek.

Die Regierung und ihr bewaffneter Arm sehen die Gelegenheit zum Gegenschlag gekommen. Noske, der sich in seinen Aufrufen zu Ruhe und Ordnung ausdrücklich als Arbeiterführer gebärdet, nimmt militärische Haltung an. Pflichterfüllung ist angesagt. Gedrängt von seinen Amtskollegen und erwartet von den Militärs, bekennt er schneidig: »Meinetwegen! Einer muss der Bluthund werden, ich scheue die Verantwortung nicht!«[258]

Und die Bluthunde werden von der Leine gelassen, wiederum begleitet von wüster antikommunistischer, auch antisemitischer Mordpropaganda. Die Konterrevolution plakatiert: »Schlagt ihre Führer tot. Tötet Liebknecht«, und setzt Kopfgelder von 100 000 Mark aus, und die MSPD steht ihr nicht nach. In einem regierungsamtlichen Anschlag an Berlins Litfaßsäulen versprechen am 8. Januar 1919 Ebert und seine Kollegen: »Die Stunde der Abrechnung naht!«[259] Auch das sozialdemokratische Zentralorgan *Vorwärts* veröffentlicht kaum verklausulierte Mordaufrufe gegen Liebknecht und Luxemburg.

Artur Zickler: Das Leichenhaus

[…] Wer hat die Gewalt in die Straßen gesandt,
Proletarier?
Wer nahm die Waffe zuerst zur Hand
und hat auf ihre Entscheidung gebrannt?
Spartakus!
Vielhundert Tote in einer Reih –
Proletarier!
Karl, Rosa, Radek und Kumpanei –
es ist keiner dabei, es ist keiner dabei!
Proletarier![260]

Einen Tag zuvor durfte sich im MSPD-Blatt *Vorwärts* ein anderer Dichter blutigen Fantasien hingeben. Ein Hermann Wilke schrieb den regierungstreuen Mordbanden die Absolution auf den Leib: »Ich sah der Massen räuberische Streife, / sie folgten Karl, dem blinden Hödur[261], nach, / sie tanzten nach des Rattenfängers Pfeife, / der ihnen heuchlerisch die Welt versprach. / Sie knieten hin vor blutigen Idolen, / bauch rutschten vor der Menschheit Spott und Hohn, / vor Russlands Asiaten und Mongolen, / vor Braunstein, Luxemburg und Sobelsohn[262]. / O, kehret um ihr aufgehetzten Horden! / Ihr ruft nach Freiheit, nur um sie zu morden.«[263]

Die Freikorps der Regierung fallen in die Stadt ein und räumen mit den Aufständischen und denen, die dafür gehalten werden, rücksichtslos auf. Sie führen Krieg mit schwerer Artillerie, mit Panzern und gepanzerten Fahrzeugen, Flammenwerfern und Gasgranaten. So, wie sie es an den Fronten des Weltkriegs, oft noch in den deutschen Kolonialkriegen und noch mehr in den Antirevolutionskämpfen in russischen Landen gelernt und erprobt haben. Wer bewaffnet angetroffen wird, verfällt dem Standrecht. Und nicht in jedem Fall wird ernsthaft geprüft. Selbst Parlamentärsfahnen bieten keinen Schutz.

Hunderte Berliner Arbeiter, Soldaten und Matrosen verlieren ihr Leben, teilweise viehisch ermordet. Die Regierungstruppen erleiden minimale Verluste. Politisch am folgenreichsten ist der Mord an den beiden Revolutionsführern Rosa Luxemburg und Karl Liebknecht, die durch Angehörige der Garde-Kavallerie-Schützen-Division unter Verantwortung des Hauptmanns Waldemar Pabst misshandelt und abgeschlachtet werden. Pabst, faktisch Kommandeur der Division, erhält für seine erfolgreiche Befriedung der Hauptstadt am Folgetag den Dank von Ebert und Noske. Eine ernsthafte Verfolgung und Bestrafung dieser und zahlreicher anderer Mordtaten erfolgt – man kann sagen: natürlich – nicht. Es gibt Bagatellurteile und Verfahrenseinstellungen, denn alle haben nur ihre Pflicht oder schlimmstenfalls im Überschwang des Guten zu viel getan. Die deutsche Justiz bleibt auch weiterhin in guter Tradition auf dem rechten Auge stockblind.

Rosa Luxemburg hat in der *Roten Fahne* im Angesicht der Niederlage zwei Tage vor ihrer Ermordung ein bitteres, aber unverzagtes Resümee gezogen: »»Ordnung herrscht in Berlin!‹ Ihr stumpfen Schergen! Eure ›Ordnung‹ ist auf Sand gebaut.«[264] Am 15. Januar selbst erscheint der letzte Artikel von Karl Liebknecht, »Trotz alledem!«, mit ähnlich düster-prophetischen wie kämpferischen Worten: »Und ob wir dann noch leben werden, wenn es erreicht wird – leben wird unser Programm; es wird die Welt der erlösten Menschheit beherrschen. Trotz alledem! Unter dem Dröhnen des heranrollenden wirtschaftlichen Zusammenbruchs werden die noch schlafenden Scharen der Proletarier erwachen wie von den Posaunen des Jüngsten Gerichts, und die Leichen der hingemordeten Kämpfer werden auferstehen und Rechenschaft heischen von den Fluchbeladenen. Heute noch das unterirdische Grollen des Vulkans – morgen wird er ausbrechen und sie alle in glühender Asche und Lavaströmen begraben.«[265]

Der Mord an den beiden herausragenden linken Gestalten der deutschen Revolution beendet den Januaraufstand. Das Deutsche Reich hat seine Revolution überstanden, meinen zumindest Regierung und bewaffnete Macht. Nun könne ganz legal ein Strich unter die Geschichte gezogen und eine Nationalversammlung als konstituierende Versammlung gewählt werden. Das geschieht am 19. Januar mit einem für die Arbeiterparteien enttäuschenden Ergebnis. MSPD mit 37,9 Prozent und USPD mit 7,6 Prozent haben keine Mehrheit und verlieren ihre privilegierte Stellung aus der Revolutionszeit (obwohl sie im Vergleich zu den letzten Reichstagswahlen von 1912 mit damals 34,8 Prozent für die noch einige SPD zugelegt haben). Die KPD ist nicht angetreten. Die rechtsstehende Deutschnationale Volkspartei (DNVP) kommt auf 10,3 Prozent, die ebenfalls eher rechts zu verortende Deutsche Volkspartei (DVP) auf 4,4 Prozent. Einige regionale und Minderheitenparteien vereinigen auf sich 1,5 Prozent. Die bürgerlichen Parteien der Reichstagsmehrheit von 1917 gehen gestärkt aus den Wahlen hervor. Die Deutsche Demokratische Partei (DDP) kommt auf 18,5 Prozent, die Christliche Volkspartei (CVP), also das Zentrum, gewinnt 19,7 Prozent.[266]

Im Ergebnis kommt es im Februar zu einer Koalition von MSPD, DDP und Zentrum, die als »Weimarer Koalition«[267] in die Geschichte eingeht und mehrmals die Regierung stellen wird. Die »Revolutionsregierung« und die Nationalversammlung ziehen sich für die Konstituierung des neuen Parlaments und die In-thronisation der neuen Republik, die allerdings in bester feudaler Tradition als »Reich« firmiert, nach Weimar zurück. In diesem damals beschaulichen Residenz- und Beamtenstädtchen, durch die deutsche Klassik geadelt, können keine wütenden Arbeiter oder aufgebrachten Bürger den Gang der »Volksherrschaft« stören.

Fieberkurven

Am 19. Januar ist die Revolution an ihrem – vorläufigen – Ende angelangt. Aber die Widersprüche sind nicht kleiner geworden. Nun ist es nicht mehr der Krieg, sondern die Situation des kapi-talistischen Deutschland, die Millionen Menschen in Unsicher-heit, soziale Not, auch Hunger und Elend treibt. So schön sich das Stinnes-Legien-Abkommen und die Arbeitsgemeinschaft von Unternehmern und Gewerkschaften anließen, so schwer zu lösen bleiben die Probleme. Die Reorganisation der Wirtschaft läuft langsam, die Überschuldung durch die Kriegsausgaben lastet auf dem Land. Der Versailler Friedensvertrag erweist sich als die bit-terböse Wiederkehr jenes Vertrages, den das Deutsche Reich ein gutes Jahr zuvor der Sowjetrepublik abgepresst hat. Beschränkung des Heeres auf 100 000 Mann, Verlust der Kolonien, Gebietsab-tretungen im Westen und vor allem im Osten, Reparationen ohne Ende. Die westlichen Siegermächte haben ihren Kriegsschuldigen schon lange gefunden und wollen sich an Deutschland schadlos halten.

Nationalistischer Trotz erwacht, Revanchegelüste sind en vogue, die rechten Konterrevolutionskräfte und ihre faschistischen Speerspitzen erhalten Zulauf. Die Konzerne und die Reichsregie-rung suchen zumindest der inneren Schuldenlage Herr zu werden, und sie finden ein probates Mittel: Die Reichsbank druckt Geld ohne Ende, mit immer weniger Wert. Die Inflation trifft die Proletarier, die bürgerlichen Schichten. Nur wer Sachwerte, Immobilien, Fabriken hat, kann als Gewinner aus dieser Bereinigung hervorgehen – wie Hugo Stinnes.

Seit März 1919 kommt es immer wieder zu Streiks und Aufstandsversuchen. Schon im Januar hat sich parallel zu den Berliner Ereignissen in Bremen eine Räterepublik gegründet. Das geschüttelte Bayern[268] schwenkt in doppelter Weise auf den Rätekurs ein, die radikalisierte Rätemacht und die Kommunisten sind im Mai unter Eugen Leviné zugange. Aber die Reaktion hat offensichtlich nur auf diese Gelegenheit gewartet, fühlt sich provoziert. Mit brutalster Härte wird Berlin erneut befriedet, werden die Widerstände in Mitteldeutschland, in Bremen und München niedergeschlagen. Noskes Schießbefehl ist diesmal noch rücksichtsloser als im Januar, allein in Berlin sind 1200 Tote zu beklagen.

Im März 1920 wird von rechts geputscht: Der Kapp-Lüttwitz-Putsch eines hohen Staatsbeamten, Wolfgang Kapp, und eines Generals der Infanterie, Walther Freiherr von Lüttwitz, will die Revolution mit Hilfe der Freikorps rückgängig machen. Die Reichswehr stellt fest, dass sie nicht auf Kameraden zu schießen bereit ist. Also müssen wieder die Arbeiter Geschichte schreiben und die demokratischen wie sozialen Errungenschaften der Revolution verteidigen. Kurzzeitig gibt es ein Bündnis der nunmehr drei Arbeiterparteien und der Gewerkschaften, die mit einem Generalstreik die Putschisten in die Flucht schlagen.

Aber auf einmal können Reichswehr und Freikorps gemeinsam die Ordnung im Lande wiederherstellen und die zu aufmüpfigen und widerständigen Arbeiter niederschießen. Die wehren sich und zeigen besonders mit der Roten Ruhrarmee, dass Arbeiter immer noch kämpfen können. Ähnliches wiederholt sich im Jahre 1921, nun als mitteldeutscher Aufstand der Arbeiter. Im Jahre 1923 schließlich plant die KPD einerseits nach sowjetrussischem Vorbild und mit Moskauer Hilfe den großen Aufstand, den »Deutschen Oktober«[269]. Letztlich kommt es nur in Hamburg zum Barrikadenbau, andererseits gelingt es in Sachsen und Thüringen kurzzeitig, Arbeiterregierungen der Arbeiterparteien zu bilden.

Sowohl der Aufstand als auch die Arbeiterregierungen werden durch die Staatsmacht niedergeworfen. So viel Spielraum dürfen sozialistische und kommunistische Ideen nicht haben.

Die bürgerkriegsähnlichen Kämpfe seit dem November 1918 kosten mindestens 5000 Menschen das Leben,[270] mehrheitlich die Gegner der Regierung, der Freikorps, der faschistischen Banden. Viele der Opfer, vielleicht die Mehrzahl, sind aber auch unbeteiligte Zivilisten, die zwischen die Fronten geraten. Es gibt auch damals schon Fake News, besonders vonseiten der Konterrevolution, Fakt ist aber, dass die entmenschte Soldateska mordet, wehrlose Gefangene und Parlamentäre erschießt, erschlägt. Trotz unzweifelhafter Straftatbestände bleiben die Täter straffrei oder kommen mit Bagatellstrafen davon.

Der Pazifist und Statistiker Emil Julius Gumbel macht in seinen akribischen Untersuchungen zu den Morden und ihrer Verfolgung erschreckende Tatsachen öffentlich, die aber Regierung und Justiz unbeeindruckt lassen. Er zählt für den Zeitraum 1919 bis Juni 1922 von rechter Seite 364 politische Morde. Sie werden mit 90 Jahren und 2 Monaten Haft, einmal Lebenslänglich und 730 Mark Strafe abgegolten, spätere Amnestien nicht berücksichtigt. Der Linken werden im selben Zeitraum 22 politische Morde zur Last gelegt, die mit 10 Exekutionen, 248 Jahren und 9 Monaten Haft sowie dreimal Lebenslänglich geahndet werden.[271]

Zu den mehr oder minder offenen Kämpfen kommt aber noch eine weitere Ebene: eine rechte, schon faschistische Untergrundbewegung, die ihr mörderisches Unwesen trieb, teilweise von der herrschenden Politik gedeckt. Besonders die Organisation »Consul« trat mit Mordanschlägen auf missliebige Politiker hervor, die sie für die Revolution und die militärische Niederlage im Krieg verantwortlich machten. Unter den Opfern waren bürgerliche Politiker wie Matthias Erzberger und Walther Rathenau ebenso wie der Sozialdemokrat Scheidemann (der überlebte). Dazu kam die »Schwarze Reichswehr«, die unter Umgehung des Versailler Vertrages ein Auffangbecken für die Freikorpskämpfer war und mit Fememorden ihre Geheimnisse zu wahren suchte. Der faschistische Mob, der 1933 Deutschland und ab 1939 die Welt unterwerfen wollte, hatte hier seine Lehrzeit absolviert. Nicht wenige Freikorpsangehörige und ihre Führer fanden sich in den Soldlisten von SA und SS wieder.

Der Hitler-Ludendorff-Putsch in München im November, genau vier Jahre nach der deutschen Revolution, und seine Niederwerfung beenden diese Zeit der Revolutionen und Aufstände von 1918 bis 1923. Den Faschisten wird allerdings die nahe Zukunft gehören, während die blutigen Erfahrungen des Kampfes zwischen Sozialdemokraten und Kommunisten die Arbeiterbewegung noch lange lähmen.

Erst die relative Stabilisierung des Kapitalismus in Deutschland, das Ende der Inflation, eine gewisse Verständigung mit den Siegermächten auch hinsichtlich der Reparationen und die kurzen goldenen 1920er beenden die revolutionäre Nachkriegskrise. Die nächste Krise wird nicht lange auf sich warten lassen – 1929 beginnt der wirtschaftliche Niedergang und die Rutschbahn in die faschistische Diktatur.

Ein offenes Resümee:
Epochenbruch

Die Novemberrevolution steht nicht isoliert da. Sie ist Teil eines Jahrzehnts radikalen Wandels, gesellschaftlichen, politischen, auch geopolitischen Umbruchs zwischen 1914 und 1923, zwischen dem Beginn eines Weltkrieges und dem Beginn einer Phase der relativen Stabilisierung in den meisten europäischen Staaten, aber auch in den internationalen Beziehungen.

Der marxistische Historiker Eric Hobsbawm, dem wir die Formel vom »kurzen 20. Jahrhundert« verdanken, das für ihn deckungsgleich mit Aufstieg und Untergang des staatlich organisierten Sozialismus seit der Oktoberrevolution ist, hat seine Diagnose gestellt: »Revolution war das Kriegskind des 20. Jahrhunderts: Besonders die Russische Revolution von 1917, die die Sowjetunion gebar, verwandelte sich bis zur zweiten Phase des einunddreißigjährigen Krieges in eine Supermacht beziehungsweise, allgemeiner ausgedrückt, in eine Revolution, die eine globale Konstante der Jahrhundertgeschichte wurde. Krieg allein führt kriegführende Staaten noch nicht notwendigerweise in eine Krise oder in den Zusammenbruch und Revolution. Vor 1914 hatte sogar das Gegenteil gegolten, zumindest für etablierte Regime mit traditioneller Legitimation. Napoleon I. hatte sich bitter darüber beklagt, dass der Kaiser von Österreich hundert verlorene Schlachten glücklich überleben konnte, ebenso wie der König von Preußen ein militärisches Desaster und den Verlust der Hälfte seiner Länder, während er, ein Kind der Französischen Revolution, schon nach einer einzigen Niederlage in Gefahr gerate.« Und er präzisiert: »Doch der Kraftaufwand, den der totale Krieg des 20. Jahrhunderts von den in ihn verwickelten Staaten und Völkern forderte, war derart überwältigend und beispiellos, dass diese bis an die Grenzen ihrer Kräfte belastet wurden und sehr wahrscheinlich bis an den Rand des Zusammenbruchs gelangt waren. Nur die USA tauchten aus den Weltkriegen in beinahe dem gleichen Zustand wieder auf, in dem sie in sie eingetreten waren – nur etwas gestärkt. Für alle anderen Staaten bedeutete das Ende der Kriege: Umsturz.«[272]

Es sollten keinesfalls nur »die Kronen zu Dutzenden über das Straßenpflaster rollen«, für die sich niemand finden würde, sie aufzuheben, wie Friedrich Engels noch im alten Jahrhundert 1887 vorhersah. Er konnte nicht wissen, wie dieser Prozess ausgehen würde, schrieb aber in der unerschütterlichen Überzeugung, dass letztendlich die Bedingungen für den »schließlichen Sieg der Arbeiterklasse«[273] geschaffen werden würden.

Hobsbawm konnte dieses Jahrhundert, das Hoffnungen, Enttäuschungen und Entsetzen gebracht hatte, später in der Rückschau betrachten: »Die alte Welt war ganz offensichtlich zum Untergang verdammt. Die alte Gesellschaft, die alte Wirtschaft, das alte politische System hatten, wie es in einem alten chinesischen Sprichwort heißt, ›das Mandat des Himmels verloren‹. Die Menschheit wartete auf eine Alternative. Und eine dieser Alternativen war 1914 durchaus bekannt. Sozialistische Parteien, die auf die Unterstützung der sich ausbreitenden Arbeiterklasse in ihren Ländern bauten und vom Glauben an die historische Unvermeidlichkeit ihres Sieges durchdrungen waren, boten in den meisten Ländern Europas diese Alternative an. Und es sah so aus, als bräuchten die Völker nur ein Signal, um sich zu erheben und den Kapitalismus durch Sozialismus zu ersetzen und damit die sinnlosen Leiden des Krieges schließlich in etwas Sinnvolleres zu verwandeln: die blutigen Geburtswehen und Konvulsionen einer neuen Welt.«[274]

Mit dem Ersten Weltkrieg als einem Versuch, die Welt imperialistisch neu aufzuteilen, wurde dieser Prozess für das 20. Jahrhundert losgetreten. Der britische Historiker Ian Kershaw konstatiert fast lakonisch: »Das Gemetzel war ungeheuer gewesen, die Zerstörung gewaltig. Was dieser Krieg einem dramatisch veränderten Europa hinterließ, reichte tief. Die lange Abrechnung sollte bald beginnen.«[275]

Je nach politischer und ideologischer Interessenlage liegt der Fokus auf unterschiedlichen Jahren: Entweder auf 1917 und dem Beginn der russischen Revolutionen als Ausgangspunkt einer neuen bipolaren Weltordnung und Beginn eines revolutionären Prozesses, zunächst auf Europa begrenzt. Oder auf 1918 als Jahr des Friedens und der abgeschlossenen imperialistischen Weltaufteilung zu Lasten Deutschlands, Österreich-Ungarns, des Russischen und Osmanischen Reiches, aber auch der vielen Kolonien und abhängigen Gebiete, die trotz ihres Blutopfers für die »großen weißen Männer« leer ausgingen und weiter unterdrückt wurden. Letztere Sichtweise ist für viele Autoren heute die spannendere, nicht zuletzt weil sie den vermeintlichen Irrweg der Revolutionen auszuklammern vermag. So schreibt dieser Tage Daniel Schönpflug in einem Essay von der »fast unerträgliche[n] Spannung, mit der die Nachkriegszeit aufgeladen ist. Denn Visionen, Träume und Sehnsüchte beflügeln die Menschen im Umbruch zwischen dem 19. und dem 20. Jahrhundert nicht nur, sondern entzweien sie zugleich. Manche Zukunftsentwürfe stehen diametral gegeneinander, schließen einander – so behaupten es zumindest viele der neuen Heilsverkünder – gar aus und können nur in der Zerstörung des jeweils anderen realisiert werden. So erzeugt das erbitterte Ringen um die bessere Zukunft statt des sehnsüchtig erwarteten Friedens neue Gewalt, und es fordert neue Opfer.«[276]

Nochmals Ian Kershaws fast verwunderter Blick auf jene Jahre: »Es war Friede – gewissermaßen. Oft genug jedoch sah es danach nicht aus. Dem Krieg folgten heftige Turbulenzen, wie eine Flutwelle einem Erdbeben. Fünf Jahre dauerte es, bis die seismischen Erschütterungen nachließen. Die Soldaten kehrten heim in eine politisch, sozial, ökonomisch und ideologisch grundlegend veränderte Umwelt. Der Krieg hatte politische Systeme zerstört, Volkswirtschaften ruiniert, Gesellschaften gespalten, Blicke freigegeben auf radikal utopische Visionen einer besseren Welt. Er wurde als der ›Krieg, der den Krieg beendet‹, bezeichnet.« Im gleichen Atemzug formuliert er Fragen: »Warum ebnete er stattdessen den Weg zu einem anderen, noch verheerenderen Weltenbrand? Warum verflüchtigten sich die Hoffnungen von Millionen Menschen auf Frieden, auf eine bessere, auf mehr Freiheit und Gleichheit gebaute Gesellschaft so schnell? Wie legte Europa stattdessen die Fundamente für einen gefährlichen ideologischen Dreiklang vollkommen unvereinbarer, um Vorherrschaft ringender politischer Systeme: Kommunismus, Faschismus und liberale Demokratie?«[277]

1918 waren die Hoffnungen größer als die ebenfalls präsenten Ängste. Frieden, gesellschaftlicher Wandel waren greifbar, trotz einer verheerenden Wirtschafts- und Versorgungslage beflügelte Enthusiasmus die Menschen nach den entbehrungsreichen Jahren. Die Hoffnungen waren auch bei den Linken schwankend. Max Cohen, sozialdemokratischer Reichstagsabgeordneter und lange Kriegsbefürworter, rühmte: »Am 9. November 1918 hat das alte Deutschland aufgehört zu existieren. Rasch, unblutig und nüchtern (vielleicht zu nüchtern) wurde eine Herrschaftsform, die innerlich erledigt war, auch äußerlich sichtbar beseitigt [...] Der Gedanke einer gesamtdeutschen konstituierenden Nationalversammlung, der hier vor Wochen aufgeworfen war, aber wegen des geistigen Konservatismus der alten Parteien, auch der Sozialdemokratie, einen ganzen Monat lang sich nicht durchsetzen konnte, wurde nun plötzlich eine Selbstverständlichkeit. Hoffentlich kommt das Aufgreifen dieser Forderung nicht zu spät. Die neue Verfassung soll den politischen und wirtschaftlichen Neuaufbau Deutschlands ermöglichen. Dieser stellt uns vor Aufgaben von gigantischer Größe. Ihre Bewältigung ist ohne die Zusammenfassung aller schaffenden Kräfte des gesamten Volkes nicht denkbar, und besonders der Sozialismus wird zeigen müssen, ob er stark genug ist, die Riesenarbeit zu bewältigen. Die Gefahren, die das neue Werk bedrohen, scheinen übergroß. Umso größer muss die Willenskraft sein, ihrer Herr zu werden.«[278]

Radikale Linke hatten zu diesem Zeitpunkt, also Ende November / Anfang Dezember 1918, weitergehende Ziele und Erwartungen. Die gerade aus dem Gefängnis entlassene Rosa Luxemburg machte sie deutlich: »Die jetzt begonnene Revolution des Proletariats kann kein anderes Ziel und kein anderes Ergebnis haben als die Verwirklichung des Sozialismus. Die Arbeiterklasse muss vor allem danach trachten, die ganze politische Macht im Staate in die eigenen Hände zu bekommen. Aber die politische Macht ist für uns Sozialisten nur Mittel. Der Zweck, zu dem wir die Macht gebrauchen müssen, ist die Umwandlung von Grund auf der ganzen wirtschaftlichen Verhältnisse. [...] Alle gesellschaftlichen Reichtümer, der Grund und Boden mit allen Schätzen, die er in seinem Schoß und an seiner Oberfläche birgt, alle Fabriken und Werke, müssen als Gemeingut des Volkes den Ausbeutern aus der Hand genommen werden. Die erste Pflicht, die eine wirkliche Arbeiterregierung hat, ist die, durch eine Reihe von Machtsprüchen die wichtigsten Produktionsmittel als Nationaleigentum zu erklären und unter die gesellschaftliche Kontrolle zu stellen. Dann beginnt aber erst die eigentliche und die schwierigste Aufgabe: der Aufbau der Wirtschaft auf ganz neuen Grundlagen.«[279]

Wie wir heute wissen, waren die Weichen durch die neue Regierung, die sich vollmundig Rat der Volksbeauftragten nannte, schon anders gestellt. Cohen hatte natürlich recht: Diese Regierung setzte nicht auf einen radikalen Bruch der Macht- und Eigentumsverhältnisse, sondern wollte die bürgerlich-parlamentarische Republik, die sich mit den alten Mächten zum wirtschaftlichen Wiederaufstieg verbündete. In diesen Tagen war der Entscheidungskampf schon vorprogrammiert. Trotz mancher Chance auf eine alternative Entwicklung, insgesamt gab es in der revolutionären Nachkriegskrise kein Entrinnen aus diesem Kampf.

Dennoch sollten diese Alternativen nicht aus dem Auge verloren werden: »Schon am frühen Morgen war ganz Berlin auf den Beinen. Trotz der schwierigen Verkehrslage waren Zehntausende von Menschen nach Berlin geströmt, um Zeuge zu sein bei der Grundsteinlegung der neuen Gesellschaft. Der ganze lange Weg vom Flugplatz bis zum Reichstagsgebäude, das nun wirklich dem deutschen Volke und dem internationalen Proletariat gehört, war dicht von Menschen umsäumt. Acht Reihen tief standen auf einer

Straßenseite die Mitglieder der bewaffneten roten Macht, die Angehörigen der Roten Armee und der Roten Arbeiterwehr Berlins. Auf der anderen Seite die Mitglieder des Roten Frauenbundes zur Verteidigung der Revolution und – kilometerweit, ebenfalls zu Hunderttausenden – unsere Jugend, die kommende Generation, der die Erfolge unseres Kampfes zugute kommen sollen. Spannung, Begeisterung, Kampfbereitschaft auf allen Gesichtern. Heut kommt kein Potentat, kein degenerierter Spross eines Fürstenhauses. Heut kommen die Männer von morgen, die Führer der Revolution. Ungeheurer Jubel bricht aus, als die Führer der deutschen Revolution vorbeifahren, Karl Liebknecht, Ledebour, Rosa Luxemburg, Leviné […] Und plötzlich wird der Sturm zum Orkan, reißt alles hoch in einem einzigen ungeheuren Wirbel. Hunderttausend Willen werden zusammengeschweißt zu einem einzigen Willen, hunderttausend Kehlen verschmelzen, vereinigen sich zu einem einzigen Ruf. Lenin!!! Lenin!!! Lenin!!!«[280]

Was hier der vergessene und von den Nazis ermordete Sozialdemokrat Walter Müller ein gutes Jahrzehnt nach den Ereignissen von 1918/19 in einer kontrafaktischen Utopie so begeistert beschrieb, würde unsere heutigen Diskussionen über die damalige Revolution, wahrscheinlich generell über den Aufstieg und Niedergang der sozialistischen Bewegungen und ihrer Ideologien überflüssig machen. Russen, Deutsche, die internationale Arbeiterklasse geeint, siegreich, der Pioniergeist des Ostens mit der soliden technologischen und kulturellen Basis des Westens verbunden …

Wir haben lernen müssen, dass es mit den Utopien, den Hoffnungen, die immer bleiben, aber nur schwer einzulösen sind, so eine Sache ist. Darüber sollte auch die heutige Aufgeregtheit, das Interesse für jene Ereignisse, die vor 100 Jahren Europa und die Welt umkrempelten, nicht hinwegtäuschen. Es gibt viele Gründe, die ein knappes Generationsalter nach dem Untergang des Realsozialismus, der sowjetischen Supermacht, und der Wiedererrichtung einer kapitalistischen Weltwirtschaftsordnung die Blicke auf diese vergangene Zeit lenken mit der Frage, was sie uns für das Hier und Jetzt vermitteln könnte.

Um es vorwegzunehmen: Die Vergewisserung der Geschichte kann helfen, Traditionen zu entwickeln, Vorbilder zu finden. Sie sollte warnen vor Entscheidungen und Entwicklungen, die alle Beteiligten, Verfechter wie Kritiker, in die Irre, ins Verhängnis führen können.

Das gilt erst recht für eine Bewegung, die ihre historische und aktuelle Legitimität nicht aus den angehäuften Reichtümern in der Hand einiger weniger schöpft, sondern aus dem massenhaften Kampf für eine sozial gerechte, demokratisch verfasste Gesellschaft, die sich aller Ausbeutung, Unterdrückung und Benachteiligung entledigen will.

Es ist nicht leicht, wirklich aus der Geschichte zu lernen. Denn nicht Historiker machen heute Politik, sondern diejenigen, die unzufrieden und unduldsam mit Krieg, Ungerechtigkeit und Bevormundung sind.

Vielleicht sind die nachwachsende Generation und eine aus ihrer Lethargie und Passivität erwachende Minderheit zu der Einsicht gekommen, dass sie sich nicht mit einem »Ende der Geschichte« und dem TINA-Prinzip (there is no alternative) abfinden wollen, dass sie 70 Jahre Realsozialismus mit allen Irrläufern und Verbrechen, aber auch Hoffnungen und ganz realen sozialen Errungenschaften, nicht auf dem »Müllhaufen der Geschichte« verrotten lassen wollen.

Vielleicht ist es aber auch viel profaner, wenn auch existenzieller: Seit gut einem Jahrzehnt steckt der Weltkapitalismus in einer tiefen Wirtschafts- und Finanzkrise, die für viele Kenner keineswegs ausgestanden ist und erneut eruptiv demonstrieren kann, dass die so überlegene und siegreiche neoliberale Ordnung den Keim ihrer Zersetzung in sich trägt, dass »Krisentheoretiker« wie der alte Marx so unrecht nicht hatten.

Der selbsternannte Weltgendarm USA hat die unilaterale Welt verspielt, weil Wunsch und Wirklichkeit auseinanderklaffen. 100 Jahre nach 1914 ist die Welt wieder multipolar geworden, von Krisen und Kriegen gezeichnet, und der unbedarfte Beobachter sieht nicht die Chancen dieser neuen Konstellationen, sondern allein ihre Risiken – die Ur- würde nun zur End-Katastrophe. Manche ihrer Akteure kommen diesem Beobachter in Berlin, London oder Washington D. C. bekannt vor. Bei anderen reibt er sich die Augen, etwa wenn das durch ein Übermaß an Revolutionen und Kriegen gebeutelte und schon vergessen geglaubte Russland sich als Welt-, Ordnungs- und Konkurrenzmacht ebenso zurückmeldet wie China. Es scheint die Erinnerung auf, dass der große Krieg vor 100 Jahren in Chaos, Zerstörung, Staatsgründungen, sozialen Umwälzungen endete – deren Folgen bis heute reichen und nicht ausgestanden sind.

Wenn Walter Müller und viele Linke recht behalten hätten, dann wäre die lange Zeit beschworene »Epoche des weltweiten Übergangs vom Kapitalismus zum Sozialismus« heute schon erfolgreich abgeschlossen oder doch wenigstens voll im Gange. Da wir aber wissen, dass dieser Prozess mit dem Zusammenbruch des Realsozialismus vor drei Jahrzehnten erst einmal abgebrochen wurde, bleiben uns Spurensuche und Spurensicherung, allerdings auch die Pflicht, als Linke diese Geschichte selbstkritisch zu betrachten und zu prüfen, ob es Erfahrungen gibt, die heute interessant und wichtig sind.

Nun sind linke Historiker und Sozialwissenschaftler, auch manche linke Parteien, diesbezüglich nicht faul gewesen. Sie haben Stein um Stein gewendet, mehr noch, jede Seite vergilbter Papiere durchwühlt, die »weißen Flecken« einer falschen, parteiischen Geschichtsschreibung getilgt und »Unpersonen« wieder Namen, Gesicht und Ehre gegeben. Wir wissen heute genauer, wie dieser Realsozialismus funktionierte. Wir kennen die Grenzen und Gefahren eines Systems, das mangels besserer Möglichkeiten stellvertretend für die zu befreiende Klasse die Macht ausübte, das die innergesellschaftliche, bald auch innerparteiliche Demokratie zugunsten einer allmächtigen Parteibürokratie und ihrer mehr oder minder befähigten Führer beseitigte und die eigene kritische und dialektische Herangehensweise, gelinde gesagt, »vergaß«.

Schauen wir darum zurück, wie es begann, welche Irrungen und Wirrungen, welche Hoffnungen und realen Erfolge es gab. Da ist zuerst einmal die Einsicht, dass dieser Bruch der Epochen, dieses Entstehen einer Bruchzone[281], wie heute Globalgeschichtler diese konfliktreiche Gemengelage beschreiben, nicht das Werk der Linken war, die den Sozialismus wollten. Die Zäsur war der Beginn eines Weltkrieges, in den niemand »hineinschlitterte« oder »schlafwandelte«, wie uns seit einigen Jahren Historiker wie Christopher Clark[282] weismachen wollen. Es war schlicht ein imperialistischer Krieg, der von allen beteiligten Großmächten gewollt wurde, weil sie klare Ziele hatten: das Erzbecken von Briey, Elsass-Lothringen und das Rheintal, die Dardanellen … Natürlich träumten sie von einem anderen Krieg als dem, den sie schließlich bekamen: Kürzer, siegreicher sollte er sein – mit der je eigenen neuen Vormachtrolle in der Welt als Ergebnis. Das wird heute gerne vergessen gemacht von jenen, die wieder an Rüstung und Krieg verdienen wollen, die mit freundlichem Gerede von Menschenrechten und Freiheiten ihre Vormachtrolle in der Welt zu erkämpfen suchen.

Wladimir Iljitsch Lenin 1915 zum Charakter des Ersten Weltkriegs

Fast alle erkennen an, dass der heutige Krieg ein imperialistischer Krieg ist, aber zumeist verfälscht man diesen Begriff oder wendet ihn jeweils nur auf eine Seite an oder unterstellt schließlich trotzdem die Möglichkeit, dass dieser Krieg die Bedeutung eines bürgerlich-fortschrittlichen, eines nationalen Befreiungskrieges haben könne. Der Imperialismus stellt die erst im 20. Jahrhundert erreichte höchste Entwicklungsstufe des Kapitalismus dar. Dem Kapitalismus ist es zu eng geworden in den alten Nationalstaaten, ohne deren Bildung er den Feudalismus nicht stürzen konnte. Der Kapitalismus hat die Konzentration bis zu einem solchen Grade entwickelt, dass ganze Industriezweige von Syndikaten, Trusts, Verbänden kapitalistischer Milliardäre in Besitz genommen sind und dass nahezu der ganze Erdball unter diese »Kapitalgewaltigen« aufgeteilt ist, sei es in der Form von Kolonien, sei es durch die Umstrickung fremder Länder mit den tausendfachen Fäden finanzieller Ausbeutung. Der Freihandel und die freie Konkurrenz sind ersetzt durch das

Streben nach Monopolen, nach Eroberung von Gebieten für Kapitalanlagen, als Rohstoffquellen usw. Aus einem Befreier der Nationen, der er in der Zeit des Ringens mit dem Feudalismus war, ist der Kapitalismus in der imperialistischen Epoche zum größten Unterdrücker der Nationen geworden. Früher fortschrittlich, ist der Kapitalismus jetzt reaktionär geworden, er hat die Produktivkräfte so weit entwickelt, dass der Menschheit entweder der Übergang zum Sozialismus oder aber ein jahre-, ja sogar jahrzehntelanger bewaffneter Kampf der »Groß«mächte um die künstliche Aufrechterhaltung des Kapitalismus mittels der Kolonien, Monopole, Privilegien und jeder Art von nationaler Unterdrückung bevorsteht.[283]

Dass hier einige Mächte besonders aktiv und kriegstreibend waren, das Deutsche Reich beispielsweise, gehört zu den notwendigen Erkenntnissen der Geschichte, die gegen jeden Revisionismus zu verteidigen sind – ohne den allseits imperialistischen Charakters des Krieges aus den Augen zu verlieren. Darum bleibt es eine Verantwortung der Linken, immer wieder die Schuldigen zu benennen.

Diese Grundkonstellation kannten die Linken der II. Internationale am Vorabend des Weltbrandes sehr wohl. Ja, sie versprachen sich und der Welt, alles zu unternehmen, den Krieg zu verhindern und zu bekämpfen. »Droht der Ausbruch eines Krieges, so sind die arbeitenden Klassen und deren parlamentarische Vertretungen in den beteiligten Ländern verpflichtet [...] *alles aufzubieten*, um durch *die Anwendung der ihnen am wirksamsten erscheinenden Mittel den Ausbruch des Krieges zu verhindern*, die sich je nach der Verschärfung des Klassenkampfes und der Verschärfung der allgemeinen politischen Situation naturgemäß ändern.«[284] Nur, als es ernst wurde, war diese Kriegsgegnerschaft vergessen und der Internationalismus auf eine ferne Zukunft vertagt, denn das Vaterland musste verteidigt werden.

Es waren nicht die großen sozialdemokratischen und sozialistischen Parteien, die den Krieg zu beenden suchten. Es waren kleine, oft radikale Minderheiten der Arbeiterbewegung, die sich mit der Zimmerwalder Bewegung, dem Spartakusbund und anderen der Bolschewiki besannen und erkannten, dass Widerstand ihre Pflicht und die einzige Chance auf Frieden war. Ihre radikalsten Kräfte begriffen, was Liebknecht formulierte: »Der Hauptfeind jedes Volkes steht in seinem eigenen Land! *Der Hauptfeind des deutschen Volkes steht in Deutschland: der deutsche Imperialismus, die deutsche Kriegspartei, die deutsche Geheimdiplomatie.* Diesen Feind im eigenen Lande gilt's für das deutsche Volk zu bekämpfen, zu bekämpfen im politischen Kampf, zusammenwirkend mit dem Proletariat der anderen Länder, dessen Kampf gegen seine heimischen Imperialisten geht.«[285] Lenin notierte noch konsequenter: »Umwandlung des imperialistischen Kriegs in den Bürgerkrieg, und *jeder* konsequente Klassenkampf während des Krieges, jede ernsthaft durchgeführte Taktik von ›Massenaktionen‹ muss unvermeidlich dazu führen.«[286]

Heute neigen manche wie Wladimir Putin dazu, Lenin und die Bolschewiki für die eigene Niederlage verantwortlich zu machen, träumen deutsche Historiker wie Herfried Münkler[287] davon, dass klügere Kriegsführung und stabileres Hinterland noch den Sieg für die eigenen Waffen gebracht hätten, und selbst ausgewiesene Weltkriegsforscher wie Gerd Krumeich[288] wärmen die Mär von der Dolchstoßlegende auf.

Zu den Wahrheiten dieses Bruchs mit dem Weltkrieg gehört aber eben auch, dass nach drei, vier Jahren Krieg die Armeen, Völker, Kriegswirtschaften müde wurden, dass Hunger, Ausnahmegesetze, das tägliche Sterben an der Front und das Elend im Hinterland nicht nur Hurrapatriotismus, sondern auch elementare Durchhaltekraft bröckeln ließen.

In Deutschland revoltierten schon 1916 hungernde Frauen, Sympathien für die wenigen offenen Kriegsgegner wie Karl Liebknecht brachen sich Bahn. In Russland sorgten demonstrierende Frauen an ihrem internationalen Kampftag 1917, im Februar alter Rechnung, für den Beginn einer zunächst spontanen Revolution, die auf bessere Versorgung, auf Frieden gerichtet war für einen radikalen Wandel der russischen Gesellschaft. Schnell zeigte sich, dass die bürgerlichen, sozialrevolutionären, später auch menschewistischen Politiker der provisorischen Regierung nicht in der Lage oder willens waren, die drängenden Probleme zu lösen. Das war die Grundlage für den rasch zunehmenden Einfluss der Bolschewiki, denn die konnten sich Frieden, Brot, Boden und nationale Freiheiten auf die Fahne schreiben und mit ihrer erfolgreichen Revolution wichtige Schritte in diese Richtung vollziehen.

Das Jahr 1917 steht für die zweite große Wendung in diesem Jahrzehnt. Zum einen traten die USA in den Weltkrieg ein und sollten – bei allem Schwanken in den nächsten beiden Jahrzehnten – die bestimmende Großmacht werden, die zwar Demokratie und Selbstbestimmung versprach, aber vor allem imperialistische Dominanz und Antikommunismus brachte. Zum anderen markieren die beiden russischen Revolutionen, vom Februar und vom Oktober, nicht nur den geopolitischen Bruch im kapitalistischen Weltsystem, sondern auch den Ausbruch aus dem imperialistischen Krieg sowie den Anspruch auf eine künftige sozialistische Gesellschaft. Beide Revolutionen, schon der Februar, erst recht der Oktober, krempelten die politischen und die sozialen Verhältnisse in Russland radikal um. Bei allen Problemen, Rückschlägen, Fehlentwicklungen, bei aller notwendigen und unverzichtbaren Kritik am späteren stalinistischen Terror – erstmals nahmen einfache Arbeiter und Bauern ihre Geschicke selbst in die Hand.

Karl Liebknecht: Was will der Spartakusbund?
23. Dezember 1918

Bis jetzt ist die deutsche Revolution nichts anderes gewesen als ein Versuch zur Überwindung des Krieges und seiner Folgen. Ihr erster Schritt war daher der Abschluss eines Waffenstillstandes mit den feindlichen Mächten und der Sturz der Führer des alten Systems. Die nächste Aufgabe aller entschiedenen Revolutionäre besteht darin, diese Errungenschaften aufrechtzuerhalten und sie zu erweitern [...]

Nicht ein Friede des Augenblicks, nicht ein Friede der Gewalt, sondern ein Friede der Dauer und des Rechts, das ist das Ziel des deutschen wie des internationalen Proletariats [...]

Wir wollen, dass sich der Umbau der Gesellschaft und der Wirtschaft ohne Unordnung und in aller Friedlichkeit vollziehe. Und wenn Unordnung und Bürgerkrieg entstehen sollten, so werden einzig und allein diejenigen die Schuld tragen, die ihre Herrschaft und ihren Profit stets mit Waffengewalt befestigt und erweitert haben und die auch jetzt wieder versuchen, das Proletariat unter ihr Joch zu beugen [...]

Wir sind uns völlig klar darüber, dass es sich bei dieser Sozialisierung um einen langen und großen Prozess handelt [...] Aber glaubt jemand allen Ernstes, dass sich die Menschen den geeigneten Zeitpunkt für eine Revolution und für die Verwirklichung des Sozialismus nach ihrem Gutdünken und Belieben auszusuchen vermögen? [...] Man kann sich weder den geeignet erscheinenden Zeitpunkt für eine Revolution aussuchen noch die Revolution nach eigenem Ermessen vertagen. Denn was sind Revolutionen ihrem Wesen nach anderes als große und elementare gesellschaftliche Krisen, deren Ausbruch und Entfaltung nicht von dem Willen einzelner abhängt und die sich, über die Köpfe Einzelner hinweg, gleich gewaltigen Gewittern entladen! [...]

Damit uns aber der große Wurf des Sozialismus gelingt – dazu ist es unbedingt erforderlich, dass die politische Macht dem Proletariat erhalten bleibe. Denn jetzt gibt es kein Schwanken und Zögern mehr, sondern nur noch ein klares Entweder–Oder. Entweder der bürgerliche Kapitalismus fährt fort zu leben und die Erde und die gesamte menschliche Gesellschaft zu beglücken mit seiner Ausbeutung und Lohnsklaverei und der Verewigung der Kriegsgefahr, oder aber das Proletariat besinnt sich auf seine weltgeschichtliche Aufgabe und auf sein Klasseninteresse, das es dazu aufruft, alle Klassenherrschaft für immer aufzuheben.[289]

Auch wenn die kommunistische Partei in Sowjetrussland schnell zu der Einsicht kam, dass es ob der Rückständigkeit des Landes und der Schwäche der Arbeiterklasse besser sei, die Macht stellvertretend, paternalistisch für die Klasse auszuüben, eröffneten sich für die einfachen Menschen aller Nationalitäten entscheidende zivilisatorische Möglichkeiten. Dass die sowjetrussischen Revolutionäre trotz allem Bemühen um die Weltrevolution schließlich allein blieben, machte die Herausforderung und ihre Risiken umso größer. Trotzdem: Ihnen bleibt, in den Worten Rosa Luxemburgs, »das unsterbliche geschichtliche Verdienst, mit der Eroberung der politischen Gewalt und der praktischen Problemstellung der Verwirklichung des Sozialismus dem internationalen Proletariat vorangegangen zu sein und die Auseinandersetzung zwischen Kapital und Arbeit in der ganzen Welt mächtig vorangetrieben zu haben. In Russland konnte das Problem nur gestellt werden. Es konnte nicht in Russland gelöst werden [...] Und *in diesem Sinne* gehört die Zukunft überall dem ›Bolschewismus‹.«[290] Das war zugleich die Aufgabenstellung für die eigene Revolution.

Wesentlich war die internationale Wirkung dieser Revolutionen und der russischen Entwicklungen. Der Sturz des Zaren, erst recht Lenins Dekret über den Frieden beförderten in allen kriegführenden Mächten den Aufschwung der Antikriegsbewegung. Im Frühjahr und Sommer 1917 kam es zu Soldatenverbrüderungen, Meutereien in der französischen Armee und in der deutschen Flotte. Die Russen wurden im Januar 1918 die Vorbilder für die großen Munitionsarbeiterstreiks in Deutschland und Österreich-Ungarn, den Matrosenaufstand in Cattaro. Der wahnwitzige Raubfrieden der Mittelmächte von Brest-Litowsk verhinderte die Niederlage der Mittelmächte nicht.

Das Ende des Krieges – bei aller Einsicht der deutschen Generalität – war Resultat des veränderten Kräfteverhältnisses. US-Amerikaner im Westen, »rote Gefahr« im Osten, die zunehmende Bereitschaft, gegen den Krieg zu streiken, zu demonstrieren, schließlich zu Meutereien und in einer bewaffneten Revolution »das alte Morsche« hinwegzufegen, wie Philipp Scheidemann, der sozialdemokratische Führer, es am 9. November 1918 verkündete.[291]

Trotz der bewaffneten Macht der Arbeiter und Soldaten, trotz der Räte, trotz einer sozialdemokratischen Regierung, die sich noch Rat der Volksbeauftragten nannte, blieb allerdings offen, wohin die Reise gehen sollte. Aus deutscher Perspektive erwies sich, dass die Russen zwar ein Signal geben konnten, die Bolschewiki viele Linke, viele Arbeiter beeindruckten. Gleichzeitig lösten die russische Bürgerkriegsgräuel aber Ängste aus, nicht nur bei den Herrschenden.

Zu den russischen Revolutionen tobt auch heute wieder der Streit, ob Bolschewiki oder Menschewiki ihren Marx richtig gelesen hatten, ob Russland mit seiner verhältnismäßig kleinen Arbeiterklasse, seiner »halbasiatischen Barbarei«, wie es Lenin nannte, überhaupt reif war für eine Umwälzung, die nicht bürgerlich-demokratische, sondern sozialistische Ziele verfolgen wollte.

In Deutschland hätte es eigentlich anders sein können. Zwar waren etliche Aufgaben der Revolution von 1848 noch ungelöst, die demokratische Republik und die demokratischen Freiheiten, auch die Enteignung der Großgrundbesitzer noch nicht verwirklicht. Aber ansonsten war doch der Boden bereitet für den nächsten großen Schritt: eine starke Arbeiterklasse, ein hohes Maß an politischer Organisiertheit – wenn auch durch die Konflikte um die Kriegsunterstützung zerstritten und gespalten –, ein hoher Entwicklungsstand von Industrie und Kultur.

In diesem Jahr wird sicher wieder darüber gestritten werden, was möglich gewesen wäre, warum es scheiterte. Es wird wieder Ausreden geben: die Verhältnisse waren doch noch nicht so reif, die Angst vor einem Einmarsch der Entente habe diverse Linke gelähmt und die Regierenden angetrieben, die Linke wäre eben keine einheitliche Linke, sondern so zerstritten, dass sie bereit war, sich intern zu bekämpfen. Es wird zu fragen sein nach der Haltung der Mehrheitssozialdemokraten zum alten Staat, seinen Eliten und seinem Eifer, die angeblich drohenden russischen (Bürgerkriegs-)Verhältnisse mit Gewalt und Terror abzuwürgen.

Öffnet man den Blick weiter, wird allerdings deutlich, dass dieser Bruch des Jahres 1917 oder auch 1918/19 weitreichende Veränderungen nach sich zog, die teilweise die nächsten über 70 Jahre prägten, in mancher Hinsicht auch heute noch weltweit nachwirkten. Österreich machte ebenfalls Revolution, viele Staaten Osteuropas fanden ihre Souveränität, die Ungarn errichteten 1919 eine Räterepublik, die wie im Baltikum oder in Finnland von einheimischen und internationalen Konterrevolutionären blutig niedergeschlagen wurde. Turin und Norditalien erlebten 1919/20 die Biennio rosso, ihre »zwei roten Jahre«. Arbeiter besetzten ihre Betriebe und wählten Arbeiterräte, die aufkommenden Faschisten bekämpften sie. Selbst in der ruhigen Schweiz brodelte es, im November 1918 kam es zum großen Landesstreik. In den Siegermächten Westeuropas wie in den USA erstarkten die Linken.

Methodologisch wird deutlich, dass es eine Verbindung zwischen dem tradierten Begriff des »Revolutionszyklus« und der neueren Zuschreibung als »Bruchzone«, als eben nicht nur nationales oder regionales, sondern globales Phänomen, gibt. »Beziehen wir Revolutionen nicht allein auf einzelne Gesellschaften, sondern auf die globalen Verflechtungen insgesamt«, schreibt Matthias Middell, »dann verändert sich die Fragestellung, die wir an ihren Erfolg oder Misserfolg richten. Es geht dann darum, ob die Revolution eine Weichenstellung bedeutete, die ein neues Projekt der Globalisierung, d. h. der globalen Neupositionierung des jeweiligen Landes initiieren konnte.«[292]

Zu ergänzen bleibt die Frage, welche sozialen und politischen, aber auch ideologischen Dimensionen eine solche erweiterte Sichtweise offenbaren kann. Für den hier relevanten Zeitabschnitt von 1914 bis 1923, also – aus eurozentrischer Sicht – den Zeitraum zwischen dem Beginn des Ersten Weltkrieges und dem Ende der revolutionären Nachkriegskrise bzw. dem Beginn einer relativen Stabilisierung des Kapitalismus, hat dies Konsequenzen.

Linke politische Kräfte wurden mit teilweise großem Massenanhang zu wesentlichen Mitgestaltern der Politik vieler Länder, nicht nur in der Sowjetunion, sondern auch in Nord-, Mittel- und Westeuropa. Die 1914 ausgelöste Spaltung der Arbeiterbewegung in der Kriegsfrage war seit der Gründung der Komintern auch als weltweites Phänomen präsent. Es begünstigte Bruderkämpfe, war aber auch eine wesentliche Triebkraft, die eine sozialere Politik in vielen Ländern beförderte. Nicht zuletzt sorgten das sowjetische Beispiel und das Wirken linker Kräfte in vielen westlichen, kapitalistischen Staaten dafür, dass die herrschenden Kreise ihre

Politik verändern mussten, um ein neues 1917 zu verhindern. Der Faschismus war die brutalste Antwort, eine sozialere Ausrichtung des Kapitalismus die moderateste. Jedoch war die Integration linker, sozialdemokratischer Parteien und Ideen vom New Deal bis zum rheinischen Kapitalismus der letztlich erfolgreichere Weg.

Direkt oder indirekt gelang es Linken unterschiedlicher Couleur, auch untereinander verfeindeten, mehr oder minder große Schritte zur Stärkung und Entwicklung einer Sozialstaatlichkeit zugunsten der arbeitenden Menschen einzuleiten. Diese Weichen wurden erst mit der Durchsetzung des Neoliberalismus, dem Scheitern des Realsozialismus und dem Niedergang der Sozialdemokratie in den letzten Jahrzehnten »erfolgreich« zurückgestellt.

Mit den Revolutionen in Russland, Deutschland, Österreich-Ungarn, mit dem Zerfall der Vielvölker-Imperien entstanden zahlreiche neue Nationalstaaten, die ihren Weg zu Eigenständigkeit und Demokratie suchten. Was heute gerne verdrängt wird von den neuen Eliten: Die meisten osteuropäischen Staaten, insbesondere aus der Erbmasse des russischen Reiches, aber ebenso Ungarns, standen in den ersten Jahren nach 1917 vor sozialistischen Revolutionen und wichen in mehr oder minder faschistische Diktaturen aus.

Gleichzeitig brachen in Asien, Afrika, teilweise Lateinamerika nationale Befreiungsbewegungen auf. Hatte Woodrow Wilson beim US-Kriegseintritt noch vollmundig das Selbstbestimmungsrecht der Nationen verkündet, so erwies sich dies für die kolonialen und halbkolonialen Gebiete als leeres Versprechen. Da war die Hinwendung der Sowjetunion und der Komintern zu den »Völkern des Ostens«, wie es blumig hieß, weit ertragreicher, auch wenn angesichts der oft nüchterneren Kalkulationen und brutalen Handlungen der nationalen Bourgeoisien nicht alle sozialistischen Blütenträume aufgingen.

Zu diesen globalen Wirkungen gehört auch, dass aus den präfaschistischen Bewegungen und Ideologien der Vorkriegszeit – von den Alldeutschen bis zu den Schwarzhundertschaften –, gehärtet durch den Weltkrieg, ein chauvinistischer, antisemitischer und vor allem antikommunistischer Faschismus in vielerlei

Gestalt hervorging.[293] Trotz seiner Zerschlagung im Gefolge des Zweiten Weltkrieges, nicht zuletzt durch den Sieg der Roten Armee, trotz der mehr oder minder intensiven Versuche seiner Ausmerzung, haben Kernbestandteile überdauert. Sie gewinnen in der unmittelbaren Gegenwart, teilweise bürgerlich maskiert, wieder wesentlichen Einfluss und politische Macht.

Auch wenn es nach den zum Teil fatalen Erfahrungen mit dem Realsozialismus schwerfällt: Linke müssen sich die Geschichte der Revolutionen und Konterrevolutionen, von Reform und Diktatur seit 1917 in ihrer ganzen Komplexität aneignen. Dabei werden sie feststellen, dass alle Antikriegs-, demokratiefordernden und nationalbefreienden Bewegungen, Emeuten und Revolutionen von beiden russischen Revolutionen des Jahres 1917 motiviert wurden (ohne dass Zeitgenossen immer genau nach dem Charakter beider Ereignisse fragten); dass eine bipolare Weltordnung und eine nun staatlich organisierte Konfrontation von Realkapitalismus und Realsozialismus auf Jahrzehnte die Welt teilte, aber auch Demokratisierung, Sozialstaatlichkeit und das Ende des Kolonialismus beförderte, dass das russische Beispiel mit seiner Komintern-gestützten Organisationskraft, Agitatoren, Geld, Roter Armee erstmals linken und nationalen Bewegungen jene Unterstützung und jenen Rückhalt bot, den die Ausbeuterordnung immer schon und bis heute ihren Klassenfreunden mitgab.

In einer solchen konsequenten Denkweise müsste die Betrachtung bei aller Kritik und Selbstkritik die zivilisatorische Kraft der russischen Revolutionen, der Bolschewiki, Lenins anerkennen und begreifen, dass das freundlicher, weniger konfrontativ daherkommende »sozialdemokratische Jahrhundert« (Ralf Dahrendorf) ohne die Existenz dieses östlichen Sozialismusversuchs und seiner weltweiten kommunistischen Anhängerschaft nicht zustande gekommen wäre. Was aber auch heißt, dass mit der Reformunfähigkeit des Staatssozialismus und der ihm nahestehenden Bewegung auch die sozialdemokratische wie die anarchistische Linke spätestens seit den 1968ern scheitern musste.

Der Blick auf die Bruchzone 1914 bis 1923 bezeugt aber auch, dass die damaligen Unsicherheiten und Konflikte unter den Linken keineswegs ausgestanden sind. Damals wie heute stehen die Optionen parlamentarische oder direkte, Rätedemokratie, damals wie heute erweist sich die Herausforderung Nation und Nationalismus für Linke als problematisch. Linke, sozialistische Politik war immer dann erfolgreich, wenn sie die Interessen der arbeitenden Menschen ernst nahm, ihnen Losungen und Lösungen anbot und, wo sie konnte, umsetzte. So groß die Begeisterung von Intellektuellen, der Bohème für Revolutionen war, ob in Petrograd oder in München, entscheidend blieb, ob der Arbeiter und die Arbeiterin bereit waren, sich für diese Veränderungen einzusetzen. Ein Problem, das auch angesichts des heutigen sozialen Wandels und des vermeintlichen Verschwindens der Arbeiterklasse, aber wohl eher der Chimäre, auf die sie reduziert wird, aktuell ist.

Nochmals soll Walter Müller zu Worte kommen, der überzeugt war, dass »der Einblick in die versäumten Möglichkeiten des Jahres 1918 [...] die Erkenntnis der heute bestehenden revolutionären Möglichkeiten erleichtern [wird]. Einsicht in begangene Fehler ist die Voraussetzung für ihre Wiedergutmachung.«[294]

Wir stehen heute vor den Trümmern kommunistischer, sozialdemokratischer und auch anarchistischer Politik. Wir haben die Pflicht, es wieder zu versuchen. Das wird nicht die Reanimation der Theorien des 19. und 20. Jahrhunderts bedeuten, aber ihre kenntnisreiche Aneignung. Für die heutigen und künftigen Kämpfe in einer neuen Bruchzone, markiert durch die Weltwirtschaftskrise ab 2007, den Beginn einer multipolaren Weltordnung, den Zerfall nun auch der sozialdemokratischen Linken und – besonders gefährlich – den Aufstieg nationalistisch-konservativer Kräfte, kann die Erfahrung der Möglichkeit sozialer und politischer Kämpfe gegen den Krieg, gegen die Not, gegen die Unterdrückung und die Ausbeutung Mut machen und inspirieren.

Vielleicht ist die Polemik von Marx und Engels 1879 nach der Niederlage der 1848er Revolution, nach dem Zusammenschießen der Pariser Kommunarden und unter dem Druck der Sozialistengesetze gar nicht so antiquiert. Gegen die Angepassten und Ängstlichen polemisierten sie in einem Brief an die Führer der deutschen Sozialdemokratie, gegen diejenigen, die das revolutionäre Programm zwar nicht aufgeben, sondern aufschieben wollen »bis auf unbestimmte Zeit. Man nimmt es an, aber eigentlich nicht für sich selbst und für seine Lebzeiten, sondern posthum, als Erbstück für Kinder und Kindeskinder. Inzwischen wendet man seine ›ganze Kraft und Energie‹ auf allerhand Kleinkram und Herumflickerei an der kapitalistischen Gesellschaftsordnung, damit es doch aussieht, als geschehe etwas und gleichzeitig die Bourgeoisie nicht erschreckt werde.«[295]

Solange Ausbeutung, Unterdrückung, Benachteiligung, Entmündigung auf der Tagesordnung stehen, haben linke Kräfte die Pflicht zum Überzeugen, zum Kämpfen. Historische Erfahrungen können helfen, das Handeln aber findet im Hier und Heute statt.

Anmerkungen

1 Philipp Scheidemann: Memoiren eines Sozialdemokraten. 2. Bd. Dresden 1928, S. 310f.

2 Der 9. November in Berlin. Liebknecht an das Volk. In: Vossische Zeitung vom 10.11.1918, S. 2.

3 Schlüsseldaten finden sich in der Zeittafel, weiterführende Informationen zu Fakten und Personen im Glossar.

4 Handbuch der Revolution in Deutschland 1918–19. I. Bd.: Vorabend/9.–15. November. Bearbeitet und hrsg. von Heinrich Marx. Berlin 1919, S. 222.

5 Rosa Luxemburg: Die Ordnung herrscht in Berlin. In: Dies.: Gesammelte Werke. Bd. 4. Berlin 1974 (Im Weiteren: LuxGW), S. 538. Alle zitierten zeitgenössischen Texte wurden vorsichtig an die neue deutsche Rechtschreibung angepasst, offensichtliche Rechtschreibfehler stillschweigend korrigiert.

6 So titelte die sozialdemokratische *Schleswig-Holsteinische Volkszeitung* am 5.11.1918. Faksimile in: Ernst Drahn / Ernst Friedegg (Hrsg.): Deutscher Revolutions-Almanach für das Jahr 1919 über die Ereignisse des Jahres 1918. Hamburg/Berlin 1919, S. 57.

7 Ferdinand Runkel: Die deutsche Revolution. Ein Beitrag zur Zeitgeschichte. Leipzig 1919, S. 74f.

8 So die Meldungen in: Amtliche Kriegs-Depeschen. Nach Berichten des Wolff'schen Telegraphen-Bureaus. Berlin 1918, S. 2946–2948.

9 Abgedruckt in: Erich Kuttner. Von Kiel bis Berlin. Der Siegeszug der deutschen Revolution. Berlin o.J. [1918], S. 12f.

10 Lothar Popp, unter Mitarbeit von Karl Artelt, Vorsitzende des Obersten Soldatenrates Kiel: Ursprung und Entwicklung der November-Revolution 1918. Wie die deutsche Republik erstand. Kiel 1918, S. 10

11 Ebd.

12 Ihrem Andenken ist die Broschüre von Popp gewidmet – siehe ebd., S. 3.

13 Karl Artelt: Mit der roten Fahne zum Vizeadmiral Souchon. In: Institut für Marxismus-Leninismus beim ZK der SED: Vorwärts und nicht vergessen. Erlebnisberichte aktiver Teilnehmer der Novemberrevolution 1918/1919. Berlin 1957, S. 93f.

14 Die verbleibende Kern-SPD nennt sich fortan MSPD, Mehrheits-SPD.

15 Hier gibt es allerdings einen wesentlichen Unterschied zwischen den Darstellungen von Popp und Artelt, Letzterer erst Jahrzehnte später dokumentiert. Bei Artelt gibt es sieben Forderungspunkte, der Katalog beginnt mit »1. Sofortige Beendigung des Krieges«. – Artelt: Mit der roten Fahne. A.a.O., S. 95. Allerdings ist die Frage Krieg oder Frieden, auch mit Blick auf vergleichbare Forderungskataloge anderer Arbeiter- und Soldatenräte, angesichts der deutschen Bemühungen um Waffenstillstand schon weitgehend geklärt. Allein der Umstand, dass die Marineführung noch einen Verzweiflungsakt plante, bewirkte die Dringlichkeit.

16 Popp u.a.: Ursprung und Entwicklung. A.a.O., S. 16.

17 Siehe Prinz Max von Baden: Erinnerungen und Dokumente. Neu hrsg. von Golo Mann und Andreas Burckhardt. Stuttgart 1968, S. 529–612.

18 Friedrich Schiller: Der Spaziergang. In: Ders.: Sämtliche Werke. Bd. 1. München 1962, S. 231.

19 Generalfeldmarschall [Paul] von Hindenburg: Aus meinem Leben. Leipzig 1920, S. 401.

20 Siehe ausführlich: Wolfram Wette: Gustav Noske und die Revolution in Kiel 1918. Heide 2010.

21 Wolfgang Ruge/Wolfgang Schumann (Hrsg.): Dokumente zur deutschen Geschichte 1917–1919. Bearbeitet von Joachim Petzold und Dagmar Zink. Berlin 1975, S. 56.

22 Gustav Noske: Von Kiel bis Kapp. Zur Geschichte der deutschen Revolution. Berlin 1920, S. 23.

23 Abgedruckt in: Kurt Ahnert: Die Entwicklung der deutschen Revolution und das Kriegsende in der Zeit vom 1. Oktober bis 30. November 1918 in Leitartikeln, Extrablättern, Telegrammen, Aufrufen und Verordnungen nach den führenden deutschen Zeitungen. Nürnberg 1918, S. 156f.

24 Amtliche Kriegs-Depeschen. A.a.O., S. 2966f.

25 Baden: Erinnerungen und Dokumente. A.a.O., S. 545.

26 Ruge/Schumann (Hrsg.): Dokumente zur deutschen Geschichte. A.a.O., S. 55f.

27 Flugblatt der Gruppe Internationale. 8./9.11.1918. In: Karl Liebknecht: Gesammelte Reden und Schriften. Mai 1916 bis 15. Januar 1919. Bd. IX. Berlin 19743, S. 591.

28 Siehe dazu auch Oertzen: Betriebsräte in der Novemberrevolution. A.a.O.; Hans Manfred Bock: Syndikalismus und Linkskommunismus von 1918–1923. Zur Geschichte und Soziologie der Freien Arbeiter-Union Deutschlands, der Allgemeinen Arbeiter-Union Deutschlands und der Kommunistischen Arbeiter-Partei Deutschlands. Mesenheim a.Gl. 1969; Hoffrogge: Richard Müller. A.a.O.

29 Siehe Richard Müller: Eine Geschichte der Novemberrevolution. Band 1: Vom Kaiserreich zur Republik/Band 2: Die Novemberrevolution/Band 3: Der Bürgerkrieg in Deutschland. Hrsg. von Jochen Gester, Ralf Hoffrogge und Rainer Knirsch. Berlin 2011 (Erstausgaben 1924/25).

30 Siehe Ralf Hoffrogge: Räteaktivisten in der Novemberrevolution. Richard Müller und die Revolutionären Obleute. In: Dario Azzellini/Immanuel Ness (Hrsg.): »Die endlich entdeckte politische Form«. Fabrikräte und Selbstverwaltung von der Russischen Revolution bis heute. Köln 2012, S. 112–128.

31 Eine erste gute Übersicht liefert: Ralf Höller: Der Anfang, der ein Ende war. Die Revolution in Bayern 1918/19. Berlin 1999.

32 Siehe zur Person Eisner ausführlich: Bernhard Grau: Kurt Eisner. 1867–1919. Eine Biographie. München 2017.

33 Kurt Eisner: Gefängnistagebuch. Editiert, eingeleitet und hrsg. von Frank Jacob, Cornelia Baddack, Sophia Ebert und Doreen Pöschl. Berlin 2016, S. 131 – hier Eintrag vom 22.5.1918.

34 Kurt Eisner: Die neue Zeit. München 1919, S. 5–7.

35 Felix Fechenbach: Der Revolutionär Kurt Eisner. Aus persönlichen Erlebnissen. Berlin 1929, S. 20.

36 Baden: Erinnerungen und Dokumente. A. a. O., S. 571.

37 Kuttner: Von Kiel bis Berlin. A. a. O., S. 25 f.

38 Ebd., S. 26.

39 Aufruf des Vollzugsausschusses des Arbeiter- und Soldatenrates in Berlin vom 8. 11. 1918 zum Kampf für die sozialistische Republik. In: Ruge/Schumann (Hrsg.): Dokumente zur deutschen Geschichte. A. a. O., S. 58.

40 Plakat in: Dokumente und Materialien zur Geschichte der deutschen Arbeiterbewegung. Reihe II: 1914–1945, Bd. 2: November 1917 – Dezember 1918. Berlin 1957, S. 333.

41 Liebknecht: Gesammelte Reden und Schriften. Bd. IX. A. a. O., S. 593.

42 Verfügung des Rates der Volksbeauftragten über den Verbleib der kaiserlichen Minister in Ihren Ämtern vom 11. 11. 1918. In: Ruge/Schumann (Hrsg.): Dokumente zur deutschen Geschichte. A. a. O., S. 67.

43 T[heodor] W[olff]: Der Erfolg der Revolution. In: Berliner Tageblatt vom 10. November 1918, S. 1.

44 Stefan Großmann: Die erregendste Stunde. In: Drahn/Friedegg (Hrsg.): Deutscher Revolutions-Almanach. A. a. O., S. 108 f.

45 Karl Bröger: Revolution: In: Ebd., S. 9.

46 Wladimir Iljitsch Lenin: Rede auf einer Arbeiterkonferenz des Moskauer Stadtbezirks Presnja. 14. 12. 1918. In: Ders.: Werke. Bd. 28. Berlin 1970 (Im Weiteren: LW), S. 364.

47 Eine gute Übersicht über den Wandel dieser Geschichtsdeutungen bietet Wolfgang Niess: Die Revolution von 1918/19 in der deutschen Geschichtsschreibung. Deutungen von der Weimarer Republik bis ins 21. Jahrhundert. Berlin/Boston 2013; siehe auch: Heinrich August Winkler (Hrsg.): Weimar im Widerstreit. Deutungen der ersten deutschen Republik im geteilten Deutschland. München 2002.

48 Adolf Hitler: Mein Kampf. Zwei Bände in einem Band. Ungekürzte Ausgabe. Bd. 1. München 1943, S. 367 f.

49 Verhandlungen des Deutschen Reichstages. 4. Legislaturperiode. 42. Sitzung am 6. 2. 1929, S. 1053.

50 Karl Renner: Auf dem Wege der großen Erneuerung. Ein Nachwort zum Brüsseler Kongreß. In: Die Gesellschaft. Internationale Revue für Sozialismus und Politik 10/1928, S. 294.

51 Ebd., S. 294 f.

52 Ebd., S. 300 f.

53 Wilhelm Engler: 10 Jahre Volksstaatlicher Entwicklung. In: Sozialistische Monatshefte 11/1928, S. 939 und 943.

54 Das Fest der Millionen. In: Vossische Zeitung vom 12. 8. 1929, S. 2.

55 Alexander Gallus: Die vergessene Revolution von 1918/19. Erinnerung und Deutung im Wandel. In: Ders. (Hrsg.): Die vergessene Revolution von 1918/19. Göttingen 2010, S. 18.

56 Berlin 1928; unter anderem Titel auch in einer modernen Ausgabe: Ders.: Entstehung der Weimarer Republik. Hrsg. und eingeleitet von Kurt Kersten. Hamburg 1991.

57 Siehe Mario Keßler: Arthur Rosenberg. Ein Historiker im Zeitalter der Katastrophen 1889–1943. Köln/Weimar/Wien 2003.

58 Hermann Wendel: Vom Sozialistengesetz zur Republik. In: Die Gesellschaft 2/1929, S. 194 f.

59 Rosenberg: Entstehung der deutschen Republik. A. a. O., S. 238.

60 Das bezieht sich auf Karl Marx: Der achtzehnte Brumaire des Louis Bonaparte. In: Karl Marx/Friedrich Engels: Werke. Bd. 8. Berlin 1959 ff. (Im Folgenden: MEW), S. 122. Dort heißt es: »Die Niederlage der Juni-Insurgenten […] hatte bewiesen, daß in altzivilisierten Ländern mit entwickelter Klassenbildung, mit modernen Produktionsbedingungen und mit einem geistigen Bewußtsein, worin alle überlieferten Ideen durch jahrhundertelange Arbeit aufgelöst sind, *die Republik überhaupt nur die politische Umwälzungsform der bürgerlichen Gesellschaft* bedeutet und nicht ihre *konservative Lebensform*«.

61 Wendel: Vom Sozialistengesetz zur Republik. A. a. O., S. 195.

62 Rosenberg: Entstehung der deutschen Republik. A. a. O., S. 256.

63 Illustrierte Geschichte der deutschen Revolution. Berlin 1929. Ein Nachdruck erschien 1968 beim Verlag Neue Kritik in Frankfurt a. M. Die DDR unternahm es zum 50. Jahrestag wie zum 60. Jahrestag, auf dem Stand der historischen Forschung und der jeweils aktuellen politischen Vorgaben fußend, ein eigenes opulentes und attraktives Geschichtswerk vorzulegen: Autorenkollektiv/Günter Hortschansky (Leiter): Illustrierte Geschichte der Novemberrevolution in Deutschland. Berlin 1968; und ders.: Illustrierte Geschichte der deutschen Novemberrevolution 1918/1919. Berlin 1978.

64 Ernst Thälmann: 10 Jahre KPD. November 1928. In: Ders.: Ausgewählte Reden und Schriften in zwei Bänden. Bd. 1. Frankfurt a. M. 1976, S. 202 f.

65 Ebd.

66 Siehe Zonenausschuß der CDU der britischen Zone: Ahlener Programm der CDU der britischen Zone vom 3. 2. 1947. Bergisch Gladbach 1947. Unter: http:// www.kas.de/upload/ACDP/CDU/Programme_Beschluesse/1947_Ahlener-Programm_CDU-ueberwindet-Kapitalismus-und-Marxismus.pdf, abgerufen am 20. 1. 2018.

67 Siehe Rolf Badstübner: Vom »Reich« zum doppelten Deutschland. Gesellschaft und Politik im Umbruch. Berlin 1999, 6. Kap., besonders S. 399–418; sowie Wolfgang Benz: Auftrag Demokratie. Die Gründungsgeschichte der Bundesrepublik und die Entstehung der DDR 1945–1949. Berlin 2009.

68 Übrigens wurde die »Weltgeschichte« zu Beginn der 1990er Jahre erneut aufgelegt, zur Erbauung der neuen, noch zu erziehenden ostdeutschen Leserschaft.

69 Hans Herzfeld: Erster Weltkrieg und Friede in Versailles. In: Golo Mann (Hrsg.): Propyläen Weltgeschichte. Eine Universalgeschichte. Neunter Band. Berlin/ Frankfurt a. M. 1991 [Erstausgabe 1960], S. 120.

70 Ebd., S. 121.

71 Georg Bemmerlein / Walter Göbel: Geschichte 19. Jahrhundert bis 1933. Abitur-
wissen Geschichte. Stuttgart 20134, S. 135 f.

72 Ebd., S. 142.

73 Aufruf des Zentralkomitees der Kommunistischen Partei Deutschlands. 11. 6.
1945. In: Dokumente zur Geschichte der SED. Bd. 2: 1945 bis 1971. Berlin 1986,
S. 10.

74 Wilhelm Pieck: Die Einheit des schaffenden Volkes. In: Bericht über die Verhandlungen des 15. Parteitages der Kommunistischen Partei Deutschlands. 19. und
20. 4. 1946 in Berlin. Berlin 1946, S. 190.

75 Ebd., S. 192.

76 Siehe vor allem Josef Wissarionowitsch Stalin: Über einige Fragen der Geschichte des Bolschewismus. Brief an die Redaktion der Zeitschrift *Proletarskaja
Rewoluzija*. In: Ders.: Werke. Bd. 13. Berlin 1955, S. 76–91.

77 Parteivorstand der Sozialistischen Einheitspartei Deutschlands: Die Novem-
berrevolution und ihre Lehren für die deutsche Arbeiterbewegung. 18. 9. 1948.
In: Dokumente der Sozialistischen Einheitspartei Deutschlands (Im Weiteren:
DokSED). Bd. II. Berlin 1950, S. 109.

78 Siehe Jürgen Kuczynski: Der Ausbruch des Ersten Weltkrieges und die deutsche
Sozialdemokratie. Chronik und Analyse. Berlin 1957; zu den damaligen Auseinandersetzungen siehe: Anke Geißler: Für eine Neuorientierung der DDR und
ihrer Geschichtswissenschaft. Jürgen Kuczynski und die Kontroverse um sein
Buch »Der Ausbruch des Ersten Weltkrieges und die deutsche Sozialdemokratie.
Chronik und Analyse« Mitte der 1950er Jahre. hefte zur ddr-geschichte 124. Berlin
2011.

79 Siehe Albert Schreiner: Auswirkungen der Großen Sozialistischen Oktoberrevo-
lution auf Deutschland vor und während der Novemberrevolution. In: Zeitschrift
für Geschichtswissenschaft Berlin 6/1958, S. 7 ff.; kritisch zu den damaligen
Auseinandersetzungen: Mario Keßler: Die Novemberrevolution und ihre Räte.
Die DDR-Debatten des Jahres 1958 und die internationale Forschung. hefte zur
ddr-geschichte 112. Berlin 2008; und zum Schicksal Schreiners: Mario Keßler:
Exilerfahrung in Wissenschaft und Politik. Reimigrierte Historiker in der frühen
DDR. Köln/Weimar/Wien 2001, 6. Kap.

80 Siehe konzentriert dazu Siegfried Lokatis: Der rote Faden. Kommunistische Par-
teigeschichte und Zensur unter Walter Ulbricht. Köln/Weimar/Wien 2003, 3.Kap.

81 Siehe Walter Ulbricht: Begründung der Thesen über die Novemberrevolution
1918. Referat auf der 2. Tagung des Zentralkomitees der SED am 18. und 19. 9.
1958. In: Ders.: Zur Geschichte der deutschen Arbeiterbewegung. Aus Reden
und Aufsätzen. Bd. VII: 1957–1959. Berlin 1964, S. 478 ff.

82 Die Novemberrevolution in Deutschland. Thesen anläßlich des 40. Jahrestags.
[Beschluß des Zentralkomitees vom 19. 9. 1958 (2. Tagung).] In: DokSED. Bd.VII.
Berlin 1961, S. 378 f.

83 Siehe J(akov) S(amojlovich) Drabkin: Die Novemberrevolution 1918 in Deutschland. Berlin 1968; und ders.: Die Entstehung der Weimarer Republik. Berlin 1983.

84 Siehe Wolfgang Ruge: Deutschland 1917–1933. Lehrbuch der deutschen Geschichte (Beiträge). Bd. 10. Berlin 1974; und ders.: Weimar – Republik auf Zeit.
Berlin 1980, 2., überarb. Aufl. [Erstausgabe 1969].

85 Vergleiche die beiden Ausgaben anlässlich des 50. und 60. Jahrestages: Auto-
renkollektiv/Günter Hortschansky (Leiter): Illustrierte Geschichte der Novemberrevolution in Deutschland. Berlin 1968 und ders.: Illustrierte Geschichte der
deutschen Novemberrevolution 1918/1919. Berlin 1978.

86 70 Jahre Kampf für Sozialismus und Frieden, für das Wohl des Volkes. Thesen des
Zentralkomitees der SED zum 70. Jahrestag der Gründung der Kommunistischen
Partei Deutschlands. Beschluß der 6. Tagung des Zentralkomitees der Sozialis-
tischen Einheitspartei Deutschland. In: Neues Deutschland vom 9./10.6.1988,
S. 8.

87 Ebd., S. 15.

88 Siehe z. B. Niess: Die Revolution von 1918/19. A. a. O., S. 223–319.

89 Siehe ausführlicher: Stefan Bollinger: 1968 – die unverstandene Weichenstellung. Berlin 2008.

90 Siehe Peter von Oertzen: Betriebsräte in der Novemberrevolution. Eine politikwis-
senschaftliche Untersuchung über Ideengehalt und Struktur der betrieblichen und
wirtschaftlichen Arbeiterräte in der deutschen Revolution 1918/19. Düsseldorf
1963.

91 Siehe Eberhard Kolb: Die Arbeiterräte in der deutschen Innenpolitik 1918–1919.
Frankfurt a. M./Berlin/Wien 1978 [Erstausgabe 1962].

92 Siehe Peter Lösche: Der Bolschewismus im Urteil der deutschen Sozialdemokratie 1903–1920. Berlin 1967.

93 Oertzen: Betriebsräte. A. a. O., S. 331.

94 Ebd., S. 333.

95 Siehe Rudi Dutschke: Zur Literatur des revolutionären Sozialismus von K. Marx
bis in die Gegenwart. sds-korrespondenz. Köln 1998 [Reprint der Ausgabe von
1966 aus Berlin].

96 Rudi Dutschke: Die Widersprüche des Spätkapitalismus, die antiautoritären
Studenten und ihr Verhältnis zur Dritten Welt. In: Uwe Bergmann/Rudi Dutschke/
Wolfgang Lefèvre/Bernd Rabehl: Rebellion der Studenten oder Die neue Oppo-
sition. Eine Analyse. Reinbek bei Hamburg 1968, S. 37.

97 Ebd., S. 42.

98 Ebd.

99 Ebd.

100 Ebd.

101 Siehe Sebastian Haffner: Die verratene Revolution. Deutschland 1918/19. Bern/
München/Wien 1969. Spätere Ausgaben verzichteten teilweise auf den Verrats-
begriff und begnügten sich mit dem Titel »1918/1919 – eine deutsche Revolution«. Im weiteren zur Zitierung herangezogen: Sebastian Haffner: 1918/1919 –
eine deutsche Revolution. Reinbek bei Hamburg 1981.

102 Haffner: 1918/1919. A. a. O., S. 214.

103 Ebd., S. 216.

104 Ebd., S. 9f.

105 Ebd., S. 207f.

106 Ebd., S. 208.

107 Heinrich August Winkler: Von der Revolution zur Stabilisierung. Arbeiter und Arbeiterbewegung in der Weimarer Republik 1918 bis 1924. Berlin/Bonn 1984, S. 68; siehe auch: Ders.: Die Sozialdemokratie und die Revolution von 1918/19. Ein Rückblick nach sechzig Jahren. Berlin/Bonn 1979.

108 Ebd., S. 132f.

109 Haffner: 1918/1919. A. a. O., S. 213.

110 Hans-Ulrich Wehler: »Wer den Bürgerkrieg entfesselt, lebt immer im Angesicht des Todes«. Deutschlandradio Kultur vom 15. Januar 2009. Unter: http://www.deutschlandfunkkultur.de/wer-den-buergerkrieg-entfesselt-lebt-immer-im-angesicht-des.954.de.html?dram:article_id=143953, abgerufen am 12.03.2018.

111 Programm der Partei DIE LINKE. Beschluss des Parteitages der Partei DIE LINKE vom 21. bis 23.10.2011 in Erfurt, bestätigt durch einen Mitgliederentscheid im Dezember 2011. Berlin 2012, S. 9.

112 Ebd., S. 9f.

113 Ebd., S. 10.

114 Hervorzuheben ist hier besonders die seit 1999 in Berlin erscheinende und mittlerweile zwanzigbändige Buchreihe »Geschichte des Kommunismus und Linkssozialismus«, für den hier interessierenden Kontext betrifft dies insbesondere: Klaus Kinner: Der deutsche Kommunismus. Selbstverständnis und Realität. Bd. 1: Die Weimarer Zeit. Berlin 1999; zur Gesamtsicht vor allem: Ders. (Hrsg.): Die Linke – Erbe und Tradition. Teil 1: Kommunistische und sozialdemokratische Wurzeln. Geschichte des Kommunismus und Linkssozialismus. Bd. 11/Teil 2: Wurzeln des Linkssozialismus. Bd. 12. Beide Berlin 2010.

115 Siehe z. B. Gerhard Engel: Johann Knief – ein unvollendetes Leben. Berlin 2011; Ralf Hoffrogge: Richard Müller. Der Mann hinter der Novemberrevolution. Geschichte des Kommunismus und Linkssozialismus. Bd. 7. Berlin 2008; ders.: Werner Scholem. Eine politische Biographie (1895–1940). Konstanz/München 2014; Keßler: Arthur Rosenberg. A. a. O.; Florian Wilde: Revolution als Realpolitik. Ernst Meyer (1887–1930) – Biographie eines KPD-Vorsitzenden. Konstanz 2018. Erinnert sei auch an erst jetzt zugängliche Werk- und Briefsammlungen: Rosa Luxemburg: Gesammelte Werke. Herausgegeben und bearbeitet von Anneliese Laschitza und Eckhard Müller. Bd. 6: 1893–1906. Berlin 2014; sowie Bd. 7/1 und 7/2: 1907–1918. Berlin 2017; Käte und Hermann Duncker: Ein Tagebuch in Briefen (1894–1953). Hrsg. von Heinz Deutschland unter Mitarbeit von Ruth Deutschland. Berlin 2016; Clara Zetkin: Die Kriegsbriefe (1914–1918). Hrsg. von Marga Voigt. Berlin 2016.

116 Siehe z. B. Ulla Plener (Hrsg.): Die Novemberrevolution 1918/1919 in Deutschland. Für bürgerliche und sozialistische Demokratie. Allgemeine, regionale und biographische Aspekte. Beiträge zum 90. Jahrestag der Revolution. RLS Manuskripte. Bd. 85. Berlin 2009; Axel Weipert: Die Zweite Revolution. Rätebewegung in Berlin 1919/1920. Berlin/Brandenburg 2015; ders.: Das Rote Berlin.

Eine Geschichte der Berliner Arbeiterbewegung 1830–1934. Berlin 2013; Ralf Hoffrogge/Norman LaPorte (Hrsg.): Weimar Communism as Mass Movement 1918–1933. London 2017.

117 Dieter Langewiesche: 1848 und 1918 – zwei deutsche Revolutionen. Vortrag vor dem Gesprächskreis Geschichte der Friedrich-Ebert-Stiftung am 4. 11. 1998. Bonn 1998, S. 22 f.

118 Ebd., S. 23.

119 Siehe Helga Grebing (Hrsg.): Die deutsche Revolution 1918/19. Eine Analyse. Berlin 2008.

120 Helga Grebing: Blick zurück im Zorn? Novemberrevolution. In: vorwärts vom 9. 11. 2008, unter: https://www.vorwaerts.de/artikel/blick-zurueck-zorn, abgerufen am 23. 1. 2018. Siehe auch die analoge Argumentation Grebings in der Einleitung zu: Dies. (Hrsg.): Die deutsche Revolution. A. a. O., S. 8–12.

121 Ebd.

122 Siehe Gallus (Hrsg.): Die vergessene Revolution. A. a. O.

123 Ebd., S. 8.

124 Ebd., S. 19.

125 Ebd., S. 23.

126 Eine sehr unvollständige Auswahl: Norbert Fiks: Die Novemberrevolution. Der Arbeiter- und Soldatenrat in Leer. Mitarbeit: Dr. Heiner Schröder. Norderstedt 2007; Martin Gohlke: Die Räte in der Revolution von 1918/19 in Magdeburg. Dissertation. Carl von Ossietzky Universität Oldenburg – Fachbereich 3 Sozialwissenschaften. Oldenburg 1999; Tobias Haren: Der Volksstaat Hessen 1918/1919. Hessens Weg zur Demokratie. Berlin 2003; Dietrich Kuessner/Mark Ohnezeit/Wulf Otte: Von der Monarchie zur Demokratie. Anmerkungen zur Novemberrevolution 1918/19 in Braunschweig und im Reich. Wendeburg 2008; Dietmar Lange: Massenstreik und Schießbefehl. Generalstreik und die Märzkämpfe in Berlin 1919. Münster 2012; Markus Schmidgall: Die Revolution 1918/19 in Baden. Karlsruhe 2012; Uwe Schulte-Varendorff: Die Hungerunruhen in Hamburg im Juni 1919 – eine zweite Revolution? Kriegserinnerung und demokratische Politik 1918–1933. Hamburg 2010.

127 Siehe Mark Jones: Am Anfang war Gewalt. Die deutsche Revolution 1918/19 und der Beginn der Weimarer Republik. Bonn 2017.

128 Siehe Wolfgang Niess: Die Revolution von 1918/19. Der wahre Beginn unserer Demokratie. Berlin/München/Zürich/Wien 2017.

129 Siehe Joachim Käppner: 1918 – Aufstand für die Freiheit. Die Revolution der Besonnenen. München 2017.

130 Klaus Gietinger: Verpasster Frühling. Am Scheitern der sozialen Revolution des November 1918 trägt die deutsche Sozialdemokratie erhebliche Mitschuld. Heute ist das Ereignis entweder vergessen oder wird verzerrt dargestellt. In: junge Welt vom 5. 3. 2018, S. 12 f. – Vorabdruck aus: Ders.: November 1918. Der verpasste Frühling des 20. Jahrhunderts. Hamburg 2018.

131 1919, S. 9.

132 Rosenberg: Entstehung der deutschen Republik. A. a. O., S. 238.

133 Siehe Dirk H. Müller: Metallarbeiterverband, Betriebliche Arbeiterausschüsse, oppositionelle Vertrauensleute und der Januarstreik 1918. In: Chaja Boebel/ Lothar Wentzel (Hrsg.): Streiken gegen den Krieg. Die Bedeutung der Massenstreiks in der Metallindustrie vom Januar 1918. Hamburg 2015, 2., durchges. Aufl., S. 40–50.

134 Aufruf der Vollversammlung der Arbeiter- und Soldatenräte Berlins »An das werktätige Volk!« vom 10. November 1918. In: Ruge/Schumann (Hrsg.): Dokumente zur deutschen Geschichte. A. a. O., S. 61.

135 Dokumente und Materialien zur Geschichte der deutschen Arbeiterbewegung. Reihe II. Bd. 2. A. a. O., S. 365 f.

136 Regierungsprogramm des Rates der Volksbeauftragten vom 12.11.1918. In: Ebd., S. 365.

137 Abgeordneter Fehrenbach [Zentrum, der Resolution für die drei Parteien SPD, FVP und Zentrum vortrug]: Verhandlungen des Deutschen Reichstages. 13. Legislaturperiode. 116. Sitzung am 19.7.1917. S. 3573.

138 Ich habe das ausführlich beschrieben in: Stefan Bollinger: Weltbrand, »Urkatastrophe« und linke Scheidewege. Fragen an den »Großen Krieg«. Berlin 2014.

139 Siehe hier besonders: Jürgen Kuczynski: Der Ausbruch des Ersten Weltkrieges und die deutsche Sozialdemokratie. Chronik und Analyse. Berlin 1957; Susanne Miller: Burgfrieden und Klassenkampf. Die deutsche Sozialdemokratie im Ersten Weltkrieg. Düsseldorf 1974. Zeitgenössisch als einer der Akteure: Eduard David: Das Kriegstagebuch des Reichstagsabgeordneten Eduard David 1914 bis 1918. In Verbindung mit Erich Matthias bearbeitet von Susanne Miller. Düsseldorf 1966.

140 Ludwig Frank: Reden, Aufsätze und Briefe, ausgewählt und eingeleitet von Hedwig Wachenheim. Berlin o. J. (1924), S. 358.

141 Rosa Luxemburg: Der Katastrophe entgegen [Spartacus, Nr. 9 vom Juni 1918]. In: LuxGW. Bd. 4, S. 381–384.

142 Aus dem Bericht des Staatssekretärs im Auswärtigen Amt Paul v. Hintze über die Waffenstillstandsforderung der OHL vom 29.9.1918. In: Ruge/Schumann (Hrsg.): Dokumente zur deutschen Geschichte. A. a. O., S. 44.

143 Einsehbar unter http://www.documentArchiv.de/in/1918/14-punkte-wilsons.html, abgerufen am 23.9.2017.

144 Siehe Bericht des Staatssekretärs im Auswärtigen Amt Paul v. Hintze. A. a. O., S. 44.

145 Ebd., S. 45.

146 Siehe [Erich] Ludendorff: Die Revolution von oben. Das Kriegsende und die Vorgänge beim Waffenstillstand. 2 Vorträge. Lorch (Württemberg) 1926, S. 49.

147 Albrecht von Thaer: Generalstabsdienst an der Front und in der O.H.L. Aus Briefen und Tagebuchaufzeichnungen 1915–1919. Siegfried A. Kaehler (Hrsg.), unter Mitarbeit von Helmuth K.-G. Rönnefarth. Göttingen 1958, S. 234.

148 Ebd., S. 235.

149 Sozialdemokraten in die Regierung? Bedingungen für den Eintritt [Beschluss von Reichstagsfraktion Parteiausschuss der MSPD, 23.9.1918]. In: Vorwärts vom 24.9.1918, S. 1.

150 Hier wird von Luxemburg gekürzt zitiert: Friedrich Stampfer: Sozialdemokraten in die Friedensregierung! In: Vorwärts vom 3.10.1918, S. 2.

151 Spartacus-Briefe. Nr. 12, Oktober 1918. In: LuxGW. Bd. 4, S. 393–395.

152 Aufruf der Parteileitung und der Reichstagsfraktion der USPD vom 5.10.1918 anläßlich des Waffenstillstandsangebotes der deutschen Regierung [Flugblatt]. In: Dokumente und Materialien zur Geschichte der deutschen Arbeiterbewegung, Reihe II. Bd. 2. A.a.O., S. 207.

153 Ebd., S. 208.

154 Abgeordneter Rühle. Verhandlungen des Deutschen Reichstages. 13. Legislaturperiode. 196. Sitzung am 25.10.1918. S. 6270.

155 Präsident [Fehrenbach]. In: Ebd.

156 Bernhard Huldermann: Albert Ballin. Oldenburg i.O./Berlin 1922, S. 371.

157 Aus dem Bericht Johann Reicherts [richtig: Jakob Wilhelm Reichert – St.B.], Geschäftsführer des Vereins Deutscher Eisen- und Stahlindustrieller, über eine Tagung führender Monopolherren im Stahlhof zu Düsseldorf am 9.10.1918. In: Ruge/Schumann (Hrsg.): Dokumente zur deutschen Geschichte. A.a.O., S. 52.

158 Ebd.

159 Ein Überblick findet sich in: Helge Döhring: Syndikalismus in Deutschland 1914–1918. »Im Herzen der Bestie«. Lich/Hessen 2013; siehe auch: Jochen Weichold: AnarchistInnen, SyndikalistInnen und der Erste Weltkrieg. In: Bernd Hüttner (Hrsg.): Verzögerter Widerstand. Die Arbeiterbewegung und der Erste Weltkrieg. Berlin 2015, S. 31–39.

160 Carl Legien: Die Gewerkschaften. In: Ders./Friedrich Thimme (Hrsg.): Die Arbeiterschaft im neuen Deutschland. Leipzig 1915, S. 92.

161 Ebd., S. 94.

162 Siehe z.B. Peter Wulf: Hugo Stinnes. Wirtschaft und Politik 1918–1924. Stuttgart 1979, Kap. IV; Gerald D. Feldman: Das deutsche Unternehmertum zwischen Krieg und Revolution. Die Entstehung des Stinnes-Legien-Abkommens. In: Ders.: Vom Weltkrieg zur Weltwirtschaftskrise. Studien zur deutschen Wirtschafts- und Sozialgeschichte 1914–1932. Göttingen 1984, S. 100–130.

163 Arbeitsgemeinschaftsabkommen zwischen den Unternehmerverbänden und den Gewerkschaften vom 15.11.1918. In: Ruge/Schumann (Hrsg.): Dokumente zur deutschen Geschichte. A.a.O., S. 71f.

164 Aus einem Brief des Stuttgarter Großindustriellen Robert Bosch vom 24.10.1918 an Staatssekretär Conrad Haußmann. In: Ruge/Schumann (Hrsg.): Dokumente zur deutschen Geschichte. A.a.O., S. 53.

165 Siehe ausführlicher z.B.: Ralf Höller: Der Anfang. A.a.O.; Simon Schaupp: Der kurze Frühling der Räterepublik. Ein Tagebuch der bayerischen Revolution. Münster 2017.

166 Abgedruckt in: Gerhard Schmolze (Hrsg.): Revolution und Räterepublik in München 1918/19 in Augenzeugenberichten. Düsseldorf 1969, S. 88f.

167 Kurt Eisner: Rede vor dem Münchner Arbeiter-, Soldaten- und Bauernrat am 28.11.1918. In: Ebd., S. 41.

168 Ebd.

169 Siehe ebd., S. 55 f.

170 Ebd., S. 42.

171 Ebd.

172 Von Baden: Erinnerungen und Dokumente. A.a.O., S. 571.

173 Ebd. 597 f.

174 Schöttler wird in den Januarkämpfen 1919 als einer von sieben Parlamentären von Freikorpssoldaten bestialisch ermordet. Siehe Peter Nowak: Mutige Sieben. In: Neues Deutschland vom 23./24.1.2016, S. 25.

175 Cläre Gasper-Derfert: »Steh auf, Arthur, heute ist Revolution!« In: Institut für Marxismus-Leninismus beim ZK der SED: Vorwärts und nicht vergessen. A.a.O., S. 298 f.

176 Ebd., S. 299 f.

177 Eugen Prager: Geschichte der USPD. Entstehung und Entwicklung der Unabhängigen Sozialdemokratischen Partei Deutschlands. Berlin 1921, S. 181.

178 Friedrich Ebert: Ansprache an die Heimkehrenden Truppen [10.12.1918]. In: Peter Wende/Marie-Luise Recker (Hrsg.): Politische Reden in vier Bänden. Bd. III. Frankfurt a.M. 1994, S. 94.

179 Redaktioneller Artikel der Roten Fahne über den Einmarsch der Gardetruppen am 10.12.1918 in Berlin vom 11.12.1918. In: Dokumente und Materialien zur Geschichte der deutschen Arbeiterbewegung, Reihe II. Bd. 2. A.a.O., S. 578.

180 Kurt Eisner: Rede vor dem Münchner Arbeiter-, Soldaten- und Bauernrat am 28. November 1918. A.a.O., S. 46.

181 Aus einem Brief vom 1.12.1918 an einen unbekannten Empfänger. In: Ruge/Schumann (Hrsg.): Dokumente zur deutschen Geschichte. A.a.O., S. 80 f.

182 Erschienen in der Roten Fahne vom 11.12.1918; aus: Rosa Luxemburg: Über den Vollzugsrat. In: LuxGW. Bd. 4, S. 439 f.

183 Rosa Luxemburg: Nationalversammlung oder Räteregierung? In: LuxGW, S. 462.

184 Rosa Luxemburg: Nationalversammlung oder Räteregierung? In: LuxGW, S. 462.

185 Zu diesen Strukturdaten siehe: Sabine Roß: Revolution ohne Revolutionäre? Kollektive Biographie der Delegierten der deutschen Reichsrätekongresse 1918/1919. In: Historical Social Research 23/1998, S. 38–57; dies.: Politische Partizipation und nationaler Räteparlamentarismus. Determinanten des politischen Handelns der Delegierten zu den Reichsrätekongressen 1918/1919. Eine Kollektivbiographie. In: HSR Supplement Beiheft 10/1999.

186 Siehe Siegfried Heimann: Der ehemalige Preußische Landtag. Eine politische Geschichte des heutigen Abgeordnetenhauses von Berlin 1947 bis 1993. Berlin 2014, S. 292.

187 Siehe Roß: Revolution ohne Revolutionäre? A.a.O., S. 50.

188 Siehe insbesondere Oertzen: Betriebsräte in der Novemberrevolution. A.a.O.; Kolb: Die Arbeiterräte. A.a.O.

189 Siehe exemplarisch: Azzellini/Ness (Hrsg.): »Die endlich entdeckte politische Form«. A.a.O.

190 Siehe z.B. Dieter Schneider/Rudolf Kuda: Arbeiterräte in der Novemberrevolution. Ideen, Wirkungen, Dokumente. Frankfurt a.M. 19692.; Ulrich Kluge:

Soldatenräte und Revolution. Studien zur Militärpolitik in Deutschland 1918/19. Göttingen 1975; Volker Arnold: Rätebewegung und Rätetheorien in der Novemberrevolution. Räte als Organisationsformen des Kampfes und der Selbstbestimmung. Hamburg 1985, 2., überarb. Neuaufl.; Teo Panther (Hrsg.): Alle Macht den Räten! Bd. I: Novemberrevolution 1918. Münster 2007; ders. (Hrsg.): Alle Macht den Räten! Bd. II: Rätemacht in der Diskussion. Münster 2007.

191 Richard Müller: Eröffnungsansprache. In: Zentralrat der Sozialistischen Republik Deutschlands (Hrsg.): Allgemeiner Kongress der Arbeiter- und Soldatenräte Deutschlands. 16.–21.12.1918 im Abgeordnetenhause zu Berlin. Stenographische Berichte. Berlin 1919, S. 2.

192 Karl Liebknecht: *Rede während einer Massendemonstration vor dem preußischen Abgeordnetenhaus.* 16. Dezember 1918. In: Ders.: Gesammelte Reden und Schriften. Bd. IX. A. a. O., S. 646.

193 In: Zentralrat (Hrsg.): Allgemeiner Kongress der Arbeiter- und Soldatenräte. A. a. O., S. 4.

194 Dokumentiert in: Ruge/Schumann (Hrsg.): Dokumente der deutschen Geschichte. A. a. O., S. 87 f.

195 Rosa Luxemburg: Ein Pyrrhussieg. In: LuxGW. Bd. 4, S. 471.

196 Zitiert in: Von Baden: Erinnerungen und Dokumente. A. a. O., S. 559.

197 Siehe von Baden: Erinnerungen und Dokumente. A. a. O., S. 571.

198 Friedrich Ebert – Zitiert in: Ebd., S. 567.

199 In der Erstbesetzung für die SPD: Ebert, Scheidemann, Otto Landsberg; für die USPD: Hugo Haase, Wilhelm Dittmann, Emil Barth (der gleichzeitig zu den Revolutionären Obleuten gehörte). Der Rat zerbrach angesichts des Angriffs auf die Volksmarinedivision im Berliner Marstall Weihnachten 1918, die USPD-Vertreter schieden aus und wurden durch die MSPD ersetzt, jetzt wurde u. a. Noske Volksbeauftragter. Mit den Wahlen zur Nationalversammlung und der Regierungsbildung hatte sich der Rat erledigt.

200 Wilhelm Groener: Lebenserinnerungen. Jugend – Generalstab – Weltkrieg. Hrsg. Von Friedrich Freiherr Hiller von Gaertringen. Göttingen 1957, S. 467 f.

201 Siehe Regierungsprogramm des Rates der Volksbeauftragten vom 12.11.1918. In: Dokumente und Materialien zur Geschichte der deutschen Arbeiterbewegung, Reihe II, Bd. 2. A. a. O., S. 365 f.

202 Friedrich Stampfer: Sozialdemokraten in die Friedensregierung! In: Vorwärts vom 3.10.1918, S. 2.

203 Arthur Rosenberg: Entstehung und Geschichte der Weimarer Republik. Hrsg. und eingeleitet von Kurt Kersten. Teil 2. Hamburg 1983, S. 5.

204 Programm der Sozialdemokratischen Partei Deutschlands, beschlossen auf dem Parteitag in Erfurt 1891. In: Programmatische Dokumente der deutschen Sozialdemokratie. Hrsg. und eingeleitet von Dieter Dowe und Kurt Klotzbach. Bonn 1990, 3., überarb. u. akt. Aufl. 1990, S. 186 f.

205 Aus: Kurt Eisner: Gefängnistagebuch. Ediert, eingeleitet und hrsg. von Frank Jacob, Cornelia Baddack, Sophia Ebert und Doreen Pöschl. Berlin 2016, S. 48 f.

206 Siehe ebd., S. 188 f.

207 Rosenberg: Entstehung und Geschichte der Weimarer Republik. A. a. O., S. 13.

208 Siehe besonders: Robert Michels: Zur Soziologie des Parteiwesens in der modernen Demokratie. Untersuchungen über die oligarchischen Tendenzen des Gruppenlebens. Hrsg. und mit einer Einführung versehen von Frank R. Pfetsch. Stuttgart 1989⁴ [Erstausgabe 1911].

209 Karl Liebknecht: Meinungsverschiedenheiten und Klassengegensätze (Über die Gegensätze in der Sozialdemokratie). Handschriftliches Manuskript. Juni und November 1916. In: Ders.: Gesammelte Reden und Schriften. Mai 1916 bis 15. Januar 1919. Bd. IX. Berlin 1974, S. 302.

210 Karl Kautsky: Ein sozialdemokratischer Katechismus. In: Die Neue Zeit 11/1893, S. 368; siehe auch ders.: Der Weg zur Macht. Politische Betrachtungen über das Hineinwachsen in die Revolution. Berlin 1910, S. S. 59.

211 Einen Überblick aus sozialdemokratischer Sicht bietet: Helga Grebing: Die deutsche Arbeiterbewegung zwischen Revolution, Reform und Etatismus. Mannheim/Leipzig/Wien/Zürich 1993.

212 Siehe Jörn Schütrumpf (Hrsg.): Diktatur statt Sozialismus. Die russische Revolution und die deutsche Linke 1917/18. Berlin 2017.

213 Heinrich August Winkler: Weimar 1918–1933. Die Geschichte der ersten deutschen Demokratie. München 2005, 4., durchges. Aufl., S. 58.

214 Wehler: Wer den Bürgerkrieg entfesselt. A. a. O.

215 Immerhin sorgt 100 Jahre danach das Buch eines irischen Historikers für Furore, der minutiös diese Gewaltorgien vor allem von Seiten der Regierungstruppen und ihres rechten Umfeld wieder publik macht: Mark Jones: Am Anfang war Gewalt. A. a. O.

216 In unserem Kontext siehe Weipert: Die Zweite Revolution. A. a. O.; zu den historischen Vorgängen auch: Ottokar Luban: Die Novemberrevolution 1918 in Berlin. Eine notwendige Revision des bisherigen Geschichtsbildes. In: JahrBuch für Forschungen zur Geschichte der Arbeiterbewegung. I/2009, S. 53–78.

217 Groener: Lebenserinnerungen. A. a. O., S. 450.

218 In: Dokumente und Materialien zur deutschen Geschichte der Arbeiterbewegung. Reihe II. Bd. 2. A. a. O., S. 350 f.

219 Ich habe diese Problematik auch mit Rückgriff auf die deutsche linke Diskussion jener Jahre beschrieben in: Bollinger: Oktoberrevolution. A. a. O.; ders.: Lenin. Theoretiker, Stratege, marxistischer Realpolitiker. Köln 2017.

220 Siehe besonders Karl Kautsky/W. I. Lenin: Karl Kautsky: Die Diktatur des Proletariats/W. I. Lenin: Die proletarische Revolution und der Renegat Kautsky/Karl Kautsky: Terrorismus und Kommunismus. Bd. 1 – Hrsg. von Hans-Jürgen Mende. Berlin 1990; Leo Trotzki/Karl Kautsky: Leo Trotzki: Terrorismus und Kommunismus/Karl Kautsky: Von der Demokratie zur Staatssklaverei. Bd. 2 – Hrsg. von Hans-Jürgen Mende. Berlin 1990.

221 Luxemburg: Zur russische Revolution. In: LuxGW. Bd. 4, S. 365.

222 Wladimir Iljitsch Lenin: Bericht in der gemeinsamen Sitzung des Gesamtrussischen Zentralexekutivkomitees, des Moskauer Sowjets, der Betriebskomitees und der Gewerkschaften. 22. 10. 1918. In: Ders.: Werke. Bd. 28. Berlin 1970, S. 114.

223 Von Baden: Erinnerungen und Dokumente. A. a. O., S. 547.

224 Aus den Ausführungen des Staatssekretärs Philipp Scheidemann auf der Sitzung der Staatssekretäre am 28. 10. 1918. In: Ruge/Schumann (Hrsg.): Dokumente zur deutschen Geschichte. A. a. O., S. 54.

225 Von Baden: Erinnerungen und Dokumente. A. a. O., S. 548.

226 Clara Zetkin an Rosa Luxemburg. 17. 11. 1918. In: Dies.: Die Kriegsbriefe. A. a. O., S. 440.

227 Hier sei nur verwiesen auf die selbstentlarvende Darstellung in Eduard David: Das Kriegstagebuch des Reichstagsabgeordneten David. A. a. O.

228 Rosa Luxemburg: Entwurf zu den Junius-Thesen (1916). In: LuxGW. Bd. 4, S. 43.

229 Zimmerwalder Manifest (1915). In: Angelica Balabanoff: Die Zimmerwalder Bewegung 1914–1919. Leipzig 1922, S. 18 f.

230 Rosa Luxemburg: Revolution in Rußland In: LuxGW. Bd. 4, S. 245.

231 Karl Liebknecht: Der Hauptfeind steht im eigenen Land! Flugblatt. Mai 1915. In: Ders.: Gesammelte Reden und Schriften. Bd. VIII. Berlin 1982, S. 230 f.

232 Siehe Ottokar Luban: Die Rolle der Spartakusgruppe bei der Entstehung und Entwicklung der USPD Januar 1916 bis März 1919. In: JahrBuch für Forschungen zur Geschichte der Arbeiterbewegung II/2008, S. 69–76.

233 Ebd., S. 226.

234 Abgedruckt in: Prager: Geschichte der USPD. A. a. O., S. 150.

235 [Bericht] Was ist Sozialismus? Ein Vortrag von Eduard Bernstein. In: Vorwärts vom 29. 12. 1918, S. 13.

236 Abgedruckt in: Ebd., S. 229.

237 Diese verkürzte These war der zentrale Punkt im Revisionismusstreit der Vorkriegs-SPD. Bernstein warf neue Fragen der Entwicklung des Kapitalismus auf und sah dessen Überwindung allein durch den Reformkurs begründet. – Vgl. Eduard Bernstein: Die Voraussetzungen des Sozialismus und die Aufgaben der Sozialdemokratie. Berlin-Bonn-Bad Godesberg 19777.

238 Aus den Erinnerungen des Organisators der Antibolschewistischen Liga, Eduard Stadtler. In: Ruge/Schumann (Hrsg.): Dokumente zur deutschen Geschichte. A. a. O., S. 105 f., Zitat auf S. 106. Der Stinnes-Biograf bestätigt dieses Engagement seines Protagonisten, wenn auch eher beiläufig, in seinem dickleibigen Werk. Siehe Gerald D. Feldman: Hugo Stinnes. Biographie eines Industriellen 1870–1924. München 1998, S. 553.

239 Die aus Rußland zurückgekehrten Reichsdeutschen. Warnruf vor dem Bolschewismus! In: Vorwärts vom 29. 12. 1918, S. 6.

240 Im Paradies der Sowjets. In: Ebd., S. 7.

241 Umfassend dokumentiert bei: Hermann Weber (Hrsg.): Die Gründung der KPD. Protokoll und Materialien des Gründungsparteitages der Kommunistischen Partei Deutschlands 1918/1919. Berlin 1993.

242 Bruno Müller: Als Delegierter auf dem Gründungsparteitag der Kommunistischen Partei Deutschlands. In: Institut für ML: Vorwärts. A. a. O., S. 228.

243 Siehe Karl Liebknecht: Bedingungen zum Eintritt in die Regierung. In: Ders.: Gesammelte Reden und Schriften. Bd. IX. A. a. O., S. 593.

244 [Referat] Gen. Liebknecht. In: Institut für ML: Vorwärts. A. a. O., S. 60.

245 Ebd., S. 61.

246 Laut Protokoll waren Radek, Ernst Reuter/Friesland (der spätere Regierende Bürgermeister von Westberlin) und Felix Wolf Vertreter der russischen Sowjetrepublik. Siehe ebd., S. 319.

247 Karl Radek. In: ebd., S. 88. Die beiden oben zitierten *Vorwärts*-Artikel vom 29.12. 1918 kannte Radek und bezog sich auf sie in seinem Referat.

248 In: Weber: Die Gründung der KPD. A. a. O., S. 84.

249 [Referat] Rosa Luxemburg. In: Ebd., S. 174.

250 Ebd., S. 179.

251 In: Weber: Die Gründung der KPD. A. a. O., S. 183.

252 Ebd., S. 189.

253 Ebd., S. 197.

254 Siehe Jones: Am Anfang war Gewalt. A. a. O.; Klaus Gietinger: Eine Leiche im Landwehrkanal. Die Ermordung Rosa Luxemburgs. Hamburg 2008; ders.: Der Konterrevolutionär. Waldemar Pabst – eine deutsche Karriere. Hamburg 2008; ders.: Verpasster Frühling. A. a. O.

255 In: Vorwärts. Organ der revolutionären Arbeiterschaft Groß-Berlins vom 6.1. 1919, S. 2.

256 Rosa Luxemburg: Versäumte Pflichten (8.1.1919). In: LuxGW. Bd. 4, S. 521.

257 Wobei den Angehörigen der Volksmarinedivision freigestellt war, in der Zeit ihrer Freiwache mitzukämpfen, was viele auch taten.

258 Noske: Von Kiel bis Kapp. A. a. O., S. 68.

259 Aufruf der Reichsregierung vom 9.1.1919. Abgedruckt in: Ruge/Schumann (Hrsg.): Dokumente zur deutschen Geschichte. A. a. O., S. 103.

260 In: Vorwärts vom 13.1.1919, S. 4.

261 Blinde Gestalt aus der nordischen Mythologie, die dazu missbraucht wurde, unwissentlich den eigenen Bruder zu töten.

262 (Lew Dawidowitsch) Braunstein ist Lew Trotzki, (Karol) Sobelsohn ist Karl Radek.

263 Hermann Wilke: In der Nacht zum 7. Januar. In: Vorwärts vom 12.1.1919, S. 4.

264 Rosa Luxemburg: Die Ordnung herrscht in Berlin (14.1.1919). In: LuxGW. Bd. 4, S. 538.

265 Karl Liebknecht: Trotz alledem!. In: Ders.: Gesammelte Reden und Schriften. Bd. IX. A. a. O., S. 713.

266 Schon bei den nächsten Reichstagswahlen 1920 setzte sich der Abstieg der linken Parteien fort; die SPD erhielt noch 21,9 %, die USPD 17,6 %, die erstmals angetretene KPD 21 %. Bei allen folgenden Wahlen kommen die untereinander zerstrittenen Linksparteien – bei kleineren Schwankungen, auch tritt die USPD 1928 letztmalig an – auf Werte zwischen knapp 34 und 40 %, 1933 immer noch auf 30,6 %.

267 Sie regierte im Reich 1919/20 und 1921/22, in Preußen 1919–21 und 1925–32, in Baden 1919–31.

268 Siehe Höller: Der Anfang, der ein Ende war. A. a. O., bes. Kap. 7–10; Schaupp: Der kurze Frühling. A. a. O.

269 Siehe Bernhard H. Bayerlein / Leonid G. Babicenko / Fridrich I. Firsov / Aleksandr Ju. Vatlin (Hrsg.): Deutscher Oktober 1923. Ein Revolutionsplan und sein Scheitern. Berlin 2003.

270 Mark Jones spricht von bis zu 250 Toten in Berlin von 1918 bis zur Niederschlagung des Januaraufstandes, von weiteren 1200 toten bei der Beendigung der Märzkämpfe im gleichen Jahr in der Hauptstadt sowie von über 1000 Toten bei der Auslöschung der Münchener Räterepublik. Siehe Jones: Am Anfang war Gewalt. A.a.O., S. 12. Auch wenn er heute für seine Wiederentdeckung der mörderischen Seite des Entstehens der Weimarer Republik die verdiente Aufmerksamkeit erhält, darf nicht vergessen werden, dass diese Untaten den Zeitgenossen nicht unbekannt waren. Vor allem der Pazifist, Mathematiker und Publizist Emil Julius Gumbel hat Anfang der 1920er Jahre diese Morde und ihre justizielle (Nicht-)Aufarbeitung akribisch dokumentiert; siehe Gumbel: Vier Jahre politischer Mord. Fünfte Auflage von »Zwei Jahre Mord. Berlin 1922.

271 Siehe ebd., S. 73–80.

272 Eric Hobsbawm: Das Zeitalter der Extreme. Weltgeschichte des 20. Jahrhunderts. München/Wien 1995, S. 78 f.

273 Friedrich Engels: Einleitung [zu Sigismund Borkheims Broschüre »Zur Erinnerung für die deutschen Mordspatrioten. 1806–1807«]. In: MEW Bd. 21, S. 350 f.

274 Hobsbawm: Das Zeitalter der Extreme. A.a.O., S. 79.

275 Ian Kershaw: Höllensturz. Europa 1914 bis 1949. München 2016, S. 138.

276 Daniel Schönpflug: Kometenjahre. 1918: Die Welt im Aufbruch. Frankfurt a.M. 2017, S. 17 f.

277 Kershaw: Höllensturz. A.a.O., S. 139.

278 Max Cohen: Der Neuaufbau Deutschlands. In: Sozialistische Monatshefte. Vom 26.11.1918, S. 1041.

279 Rosa Luxemburg: Die Sozialisierung der Gesellschaft. In: LuxGW. Bd. 4, S. 433.

280 Walter Müller: Wenn wir 1918 … Eine realpolitische Utopie. Rostock 2003 [Erstausgabe: 1930], S. 29 – hier: ein fiktiver Bericht im wichtigsten sozialdemokratischen Blatt Vorwärts, datiert auf den 29.11.1918.

281 Zu diesem Ansatz siehe Ulf Engel / Matthias Middell: Bruchzonen der Globalisierung, globale Krisen und Territorialitätsregime – Kategorien einer Globalgeschichtsschreibung. In: Comparativ 5/6/2005, S. 5–38.

282 Siehe Christopher Clark: Die Schlafwandler. Wie Europa in den Ersten Weltkrieg zog. München 2013⁴.

283 Wladimir Iljitsch Lenin: Sozialismus und Krieg (Die Stellung der SDAPR zum Krieg). In: LW Bd. 21, S. 301 f.

284 Außerordentlicher Internationaler Sozialisten-Kongress zu Basel am 24. und 25.11.1912. Berlin 1912, S. 23.

285 Karl Liebknecht: Der Hauptfeind steht im eigenen Land! Flugblatt. Mai 1915. In: Ders.: Gesammelte Reden und Schriften. Bd. VIII. A.a.O., S. 229 f.

286 Lenin: Sozialismus und Krieg . A.a.O., S. 314.

287 Siehe Herfried Münkler: Der Große Krieg. Die Welt 1914 bis 1918. Berlin 2013, bes. Kap. 8 und 9.

288 Siehe Gerd Krumeich: Der Dolchstoß war nicht nur eine Legende. Die deutschen Truppen hätten 1918 weiterkämpfen können, aber in der Heimat hatte man den Krieg satt. In: FAZ vom 10.7.2017, S. 13.

289 Karl Liebknecht: Was will der Spartakusbund. 23.12.1918. In: Ders.: Gesammelte Reden und Schriften. Bd. IX. A.a.O., S. 649, 654 f. und 660.

290 Rosa Luxemburg: Zur russische Revolution. In: LuxGW. Bd. 4, S. 365.

291 Von einem, der dabei war: Wie die deutsche Republik ausgerufen wurde. In: Drahn/Friedegg (Hrsg.): Deutscher Revolutions-Almanach. A.a.O., S. 72.

292 Matthias Middell: Neue Diskussionen um die Erklärung der Französischen Revolution. In: Sitzungsberichte der Leibniz-Sozietät 128/2016, S. 51.

293 Siehe z.B. Wolfgang Wippermann: Faschismus. Eine Weltgeschichte vom 19. Jahrhundert bis heute. Darmstadt 2009; Robert O. Paxton: Anatomie des Faschismus. München 2006, S. 71 ff.

294 Müller: Wenn wir 1918 … A.a.O., S. 259.

295 Karl Marx/Friedrich Engels an August Bebel, Wilhelm Liebknecht, Wilhelm Bracke u.a. in Leipzig (Zirkularbrief) (Entwurf). [London, 17./18.9.1879]. In: MEW Bd. 34, S. 404.

Eckdaten zur Orientierung

1869
Eisenacher Parteitag, Gründung der Sozialdemokratischen Arbeiterpartei Deutschlands, Vorläufer der SPD

18.1.1871
Proklamation des Deutschen Reiches im besetzten französischen Versailles

1878–1890
das Sozialistengesetz (»Gesetz gegen die gemeingefährlichen Bestrebungen der Sozialdemokratie«) ist in Kraft, um die Sozialdemokratie mit repressiven Mitteln in Schach zu halten

1883
Reichskanzler Otto von Bismarck beginnt mit einer Sozialpolitik, die nach dem Prinzip von »Zuckerbrot und Peitsche« die Sozialistengesetze begleitet und deutliche Verbesserungen für die Arbeiter mit sich bringt

1888
Regierungsbeginn von Kaiser Wilhelm II.

20.10.1891
der Erfurter Parteitag der SPD verabschiedet das auch noch 1918 gültige Parteiprogramm

23.–29.9.1906
Mannheimer Parteitag der SPD; in der Massenstreikdebatte wird vereinbart, dass über so etwas nur in Abstimmung mit den Gewerkschaften entschieden werden kann

17.–26.8.1907
Internationaler Sozialistenkongress in Stuttgart der II. Internationale; Beschluss gegen den Krieg, aber kein Bekenntnis zu radikalen Mitteln wie Massenstreik oder Aufstand (wie etwa aus Frankreich gefordert); auf dem Folgekongress 1912 in Basel werden die Antikriegspositionen bekräftigt

12.1.1912
letzte Reichstagswahlen vor Kriegsbeginn, die SPD wird mit 34,8 Prozent stärkste Partei

24.–25.11.1912
Außerordentlicher Internationaler Sozialistenkongress in Basel angesichts der drohenden Kriegsgefahr (damals vor allem der 1. Balkankrieg)

30.6.1913
die SPD lehnt die Wehrvorlage im Reichstag ab, befürwortet aber die Einführung von Vermögenssteuern als Akt der sozialen Umverteilung, die jedoch zur Finanzierung von Heer und Marine herangezogen werden

1.8.1914
Deutschland erklärt Russland den Krieg

2.8.1914
die Gewerkschaften verzichten wegen des Krieges auf Streiks und Lohnforderungen

4.8.1914

alle Reichstagsparteien stimmen für die Kriegskredite, trotz innerer Konflikte auch die SPD

in der Wohnung Rosa Luxemburgs treffen sich sozialdemokratische Kriegsgegner und legen den Grundstein für die Gruppe Internationale, aus der 1916 die Spartakusgruppe hervorgeht

2.12.1914

Karl Liebknecht stimmt erstmals und als einziger gegen die Kriegskredite

18.2.1915

Verhaftung Rosa Luxemburgs, unter verschiedenen Vorwänden bleibt sie bis Oktober 1918 in Haft

20.3.1915

gemeinsam mit Liebknecht stimmt Otto Rühle gegen die Kriegskredite

5.–9.9.1915

geheime erste internationale Sozialistenkonferenz in Zimmerwald (Schweiz) gegen den Krieg, 1916 findet eine zweite Konferenz in Kienthal (Schweiz) statt

21.12.1915

eine Gruppe sozialdemokratischer Abgeordneter stimmt gegen die Kriegskredite

12.1.1916

die SPD schließt Liebknecht aus der Fraktion aus, einige Tage später tritt Rühle aus

27.1.1916

mit dem erstmaligen Erscheinen der *Spartacus-Briefe* wird die Spartakusgruppe reichsweit aktiv

24. 3. 1916

bei einer erneuten Abstimmung zu Kriegskrediten stimmen 18 SPD-Reichstagsabgeordnete unter scharfen Erklärungen dagegen, werden aus der Fraktion ausgeschlossen und bilden fortan eine »Sozialdemokratische Arbeitsgemeinschaft« (Liebknecht und Rühle gehören ihr nicht an), Hugo Haase tritt als Co-Parteivorsitzender zurück

1. 5. 1916

Liebknecht spricht anlässlich der Maidemonstration auf dem Potsdamer Platz in Berlin gegen den Krieg, wird verhaftet, später verurteilt; insbesondere die Revolutionären Obleute organisieren landesweit Protestaktionen, in Berlin kommt es mit 50 000 Teilnehmern zum ersten politischen Massenstreik des Krieges

2. 12. 1916

mit den Stimmen der SPD beschließt der Reichstag das Gesetz über den Vaterländischen Hilfsdienst

15. 3. 1917

in Russland Proklamation der Provisorischen Regierung und Abdankung des Zaren Nikolaus II.

1. 4. 1917

Kriegserklärung der USA, nicht zuletzt als Antwort auf den von Deutschland praktizierten uneingeschränkten U-Boot-Krieg

6. 4. 1917

Gründung der USPD in Gotha, in der auch die Spartakusgruppe vertreten ist

7. 4. 1917

»Osterbotschaft« Kaiser Wilhelms II. mit Reformversprechungen für die Zeit nach dem Sieg

14.7.1917

nach dem Sturz von Reichskanzler Theodor von Bethmann Hollweg am 12. 7. wird Georg Michaelis als Nachfolger eingesetzt

19.7.1917

Zentrum, FVP und SPD haben eine Resolution im Reichstag eingebracht, die einen Verständigungsfrieden ohne Annexionen im Westen fordert und von einer Mehrheit angenommen wird

2.8.1917

Aufstand in der deutschen Hochseeflotte, auf dem Schlachtschiff »Prinzregent Luitpold« übernehmen Matrosen das Kommando, der Aufstand wird niedergeschlagen, Max Reichpietsch und Albin Köbis als ihr Anführer werden vor ein Kriegsgericht gestellt und am 5. 9. erschossen.

1.11.1917

Georg von Hertling wird neuer Reichskanzler

6./7.11.1917

Oktoberrevolution in Russland

7.11.1917

der 2. Gesamtrussische Sowjetkongress tritt zusammen, stimmt den neuen Machtstrukturen sowie den Dekreten über den Frieden und den Boden zu

4.12.1917

Waffenstillstand der Mittelmächte mit Sowjetrussland

18.12.1917

Beginn der Friedensverhandlungen mit den Mittelmächten in Brest-Litowsk

8.1.1918

US-Präsident Woodrow Wilson gibt sein 14-Punkte-Programm bekannt

28.1.1918

das Deutsche Reich lehnt Wilsons Papier ab

28.1.–3.2.1918

reichsweiter Munitionsarbeiterstreik von über einer Million Arbeiterinnen und Arbeiter mit Schwerpunkt in Berlin, organisiert von Revolutionären Obleuten, Spartakus und USPD; unter tatkräftiger Mithilfe der SPD, deren Vertreter in die Streikleitungen eintraten, abgewürgt, danach Repressalien und Zwangseinberufungen

3.3.1918

Wladimir Iljitsch Lenin setzt sich in Partei und Sowjetführung durch, der »Diktatfrieden« von Brest-Litowsk wird unterzeichnet; Russland verliert die meisten westlichen Gebiete, in der Folge sind die Ukraine, die baltischen Republiken und Georgien selbstständig

21.3.1918

Beginn einer Reihe von als kriegsentscheidend eingestuften Offensiven an der Westfront

27.4.1918

im Preußischen Herrenhaus wird eine Vorlage zur Abschaffung des Dreiklassenwahlrechts abgelehnt

24.9.1918

die OHL fordert die Regierung auf, Friedensverhandlungen einzuleiten

27.9.1918

die Entente-Truppen brechen in die »Siegfriedstellung« bei Arras ein; es gibt zunehmend Desertionen und unerlaubte Entfernungen von der Truppe sowie den Gang in die Gefangenschaft bei deutschen Soldaten, manche sprechen von einem »verdeckten Militärstreik«

28.9.1918

die OHL verlangt eine neue Regierung, um die militärische Niederlage politisch abzufangen

29.9.1918

Erich Ludendorff verlangt, binnen 24 Stunden um einen Waffenstillstand nachzusuchen, sonst sei eine militärische Katastrophe unvermeidbar

3.10.1918

das Kabinett Max von Baden ist die erste parlamentarische Regierung in Deutschland, die SPD tritt in diese Regierung ein; es werden Schritte für ein Waffenstillstandsersuchen und politische Reformen eingeleitet

4.10.1918

Note der Reichsregierung an Wilson, sich für Friedensverhandlungen zu engagieren

21.10.1918

Entlassung Liebknechts aus dem Zuchthaus Luckau

22.10.1918

Befehle der Marineführung für eine letzte Seeschlacht, um mit wehenden Fahnen ehrenvoll unterzugehen

24.10.1918

das Preußische Herrenhaus nimmt ein Gesetz für das Ende des Dreiklassenwahlrechts an

26.10.1918

Ludendorff tritt zurück und wird durch Wilhelm Groener ersetzt, Paul von Hindenburg bleibt weiter Chef der OHL

28.10.1918

die vom Reichstag am 26.10. verabschiedeten Verfassungsänderungen, nun vom Kaiser gegengezeichnet, machen das Deutsche Reich zu einer konstitutionellen Monarchie und ermöglichen den Ausstieg aus den Kriegsrechtsbestimmungen

30.10.1918

Meutereien in der Marine gegen den Auslaufbefehl
Revolution in Österreich, das Habsburger Reich zerfällt und neue Staaten entstehen

3.11.1918

Matrosenaufstand in Kiel

7.11.1918

Revolution in München, einen Tag später wird Kurt Eisner Ministerpräsident

8.11.1918

Rosa Luxemburg kommt aus der Breslauer Haft frei

9.11.1918

Revolution in Berlin, Max von Baden erklärt die Abdankung des Kaisers, ernennt Friedrich Ebert zum Reichskanzler, demissioniert, Ebert bildet einen Rat der Volksbeauftragten aus SPD und USPD, lässt die alte Regierung und den Staatsapparat im Amt und schließt mit der OHL einen Pakt für Ruhe und Ordnung im Land, gegen die bolschewistische Gefahr
Philipp Scheidemann und Liebknecht proklamieren jeweils die Republik, die »demokratische« aus dem Fenster des Reichstages bzw. die »freie sozialistische« vom Balkon des Schlosses

11.11.1918

Unterzeichnung des Waffenstillstandes durch Staatssekretär Matthias Erzberger in Compiègne

12.11.1918

Regierungsprogramm des Rates der Volksbeauftragten, Einsetzung einer Sozialisierungskommission; alle Gesetze der alten Regierung bleiben in Kraft

15.11.1918

Stinnes-Legien-Abkommen, Bildung einer gemeinsamen Arbeitsgemeinschaft von Unternehmern und Gewerkschaften

6.12.1918

missglückter, blutiger Putsch-Versuch zugunsten eines Reichspräsidenten Ebert und gegen Spartakus und radikale Linke
der Rat der Volksbeauftragten beschließt Wahlen zu einer Nationalversammlung am 19.1.1919

10.12.1918

Einzug der heimkehrenden Fronttruppen, die Gardetruppen an der Spitze, begrüßt von Ebert; sie sollen »Ruhe und Ordnung« gewährleisten, angesichts der Kampfesmüdigkeit der Soldaten und ihrer Einbeziehung in die revolutionären Umbrüche scheitert dieser Versuch

16.–21.12.1918

der Reichsrätekongress bestätigt faktisch das Ende der Räteherrschaft und die Wahlen zur Nationalversammlung, bekennt sich zur neuen Regierung

23.–25.12.1918

Angriff auf die Volksmarinedivision in Schloss und Reichstag, der aber am Widerstand der Matrosen und der Berliner Arbeiter scheitert

29.12.1918

die USPD-Vertreter verlassen den Rat der Volksbeauftragten und werden durch SPD-Beauftragte, unter ihnen Gustav Noske, ersetzt

30.12.1918

Beginn des Gründungsparteitages der KPD (bis 1.1.)

4.1.1919

Absetzung des Berliner Polizeipräsidenten Emil Einhorn (USPD), Widerstand dagegen, Massendemonstrationen, schließlich Beginn eines Aufstandes mit Besetzung des Zeitungsviertels; USPD, Revolutionären Obleuten und KPD gelingt es nicht, diese Vorgänge zu organisieren

10.1.–9.2.1919

die Bremer Räterepublik mit dem Versuch, eine Räteherrschaft aufzubauen, scheitert am Widerstand der bürgerlichen Kräfte und wird schließlich von regierungstreuen Truppen gewaltsam niedergeschlagen

11.1.1919

Einmarsch von inzwischen aufgestellten »zuverlässigen« Freikorpsverbänden nach Berlin; Niedermetzelung des Aufstandes und vieler Zivilisten

15.1.1919

Ermordung von Liebknecht und Luxemburg

19.1.1919

Wahlen zur Nationalversammlung

11.2.1919

Wahl Eberts zum Reichspräsidenten

13.2.1919
Zusammentritt des Kabinetts Scheidemann aus SPD, Zentrum und DDP

21.2.1919
Ermordung Eisners

2.–6.3.1919
Gründung der Kommunistischen Internationale (Komintern), die anwesende KPD enthält sich beim Gründungsbeschluss noch der Stimme

3.–16.3.1919
Generalstreik in Berlin und weiteren Teilen Deutschlands, Angriff der konterrevolutionären Truppen, in Berlin und reichsweit Schießbefehl Noskes, Tötung zahlreicher Angehöriger der Volksmarinedivision, zahlreicher anderer kämpfender Linker und vieler Zivilisten

10.3.1919
Ermordung von Leo Jogiches

21.3.–1.8.1919
ungarische Räterepublik

7.4.–2.5.1919
Machtübernahme durch die Räte in München und Teilen Bayerns, ab Mitte April durch kommunistische Kräfte noch radikalisiert, schließlich durch Regierungstruppen blutig niedergeworfen

28.6.1919
Versailler Friedensvertrag

31.7.1919
Weimarer Verfassung

13.–17.3.1920

Kapp-Lüttwitz-Putsch; durch gemeinsames Handeln der Arbeiterparteien Generalstreik und Widerstand gebrochen; bei der anschließenden Wiederherstellung von »Ruhe und Ordnung« sind es die bewaffneten Arbeiter, die von Reichswehr und Freikorps angegriffen werden

29.3.1920

Einmarsch der Reichswehr in das Ruhrgebiet und Niederkämpfung der Roten Ruhrarmee, die gerade noch Kapp bekämpft hat

6.6.1920

Wahlen zum ersten Reichstag der Republik (SPD 21,9 Prozent, USPD 17,6 Prozent, DNVP 15,0 Prozent, DVP 13,9 Prozent, Zentrum 13,6 Prozent, DDP 8,3 Prozent, Bayerische Volkspartei BVP 4,4 Prozent, KPD 2,1 Prozent, Sonstige 3,3 Prozent)

29.1.1921

die Siegermächte erwarten von Deutschland 226 Milliarden Goldmark Reparationszahlungen

1.–7.3.1921

die erste Londoner Konferenz zu den Reparationen wird ergebnislos abgebrochen

8.3.1921

Franzosen und Belgier besetzen Teile des Ruhrgebiets

20.3.1921

Volksabstimmung in Oberschlesien, im Juni Kämpfe zwischen polnischen und deutschen Freikorpstruppen, Gebietsverluste

29.4.–5.5.1921

die zweite Londoner Konferenz setzt die deutschen Kriegsschulden auf 132 Milliarden Goldmark fest und legt ein Ultimatum fest

26.8.1921
Ermordung Erzbergers

10.4.–19.5.1922
Konferenz in Genua, Deutschland gewinnt mühsam einen Platz in der Nachkriegsordnung

16.4.1922
Vertrag von Rapallo zwischen Deutschland und Sowjetrussland

24.6.1922
Ermordung Walther Rathenaus

26.6.1922
Reichspräsident Ebert erlässt eine Verordnung zum Schutz der Republik

28.10.1922
faschistischer Marsch auf Rom durch Benito Mussolini, Beginn der Machteroberung der Faschisten in Italien

11.1.1923
Einmarsch der Franzosen ins Ruhrgebiet; Beginn des »Ruhrkampfes«, d.h. passiver Widerstand; Abbruch 26.9.

13.8.1923
Bildung des ersten Kabinetts Gustav Stresemann (DVP) mit einer großen Koalition von SPD, Zentrum, DDP und DVP

2.10.1923
Freikorpsverbände starten Küstriner Putsch, der von Reichswehr und Polizei niedergeschlagen wird

10.10.1923
Bildung der Arbeiterregierung von SPD und KPD unter Erich Zeigner (SPD) in Sachsen

13.10.1923
Ermächtigungsgesetz für die Reichsregierung zu wirtschaftlichen und finanziellen Maßnahmen

22.10.1923
Einmarsch der Reichswehr in Sachsen, eine Woche später Amtsenthebung der Arbeiterregierung

2.11.1923
Austritt der Sozialdemokraten aus der Regierung Stresemann

8./9.11.1923
der Hitler-Ludendorff-Putsch in München wird durch regierungstreue Kräfte niedergeschlagen

9.11.1923
der Einmarsch der Reichswehr in Thüringen beendet die kurzzeitige Arbeiterregierung von SPD und KPD

15.11.1923
Ende der Inflation durch Einführung der Rentenmark mit einem Kurs von 1 Rentenmark = 1 Billion Papiermark

1.12.1923
Rücktritt des Kabinetts Stresemann und neues Kabinett Wilhelm Marx (Zentrum) aus Zentrum, DVP, DDP und Bayerischer Volkspartei

Glossar

Alldeutsche eigentlich Alldeutscher Verband (1984–1939), zeitweilig sehr einflussreicher chauvinistischer, militaristischer, antikommunistischer, antisemitischer Verband, aktiv in der Kriegsvorbereitung und in konterrevolutionärer Agitation und Organisation in der Novemberrevolution

Antibolschewistische Liga im Dezember 1918 als Kampforganisation gegen Spartakus von Eduard Stadtler gegründet und von wichtigen Unternehmern finanziell unterstützt

Arbeiterregierungen bilden sich in Sachsen und Thüringen im Oktober 1923 aus SPD und KPD, werden aber vom Reichspräsidenten am 29.10. bzw. 6.11. abgesetzt und die Bundesländer durch die Reichswehr besetzt, Widerstand wird gewaltsam gebrochen

Arco auf Valley, Anton Graf von (1887–1945) Offizier, ermordet 1919 Kurt Eisner

Artelt, Karl (1890–1981) Schiffsheizer, Maschinenbauer, 1918 einer der Organisatoren des Aufstands in Kiel (»Der rote Admiral«), Vorsitzender des Obersten Matrosenrates, später selbstständig, in der Nazizeit Verhaftungen, nach 1945 Parteifunktionär, war Mitglied von SPD, USPD und KPD

Auer, Erhard (1874–1945) Landarbeiter, kaufmännischer Angestellter, Landtagsabgeordneter, 1918 SPD-Landesvorsitzender in Bayern, unter Eisner Innenminister, bei einem Anschlag nach der Ermordung Eisners schwer verletzt, nach 1933 wiederholt inhaftiert

Baden, Max von (1867–1929) Prinz von Baden, letzter kaiserlicher Reichskanzler Oktober/November 1918

Freikorps Bahrenfeld benannt nach dem damaligen Hamburger bzw. Altonaer Vorort

Ballin, Albert (1857–1918) einflussreicher Reeder

Barth, Emil (1879–1941) Klempner, Gewerkschaftsfunktionär, SPD, als Kriegsgegner zur USPD, Revolutionäre Obleute, im November 1918 Mitglied des Rates der Volksbeauftragten, ab 1921 wieder SPD, in der Nazizeit wiederholt verhaftet

Bauer, Gustav (1870–1944) Büroangestellter, Gewerkschafter, 2. Vorsitzender der Generalkommission der Gewerkschaften Deutschlands, SPD, MdR (Mitglied des Reichstages), im Kabinett von Baden Staatssekretär für Arbeit, danach Reichsarbeitsminister, als Nachfolger Scheidemanns 1919/20 Reichskanzler, nach Verwicklung in einen Finanzskandal 1925 Parteiausschluss

Bebel, August (1840–1913) Drechsler, Organisator der sozialdemokratischen Arbeiterbewegung in Deutschland auf dem Weg zur SPD, Vorsitzender der SPD, MdR

Belagerungszustand hier im Ersten Weltkrieg die Einführung des Kriegsrechts mit besonderen Befugnissen auch der Armee im Inneren

Bernstein, Eduard (1850–1932) Bankkaufmann, sozialdemokratischer Theoretiker, Auslöser des Revisionismusstreits, SPD, als Kriegsgegner zur USPD, ab 1920 wieder SPD

Bethmann Hollweg, Theobald von (1856–1921) Verwaltungsbeamter, Reichskanzler 1909–1917

Bismarck, Otto von (1815–1898) ab 1871 Fürst von Bismarck, 1862–1890 Ministerpräsident Preußens, ab 1867 Bundeskanzler des Norddeutschen Bundes, 1871–1890 Reichskanzler

Bosch, Robert (1861–1942) Industrieller

Bremer Linke gegründet 1905 in der Massenstreikdebatte, linksorientierter Teil der SPD in Bremen, als Internationale Kommunisten Deutschlands mit dem Spartakusbund Mitbegründer der KPD, aktiv in der Bremer Räterepublik

Bröger, Karl (1886–1941) linker Dichter, der SPD verbunden

Clark, Christopher (geb. 1960) australischer Historiker

Cohen, Max (1876–1963) kaufmännische Ausbildung, Journalist, SPD, MdR, 1918 Vorsitzender des Zentralrats der Deutschen Sozialistischen Republik, nach 1933 Exil

Crispien, Arthur (1875–1946) Theatermaler, Journalist, SPD, als Kriegsgegner zur USPD, 1919–1922 Vorsitzender der USPD, Gegner der Vereinigung mit der KPD, wieder SPD, MdR, ab 1933 Exil

Cunow, Heinrich (1862–1936) kaufmännische Lehre, Redakteur von *Die Neue Zeit* und *Vorwärts*, Theoretiker der SPD, nach anfänglichem Zögern für den Kurs der SPD in der Kriegsfrage, nach verschiedenen Abgeordnetenmandaten in der Weimarer Republik Hochschullehrer

Dahrendorf, Ralf (1929–2009) BRD-Soziologe, Politiker der FDP

Däumig, Ernst (1866–1922) Journalist, SPD, als Kriegsgegner USPD, Revolutionäre Obleute, beförderte die Vereinigung des linken Flügels der KPD mit der SPD, Co-Vorsitzender der VKPD, dann Austritt und Rückkehr zur USPD

Die Gesellschaft seit 1923 Theoriezeitschrift der SPD in Nachfolge der *Neuen Zeit*

Dittmann, Wilhelm (1874–1954) Tischler, Redakteur, SPD-Funktionär, MdR, 1915 erstmals gegen Kriegskredite gestimmt, Fraktionsausschluss, USPD-Mitbegründer, wegen Mitorganisation der Januarstreiks zu 5 Jahren Festung verurteilt, im November 1918 Mitglied des Rates der Volksbeauftragten, Gegner der Vereinigung von USPD und KPD, wieder SPD, 1933 Exil

Drabkin, Jakov Samojlovich (1918–2015) sowjetischer Deutschlandhistoriker

Dreiklassenwahlrecht 1849 bis 1918 in Preußen, dem größten Bundesland, gültiges Wahlrecht in Abhängigkeit vom Steueraufkommen der Wähler

Dutschke, Rudi (1940–1979) sozialistischer Studentenführer in der BRD

Ebert, Friedrich (1871–1925) Sattler, SPD-Funktionär, MdR, Co-Vorsitzender der SPD seit 1911, Vorsitzender des Rates der Volksbeauftragten, Reichskanzler, ab 1919 erster Reichspräsident

Eichhorn, Emil (1863–1925) Mechaniker, SPD, MdR, 1917 USPD, im November 1918 Berliner Polizeipräsident, im Januar 1919 abgesetzt, mit der USPD-Mehrheit in die KPD

Eisner, Kurt (1865–1919) Journalist u. a. im *Vorwärts*, Politiker von SPD und dann USPD, erster Revolutions-Ministerpräsident ab 8. 11. 1918 in Bayern, ermordet

Entente militärisch-politisches Bündnis von Großbritannien, Frankreich und Russland sowie später weiterer Verbündeter im Vorfeld und während des Ersten Weltkrieges

Epp, Franz Xaver Ritter von (1867–1947) zuletzt Generalleutnant, Freikorpskommandeur u. a. gegen die Münchner Räterepublik und den Ruhraufstand 1921, später NSDAP, ab 1933 Reichsstatthalter in Bayern, später auch Reichsleiter

Ehrhardt, Hermann (1881–1971) Korvettenkapitän, 1918 Gründer und Befehlshaber des Freikorps Marine-Brigade Ehrhardt, der an der Niederschlagung der Revolution im Frühjahr aktiv beteiligt war, 1920 militärischer Arm des Kapp-Putsches, Flucht, Organisator der Organisation Consul, obwohl zeitweise gegen Hitler, wird er 1934 SS-Oberführer, bleibt aber einflusslos

Erzberger, Matthias (1875–1921) Lehrer, Studium des Staatsrechts und der Nationalökonomie, Redakteur, Zentrums-Politiker, MdR, Staatssekretär im Kabinett von Baden, unterzeichnete den Waffenstillstand 1918, Reichsfinanzminister, ermordet durch die Organisation Consul

Friedrich Wilhelm IV. (1795–1861) preußischer König zur Zeit der Revolution von 1848/49

Fukuyama, Francis (geb. 1952) US-amerikanischer Politologe, der 1990 das »Ende der Geschichte« durch den Triumph des bürgerlichen Parlamentarismus und der freien Marktwirtschaft versprach

Fürstenabfindung 1918 wurden die deutschen Fürstenhäuser entmachtet, ihre Vermögen beschlagnahmt; in den Folgejahren gab es diverse Prozesse über Entschädigungsansprüche, eine einheitliche Lösung wurde trotz mehrerer Gesetzesinitiativen nicht gefunden

Gallus, Alexander (geb. 1872) Historiker

Gandorfer, Karl (1875–1932) Landwirt, aktiv im Bayerischen Bauernbund, 1918 Vorsitzender des Zentralbauernrates im Kabinett
Eisner, MdR, Bruder von Ludwig Gandorfer

Gandorfer, Ludwig (1880–1918) SPD, als Kriegsgegner zur USPD,
baute in der Novemberrevolution den bayerischen Zentralbau-
ernrat auf, Unfalltod

Gasper-Derfert, Cläre (1894–?) Arbeiterin, KPD

Gelbe Gewerkschaften unternehmensnahe, die Arbeiterbewegung spaltende Gewerkschaften

Gietinger, Klaus (geb. 1955) Sozialwissenschaftler, Autor historischer Sachbücher, Filmregisseur

Grebing, Helga (1930–2017) Historikerin insbesondere der BRD-
Arbeiterbewegung, Mitglied der Historischen Kommission
beim SPD-Parteivorstand

Gröber, Adolf (1854–1919) Jurist, Zentrumspolitiker, Staatssekretär
im Kabinett von Baden, Fraktionsvorsitzender des Zentrum in
der Nationalversammlung

Groener, Wilhelm (1867–1939) Generalleutnant, als Nachfolger
von v. Ludendorff bzw. später von v. Hindenburg Erster Generalquartiermeister bzw. Chef der Reichswehr, in der Weimarer
Republik als Parteiloser Reichswehrminister, ab 1931 auch Innenminister

Großmann, Stefan (1875–1935) österreichischer Schriftsteller

Gumbel, Emil Julius (1891–1966) Mathematiker und Statistiker,
Publizist, Pazifist

Haase, Hugo (1863–1919) Jurist, 1911–1916 Co-Vorsitzender der
SPD, Kriegsgegner, 1917 Gründungsvorsitzender der USPD,
Mitglied des Rates der Volksbeauftragten, ermordet

Haffner, Sebastian (1907–1999) antifaschistischer Publizist, Historiker, nach 1933 im Exil, später in der Bundesrepublik

Haußmann, Conrad (1857–1922) Rechtsanwalt, MdR, Staatssekretär
im Kabinett von Baden, Mitbegründer der DDP

Heckert, Fritz (1884–1936) Maurer, Gewerkschafter, SPD, USPD,
Mitbegründer von Spartakus und KPD, MdR, Exil in der Sowjetunion

Heilige Allianz Bündnis von Preußen, Österreich, Russland, nach dem Sturz Napoleon I. auch Frankreich, Inbegriff reaktionärer Vorherrschaft nach der Französischen Revolution

Hilferding, Rudolf (1877–1941) sozialdemokratischer Publizist und Ökonom, ab 1917 USPD, ab 1923 wieder SPD, auch Reichsfinanzminister

Hindenburg, Paul von (1857–1934) zuletzt Generalfeldmarschall, Chef der 3. OHL bis Juni 1919, ab 1925 Reichspräsident

Hintze, Paul von (1864–1941) Marineoffizier, Diplomat, von Juli bis 7.10.1918 Staatssekretär des Auswärtigen

Hipper, Franz Ritter von (1863–1932) Admiral, im November 1918 Chef der Hochseeflotte

Hobsbawm, Eric (1917–2012) britischer marxistischer Historiker

Hoffmann, Johannes (1867–1930) Lehrer, für die SPD in Land- und Reichstag, nach dem Tod Eisners im März 1919/20 bayerischer Ministerpräsident, der von den Räterepubliken abgelehnt wurde

Hohenzollern preußisches und deutsches Herrscherhaus

Hutten, Ulrich von (1488–1523) Humanist, Reichsritter, wichtige progressive Gestalt in den Zeiten der frühbürgerlichen Revolution

Interfraktioneller Ausschuss Seit Juli 1917 koordinierender Zusammenschluss von oppositionellen Reichstagsfraktionen (MSPD, Zentrum, FVP, zeitweilig NLP), die die Reichstagsmehrheit bildeten, die wichtigsten Parteien bildeten später die Weimarer Koalition

Jogiches, Leo (1867–1919) linker Politiker, Mitglied der Sozialdemokratie des Königreichs Polen und Litauens, SPD, USPD, Mitbegründer von Spartakus und KPD, nach Liebknecht/ Luxemburg Vorsitzender der KPD, ermordet

Jones, Mark (geb. 1981) irischer Historiker

Kaiserschlacht deutsche Frühjahrsoffensive 1918

Kapp, Wolfgang (1858–1922) Verwaltungsbeamter, seit 1907 Generallandschaftsdirektor (Regierungspräsident) in Ostpreußen, einer der Anführer des gleichnamigen Putsches im März 1920, während des Hochverratsprozesses verstorben

Käppner, Joachim (geb. 1961) Journalist, Autor historischer Sachbücher

Kautsky, Karl (1854–1938) marxistischer Theoretiker, Redakteur, u. a. für *Die Neue Zeit*, SPD, ab 1917 USPD, ab 1922 wieder SPD

Köbis, Albin (1892–1917) Matrose/Heizer bei der Kriegsmarine, Verbindungen zu SPD und später USPD, Führer des Aufstandes in der Hochseeflotte 1917, zum Tode verurteilt und erschossen

Kolb, Eberhard (geb. 1933) BRD-Historiker

Korsch, Karl (1886–1961) marxistischer Philosoph, USPD, ab 1920 KPD, 1923 Minister in der SPD-KPD-Regierung in Thüringen, Berufung zum Professor, Lehrverbot, 1926 wegen linksradikaler Abweichungen aus der KPD ausgeschlossen, 1933 Exil, gehörte zu diversen linken Gruppierungen

Krumeich, Gerd (geb. 1945) BRD-Historiker

Kuczynski, Jürgen (1904–1997) Wirtschaftswissenschaftler und -historiker, KPD, SED

Kuttner, Erich (1887–1942) Jurist, Redakteur, preußischer Landtagsabgeordneter, 1933 Exil, Spanienkämpfer, in den Niederlanden von der Gestapo gefasst, im KZ ermordet

Lafayette, Marie-Joseph Motier (1757–1834) Général de division, Teilnehmer am Unabhängigkeitskampf der USA, gemäßigter Politiker in der Französischen Revolution, Vizepräsident der Nationalversammlung, Kommandant der Nationalgarde, versuchte wiederholt, den König zu schützen

Landauer, Gustav (1870–1919) linker anarchistischer, pazifistischer Schriftsteller, in der ersten Münchner Räterepublik Beauftragter für Volksaufklärung, nach der Führungsübernahme durch die Kommunisten Rücktritt, von Freikorpssoldaten ermordet

Landsberg, Otto (1869–1957) Rechtsanwalt, SPD, Mitglied des Rates der Volksbeauftragten, MdR, Minister, nach 1933 Exil

Langewiesche, Dieter (geb. 1943) BRD-Historiker

Legien, Carl (1861–1920) Drechsler, SPD, Gewerkschafter, seit 1890 Vorsitzender der Generalkommission der Gewerkschaften

Deutschlands, seit 1918 Vorsitzender des Allgemeinen Deutschen Gewerkschaftsbundes, MdR

Lequis, Arnold (1861–1949) General der Infanterie, als Chef eines Generalkommandos bzw. als Militärgouverneur militärisch verantwortlich für das Vorgehen der Regierungstruppen im Dezember 1918 in Berlin, insbesondere für die »Blutweihnacht«

Levi, Paul (1883–1930) Rechtsanwalt, SPD, USPD, Spartakus, Mitbegründer der KPD, März 1919–1921 Vorsitzender der KPD, beteiligt am Zusammenschluss mit der linken USPD, wegen seines gemäßigten Kurses ausgeschlossen, Rückkehr zu USPD und dann SPD, MdR für KPD bzw. SPD

Leviné, Eugen (1883–1919) Nationalökonom, SPD, USPD, Mitbegründer des Spartakusbundes und der KPD, 1919 Führer der Münchner Räterepublik, wegen Hochverrats zum Tode verurteilt und erschossen

Liebknecht, Karl (1888–1919) Rechtsanwalt, Sohn von Wilhelm Liebknecht, MdR, SPD, USPD, Mitbegründer von Spartakus und KPD, 1919 ermordet

Liebknecht, Wilhelm (1826–1900) Handwerker, Lehrer, Journalist, Mitbegründer der SPD, MdR

Linsingen, Alexander von (1850–1935) Generaloberst, 1918 Oberbefehlshaber in den Marken und Gouverneur von Berlin, sein Versuch, die Revolution zu stoppen, scheiterte, er verbot den Schusswaffeneinsatz gegen die Revolutionäre und trat zurück

Löbe, Paul (1875–1967) Schriftsetzer, Redakteur, SPD, MdR, Reichstagspräsident, nach 1933 KZ

Lösche, Peter (1939–2016) Politikwissenschaftler

Ludendorff, Erich (1865–1937) General der Infanterie, Erster Generalquartiermeister und Stellvertreter Paul von Hindenburgs in der 3. OHL bis Oktober 1918, beteiligt am Hitler-Putsch 1923

Ludwig III. (1845–1921) letzter bayerischer König

Ludwig, Frank (1874–1914) Rechtsanwalt, aktiv in der Arbeiterjugendbewegung, MdR, als Kriegsfreiwilliger gefallen

Lüttwitz, Walther Freiherr von (1859–1942) General der Infanterie, Befehlshaber bei der Niederschlagung des Januaraufstandes

1919, 1920 »Reichswehrminister« der Putschregierung Kapp, Flucht nach Ungarn, nach Amnestie wieder in Deutschland

Luxemburg, Rosa (1871–1919) sozialwissenschaftliches Studium, wirtschaftswissenschaftliche Promotion, bedeutende marxistische Theoretikerin, aktiv in der polnischen, russischen und deutschen Sozialdemokratie, SPD, Spartakus, USPD, KPD, 1919 ermordet

Maercker, Georg Ludwig Rudolf (1865–1924) Generalmajor, Kampferfahrungen gegen die Hereros und im Ersten Weltkrieg, Freikorpsführer im Einsatz gegen den Januaraufstand 1919 und andere revolutionäre Bewegungen

Mehring, Franz (1846–1919) Studium der Philologie, Promotion zur Geschichte der Sozialdemokratie, Journalist, Historiker, SPD, USPD, Spartakus, KPD

Michaelis, Georg (1857–1936) Jurist, Politiker, Juli–Oktober 1917 Reichskanzler

Mittelmächte militärisch-politisches Bündnis des Deutschen Reiches, Österreich-Ungarns, dann auch des Osmanischen Reiches, Bulgariens im Ersten Weltkrieg

Mühsam, Erich (1878–1934) Schriftsteller, Anarchist, Antimilitarist, einer der Führer der Münchner Räterepublik, verhaftet, zu 15 Jahren Zuchthaus verurteilt, nach 5 Jahren amnestiert, ab 1933 im KZ, dort ermordet

Müller, Bruno (1883–1960) Klempner, Werftarbeiter, SPD, USPD, Internationale Kommunisten Deutschlands, 2. Vorsitzender eines Arbeiter- und Soldatenrates, KPD, nach 1933 inhaftiert, SED

Müller, Richard (1880–1943) Dreher, Gewerkschafter, USPD, Revolutionäre Obleute, KPD, nach politischen Auseinandersetzungen in den 1920er Jahren nicht mehr in der KPD

Müller, Walter (?–1933) Gewerkschaftsfunktionär, SPD, Autor von »Wenn wir 1918 …«, von den Nazis ermordet

Münkler, Herfried (geb. 1951) BRD-Politikwissenschaftler

Münzenberg, Willi (1889–1940) Arbeiter, Jugendfunktionär, Spartakus, KPD, Vorsitzender der Kommunistischen Jugendinternationale, organisierte die Internationale Arbeiterhilfe, Chef eines linken Medienkonzerns, Exil, Bruch mit dem Stalinismus, Parteiausschluss

Niess, Wolfgang (geb. 1952) BRD-Historiker

Noske, Gustav (1868–1946) Korbmacher, Gewerkschaftsarbeit, Redakteur, SPD, MdR, Wehrspezialist, 1918 Mitglied des Rates der Volksbeauftragten, Reichswehrminister 1919/20, verantwortlich für die Niederschlagung der revolutionären Kräfte 1918/19, später in der SPD isoliert, als Oberpräsident der Provinz Hannover von den Nazis entlassen, im Zusammenhang mit dem 20. 7. 1944 inhaftiert

Oertzen, Peter von (1924–2008) Politikwissenschaftler, SPD-Politiker

Oktoberreformen unter dem Kabinett Max von Baden erfolgter Übergang zu einer konstitutionellen Monarchie und zur Parlamentarisierung

Organisation Consul (auch O. C.) 1920 von Hermann Ehrhardt gegründete und lange polizeilich geduldete faschistische Terrororganisation, verantwortlich für zahlreiche Morde an führenden Politikern, 1922 nach dem Mord an Matthias Erzberger offiziell aufgelöst, ging später in der SS auf

Pabst, Waldemar (1890–1970) Hauptmann, Stabschef der Garde-Kavallerie-Schützen-Division, verantwortlich für den Mord an Liebknecht und Luxemburg, beteiligt am Kapp-Putsch, Waffenhändler

Payer, Friedrich von (1847–1931) Rechtsanwalt, Politiker der FVP bzw. DDP, MdR, 1917/18 Vizekanzler

Pieck, Wilhelm (1889–1960) Tischler, Gewerkschafts- und später SPD-Funktionär, wegen Antikriegspropaganda im Heer inhaftiert, Flucht, Spartakus, Mitbegründer der KPD, MdR, Exil, Co-Vorsitzender der SED, ab 1949 Präsident der DDR

Popp, Lothar (1887–1980) Handlungsgehilfe, Arbeiter, SPD, Kriegsgegner, USPD, November 1918 Vorsitzender des Obersten Soldatenrates Kiel, ab 1922 wieder SPD, Gewerbetreibender, Exil ab 1933

Prager, Eugen (1876–1942) Handlungsgehilfe, Gewerkschaftsfunktionär, Publizist, SPD, Kriegsgegner, USPD, nach Vereinigung der USPD mit der KPD wieder SPD, dort publizistisch tätig, nach 1933 im Widerstad, Deportation und Ermordung im Ghetto

Radek, Karl eigentlich Karol Sobelsohn (1885–1939) Journalist, aktiv in der polnischen, russischen und deutschen Sozialdemokratie, SPD, später KPR (B) bzw. KPdSU, wiederholt Emissär der sowjetrussischen Partei bei der KPD, Opfer der Stalinschen Säuberungen

Rathenau, Walther (1877–1922) Industrieller, MdR für die DDP, Reichsaußenminister, ermordet von der Organisation Consul

Reichbanner Schwarz-Rot-Gold 1924 gegründeter Verband der Parteien der Weimarer Koalition zur Verteidigung der Demokratie, vornehmlich Kriegsteilnehmer

Reichert, Jakob Wilhelm (1885–1948) Wirtschaftswissenschaftler, Hauptgeschäftsführer des Vereins Deutscher Eisen- und Stahlindustrieller, MdR für die DNVP

Reichsleitung bis 1918 die Reichsregierung aus Reichskanzler und Staatssekretären, die allerdings nicht als Kollegialorgan arbeitete

Reichpietsch, Max (1894–1917) Matrose bei der Kriegsmarine, Neuapostoliker, Führer des Aufstandes in der Hochseeflotte 1917, zum Tode verurteilt und erschossen

Reinhard, Wilhelm (1869–1955) Berufsoffizier, 1918 Oberst, Führer des Freikorpsregiments Reinhard im Einsatz gegen den Januaraufstand und in den Märzkämpfen 1919, 1927 NSDAP, SS-Obergruppenführer

Renner, Karl (1870–1950) Jurist, österreichischer Sozialdemokrat, 1918–1920 Staatskanzler, nach der Befreiung wiederum Staatskanzler, ab 1945 Staatspräsident

Revolutionäre Obleute im Ersten Weltkrieg von den offiziellen Gewerkschaften unabhängige, direkt gewählte Vertrauensleute der Arbeiter besonders der Rüstungsindustrie, seit 1917 mit der USPD verbunden, Verfechter einer Rätedemokratie

Rosenberg, Arthur (1889–1943) Historiker, Privatdozent, im Ersten Weltkrieg im Kriegspresseamt, November 1918 USPD, 1920 KPD, Mitglied der Parteiführung, MdR, 1927 Austritt aus der KPD, 1933 Exil

Ruge, Wolfgang (1917–2006) marxistischer Historiker aus der DDR

Rühle, Otto (1874–1943), Lehrtätigkeit, SPD, MdR, stimmte 1915 im Reichstag gegen Kriegskredite, Spartakus, USPD, KPD, 1919 ausgeschlossen, KAPD, Exil, wichtiger rätekommunistischer Theoretiker

Scheidemann, Philipp (1865–1939) Schriftsetzer, Buchdrucker, Gewerkschafter, Redakteur, SPD, MdR, 1913–1918 Fraktionsvorsitzender, Staatssekretär im Kabinett von Baden, Mitglied des Rates der Volksbeauftragten, 1919 Reichsministerpräsident, Rücktritt wegen des Versailler Vertrags, Oberbürgermeister von Kassel, ab 1933 Exil

Schleicher, Kurt von (1882–1934) Berufsoffizier, 1918 Major, zuletzt General der Infanterie, 1918 im Stab des Generalquartiermeisters und wichtiger politischer Berater, 1932/33 Reichskanzler, im sog. Röhm-Putsch von den Nazis ermordet

Schönpflug, Daniel (geb. 1969) Historiker

Schreiner, Albert (1893–1979) kommunistischer Historiker in der DDR

Schumpeter, Joseph (1883–1950) österreichischer Nationalökonom, Mitglied der Sozialisierungskommission 1918, 1919 zeitweilig Staatssekretär im Kabinett Renner, ab 1932 USA

Schwarzhundertschafter seit dem Beginn des 20. Jahrhunderts, besonders ab der russischen Revolution 1905 aktive konterrevolutionäre, monarchistische und antisemitische Frühfaschisten in Russland

Segitz, Martin (1853–1927) Zinngießer, Redakteur, Gewerkschaftsfunktionär, SPD-Politiker, nach der Ermordung Eisners zunächst vom Rätekongress als Ministerpräsident Bayerns gewählt, aber nicht vom Landtag bestätigt

Solf, Wilhelm (1862–1936) Diplomat, Staatssekretär des Auswärtigen im Kabinett von Baden, FVP bzw. DDP

Souchon, Wilhelm (1864–1946) Vizeadmiral, 1918 Chef der Marinestation Ostsee und Gouverneur in Kiel, Gegenspieler der Aufständischen

Sozialistische Monatshefte sozialdemokratische Zeitschrift, dem revisionistischen Flügel nahestehend, erschien 1897–1933

Spartakus 1914 zunächst als Gruppe Internationale gegründet, seit 1916 Spartakusgruppe, seit 1918 Spartakusbund, schließlich KPD – die linke, antimilitaristische, revolutionäre Opposition zur Burgfriedenspolitik der SPD, die *Spartacus-Briefe* waren während des Krieges ihr Publikationsorgan

Stadtler, Eduard (1856–1945) reaktionärer Publizist, Begründer der Antibolschewistischen Liga

Stinnes, Hugo (1870–1924) einer der einflussreichsten Industriellen, MdR der DVP, weit rechts-nationalistisch stehend

Ulbricht, Walter (1893–1973) Tischler, SPD, Kriegsgegner, USPD, KPD, dort verschiedene Leitungsfunktionen, ab 1933 im Widerstand und im Exil, 1946 Generalsekretär der SED, 1960–1971 Staatsratsvorsitzender der DDR

Unternehmen Michael gescheiterte Sommeroffensive der OHL 1918

Vaterländisches Hilfsdienstgesetz 1916 beschlossenes Gesetz zur verstärkten Mobilisierung für den Krieg, erfasste alle nicht dienenden Männer bis 60 Jahre, keine freie Wahl des Arbeitsplatzes, ausgehandelt auch mit den Gewerkschaften, erstmals legale Vertretungskörperschaften, sog. Arbeiterausschüsse, in den größeren Unternehmen

Vorwärts seit 1876 sozialdemokratisches Presseorgan

Vossische Zeitung bürgerlich-liberale Zeitung aus Berlin

Wehler, Hans-Ulrich (1931–2014) BRD-Historiker, besonders der Sozialgeschichte verpflichtet

Weimarer Koalition Bezeichnung für die Koalition von SPD, Zentrum und DDP, u. a. nach der Wahl der Nationalversammlung

Wels, Otto (1873–1939) Tapezierer, Gewerkschaftsfunktionär, SPD, als Berliner Stadtkommandant verantwortlich für die Vorfälle im Dezember 1918, abgelöst, ab 1919 Parteivorsitzender, Exil

Wendel, Hermann (1884–1936), Historiker, Redakteur, SPD, MdR

Wilhelm II. (1859–1941), Deutscher Kaiser und König von Preußen (1888–1918)

Wilke, Hermann (1885–1954) Bäcker und Konditor, Gewerkschafter, SPD-Politiker, unter den Nazis inhaftiert

Wilson, Woodrow (1856–1924) US-Präsident 1913–1921

Winkler, Heinrich August (geb. 1938) BRD-Historiker, in mehreren SPD-nahen Gremien

Wittelsbacher bayerisches Königshaus

Wolff, Theodor (1863–1943) Schriftsteller, Journalist, Chefredakteur des *Berliner Tageblatt*, Mitbegründer der DDP, Austritt 1926, Exil ab 1933

Zetkin, Clara (1857–1933) Lehrerin, Frauenrechtlerin, SPD, Kriegsgegnerin, inhaftiert, Spartakus, USPD, KPD, MdR, Mitglied des Exekutivkomitees der Kommunistischen Internationale, ab 1933 Exil

Zickler, Artur (1897–1987) Schriftsteller und Journalist, u. a. für den *Vorwärts*, 1933 NSDAP

Zimmerwalder Linke Teil der Zimmerwalder Bewegung, benannt nach dem Tagungsort Zimmerwald (Schweiz), wo 1915 eine internationale sozialistische Konferenz gegen den Krieg und die Burgfriedenspolitik der Sozialdemokratie tagte

ISBN 978–3-360–01884–7

1. Auflage 2018
© Eulenspiegel Verlagsgruppe
Buchverlage GmbH, Berlin

Umschlaggestaltung: Verlag, Peter Tiefmann
unter Verwendung eines Plakatmotivs aus dem Archiv der edition ost
Druck und Bindung: buchdruckerei.de, Berlin

Die Bücher der edition ost und des Verlags Das Neue Berlin
erscheinen in der Eulenspiegel Verlagsgruppe.

www.eulenspiegel.com